博物馆之美:
文化消费时代的博物馆设计

鞠叶辛 著

中国建筑工业出版社

图书在版编目（CIP）数据

博物馆之美：文化消费时代的博物馆设计／鞠叶辛著.—北京：中国建筑工业出版社，2021.9
ISBN 978-7-112-26619-7

Ⅰ.①博… Ⅱ.①鞠… Ⅲ.①博物馆-陈列设计-研究 Ⅳ.①G265

中国版本图书馆CIP数据核字（2021）第191833号

责任编辑：陈夕涛 李 东
责任校对：赵 菲

博物馆之美：文化消费时代的博物馆设计
鞠叶辛 著
*
中国建筑工业出版社出版、发行（北京海淀三里河路9号）
各地新华书店、建筑书店经销
北京蓝色目标企划有限公司制版
天津翔远印刷有限公司印刷
*

开本：787毫米×1092毫米 1/16 印张：14½ 字数：305千字
2021年10月第一版 2021年10月第一次印刷
定价：68.00元
ISBN 978-7-112-26619-7
（37728）

版权所有 翻印必究
如有印装质量问题，可寄本社图书出版中心退换
（邮政编码 100037）

前　言

　　传统观念中，"消费"一词是不会与博物馆产生任何关联的。博物馆自诞生之日起，即被定义为一个保存、传承历史文明的文化机构，文化属性是其最显著的特征；而"消费"则是一种经济行为，受市场体制和商品逻辑的调控与制约。从表面看来，二者不仅没有关联，有时甚至是相互矛盾和对立的。然而这种境况伴随着文化消费的兴起发生了彻底的改变。

　　文化消费最显著的特征是将文化作为商品纳入市场化的流通过程，让文化与其他商品一样遵循消费规律和市场导向，并由此颠覆了文化在传统意义上的生产和传播模式，为其发展制定了新机制和新规则。博物馆作为文化大军中的重要一员，必然受之波及。消费逻辑的渗入极大地丰富了传统博物馆的内涵与外延，并促使当代博物馆在机构属性、经营策略、发展目标等方面较以往均有了不同程度的转变。伴随着博物馆的演进更新，当代博物馆建筑也呈现出自这一建筑类型诞生以来最为华彩的景象。无论是外部形象还是内部空间，博物馆建筑的整体姿态一直朝着新的方向发展。深刻、全面地了解当代博物馆建筑的演变趋向以及促成演变的根本原因，对于博物馆建筑创作本身而言具有积极的意义和切实的价值。

　　本书选取文化消费作为研究视角，以大量篇幅详尽论述这一特殊背景对博物馆机构所产生的深刻影响，主要原因即在于传统的类型建筑学研究已经不能涵盖当代博物馆建筑所发生的巨大飞跃。从根本而言，博物馆建筑所呈现出的种种转变恰恰是博物馆发展更新的最直接体现。本书在概括与梳理博物馆及博物馆建筑发展现状的前提下，对当代博物馆与文化消费的关系进行了系统的分析、归纳与总结，阐述了当代博物馆在社会价值、伦理价值、审美价值三方面发生转变的深层动因以及转变后的具体表现。以此为基础，提出当代博物馆建筑设计理念的三大演变趋向，即综合社会效益主导博物馆的策划定位、大众体验需求主导博物馆的空间营造、自律他律平衡主导博物馆的形象塑造。

　　首先，以资本运作之视角重新定义博物馆的社会使命及角色定位，提出文化消费促使当代博物馆由一处静态的文化资源转化为具有增值潜力的文化资本。博物馆在参与资本运作的过程中重新确立其策划定位，即作为触媒资本、叠加资本和再生资本促进社会整体环境的演进更新，并由资本属性决定博物馆在规划选址、功能设置及整体姿态等方面的特质与内涵。其次，以体验消费之视角重新思考博物馆的空间营造，提出当代博物馆的服务重心已经转向对"消费者"的体贴和关怀。通过了解"消费者"体验需求的新拓展，将体验的开放性与自主性、体验的闲适性与愉悦性以及体验的通达性与完整性作为指导当代博物馆空间营造的新准则，对传统空间设计观进行一定的调整与完善。最后，以审美营销之视角重新构思博物馆的形象塑造，提出当代博物馆建筑的审美风格应是艺术自律与消费逻辑共同作用的产物。在向大众提供审美消费时，应该营销一种有深度、有内涵的建筑形象，使博物馆既能表现多元化的审美趣味，又能提供开放化的审美语义，还能促成人文情感的沟通与交流。

目 录

第1章 绪论 /001

1.1 研究背景 /002
    1.1.1 文化消费的兴起 /002
    1.1.2 文化性与消费性并重的后博物馆时代 /003
    1.1.3 我国博物馆建筑创作现状中的问题 /010

1.2 研究目的与意义 /012
    1.2.1 研究目的 /012
    1.2.2 研究意义 /015

第2章 文化消费对当代博物馆发展的深层影响 /017

2.1 相关概念阐释 /018
    2.1.1 文化消费 /018
    2.1.2 博物馆 /023

2.2 博物馆传统价值解析 /026
    2.2.1 社会价值 /027
    2.2.2 伦理价值 /029
    2.2.3 审美价值 /032

2.3 文化消费背景下当代博物馆的价值更新 /037
    2.3.1 文化资源向文化资本转化 /037
    2.3.2 单一教育向综合体验转化 /039
    2.3.3 审美自律向社会他律转化 /046

2.4 当代博物馆建筑设计理念新倾向　/ 052
　　2.4.1 综合社会效益主导策划定位　/ 052
　　2.4.2 大众体验需求主导空间营造　/ 054
　　2.4.3 自律他律平衡主导形象塑造　/ 055
2.5 本章小结　/ 056

第3章　基于资本运作的策划定位　/ 057

3.1 触媒资本——嵌入式催化　/ 058
　　3.1.1 纳入整体规划，加速产业调整　/ 059
　　3.1.2 树立符号标识，培育创新潜力　/ 064
　　3.1.3 聚焦场所认同，提升区域品质　/ 070
3.2 叠加资本——协同式共生　/ 077
　　3.2.1 社区与博物馆——文脉关联　/ 077
　　3.2.2 企业与博物馆——功能偶配　/ 082
　　3.2.3 旅游与博物馆——特色彰显　/ 088
3.3 再生资本——整体式开发　/ 093
　　3.3.1 历史建筑更新　/ 094
　　3.3.2 历史区域复兴　/ 098
　　3.3.3 生态环境维护　/ 102
3.4 本章小结　/ 108

第4章　基于体验消费的空间营造　/ 109

4.1 体验的开放性与自主性　/ 110
　　4.1.1 空间体系的开放化设置　/ 111
　　4.1.2 情节叙事的非线性演绎　/ 116
　　4.1.3 文本意义的敞开式塑造　/ 123
4.2 体验的闲适性与愉悦性　/ 129
　　4.2.1 闲逛者与游历型空间　/ 130
　　4.2.2 探索者与发现型空间　/ 135
　　4.2.3 游戏者与参与型空间　/ 139
4.3 体验的通达性与完整性　/ 147
　　4.3.1 以开阔的场所感拓宽认知视野　/ 147

4.3.2　挖掘辅助功能空间的教育潜力　　/150

　　　4.3.3　强化博物馆与现实世界的关联　　/156

　4.4　本章小结　　/163

第5章　基于审美营销的形象塑造　　/164

　5.1　多元趣味的呈现　　/165

　　　5.1.1　与博物馆的文化立场相契合　　/166

　　　5.1.2　与时代的审美旨趣相协调　　/170

　　　5.1.3　与大众的审美认知力相适应　　/176

　5.2　开放语义的构建　　/181

　　　5.2.1　弱化符号与象征的表层关联　　/181

　　　5.2.2　消解形式与内容的二元对立　　/186

　　　5.2.3　弥合传统与现代的时空距离　　/192

　5.3　人文情感的重塑　　/197

　　　5.3.1　影像消费转向身体知觉　　/198

　　　5.3.2　理性分析复归感性经验　　/204

　　　5.3.3　意境营造超越形式表现　　/209

　5.4　本章小结　　/215

结语　　/216

参考文献　　/218

后记　　/221

第 1 章

绪 论

1.1 研究背景

1.1.1 文化消费的兴起

新世纪在交错与更替中已迈过了第二个十年。二十年间，中国经济平稳快速的发展态势使之成为全球瞩目的焦点。其中，消费作为我国经济发展的主要推动力对于经济增长的支撑作用显著增强。据有关数据统计，2013年至2018年，最终消费对我国经济增长的平均贡献率为59%，到2020年，我国消费规模将达到50万亿元左右，届时对经济增长的贡献率将达到65%[①]。中国经济已步入以消费为主导的崭新发展阶段，14亿人的消费潜力正在以新的方式被激发出来。

当消费逐渐成为人们日常生活的主题时，中国社会的经济结构中心也随之发生转变，即由传统的以生产为主导的社会转向以消费为主导的社会。伴随着消费活动的大规模展开，消费的含义出现了全新的转变，消费的范围、消费的形式、参与消费的主体以及消费活动的文化内涵都跟以前有了很大的不同。传统意义上的消费是一种经济行为，即通过交换货币获得对物品的"占有"和"使用"。而在当今社会，消费行为的发生不再只局限于经济领域，消费的对象也并非只是那些物质性的产品和物品，艺术、教育、休闲等精神层面的内容都可以被作为对象用来消费。尤其是伴随着物质生活的富足和闲暇时间的充裕，人们对于消费的需求和渴望也逐渐超越了基本的自然和生理需要，开始转向更高的层次。这时，文化产品取代物质产品，逐渐成为人们的主要消费对象，诸如旅游、看电影、听音乐会、参观博物馆等众多活动成为人们的热门选择。与强调物质使用价值的普通消费行为不同，这些偏向于精神价值层面的消费行为被称作文化消费。

文化消费是指用文化产品或服务来满足人们精神需求的一种消费，主要包括教育、文化娱乐、体育健身、旅游观光等方面。文化消费是经济发展到一定阶段的产物，也

---

① http://views.ce.cn/view/ent/201904/08/t20190408_31808386.shtml

是人们生活质量提高和消费结构升级的重要标志。国际经验表明,当人均GDP超过3000美元时,文化消费就会出现较大幅度的增长。从国家统计局2020年1月17日对外公布的数据来看,经初步核算,2019年全年我国国内生产总值(GDP)为99.0865万亿元,人均GDP首次站上1万美元的新台阶[①]。特别是在北京、上海、广州、深圳等经济相对发达的城市,人均GDP甚至已超过这个数值,城市居民对文化产品和服务的需求出现了一个明显凸起,文化消费的边际增量呈逐渐攀升态势。

正因如此,近年来在整体经济增速放缓的背景下,文化产业作为大消费产业中的重要组成部分却异军突起,成为拉动经济逆势增长的关键。国家"十三五"规划中明确提出,2020年文化产业将成为国民经济的支柱性产业。推动消费结构升级,促使文化消费成为经济新增长点已上升到国家战略层面。

1.1.2 文化性与消费性并重的后博物馆时代

1.博物馆的建设热潮与文化勃兴

20世纪中后期,全球范围内开始兴起一股博物馆建设热潮,这股热潮的兴起与世界各国文化消费需求的攀升不无关系。2012年发布的《世界博物馆》显示,根据202个国家(地区)的统计,全世界共有55097座博物馆,且约有一半都是20世纪后50年建立的[②]。当代博物馆发展最快的是欧洲、北美及大洋洲地区,特别是美、德、英、法等发达国家。跨入新世纪已二十年的今天,这股博物馆建设热潮不仅毫无减退之意,反而有愈演愈烈之势。打开各类网站、报刊和杂志,随处可见全球各地最新落成的博物馆报道以及投资拟建博物馆的竞赛信息。据统计,世界上每一周都有两座新的博物馆向公众开放,全球博物馆的总数量已接近6万座,并且仍在以平稳的发展速度持续攀升。

在中国,自20世纪50年代和70年代两次博物馆建设热潮之后,现在正迎来第三个博物馆的建设高峰,而且相比

---

① http://www.sohu.com/a/368085933-819538
② 安来顺.让今天的人们不断走进博物馆[J].小康,2015(19):59.

前两次来势更加迅猛。美国《华尔街日报》以《中国兴起博物馆建设热》为题报道了近年来中国各地都在兴建博物馆的繁荣景象。据统计，在中国实行改革开放政策之前的1978年，中国的博物馆总数不过349座，2004年上升至1552座，截至2018年年底，我国登记备案的博物馆达5354家。根据国家文物局公布的数据显示，山东、浙江、河南的博物馆数量位列全国前三，且三省博物馆数量均超过300家。全国平均26万人拥有1座博物馆，北京、甘肃、陕西等一些省份甚至已达到12万～13万人拥有1座博物馆[①]。

以北京为例，截至2019年年底，北京地区备案的博物馆数量为163家，最近20年间新建博物馆多达50余家，现已成为全世界博物馆数量仅次于英国伦敦的城市。众多新建博物馆中，除了一批重量级老博物馆的改扩建工程，如北京天文馆B馆（2004）、中国科技馆新馆（2009）、中国国家博物馆改扩建工程（2010）、北京航空航天博物馆（2012）等之外，还包括新建的首都博物馆（2005）、中国电影博物馆（2006）、北京奥运博物馆（2011）、北京汽车博物馆（2011）、中国考古博物馆（2019）等。

上海截至2019年拥有的博物馆数量为131座，仅次于北京，位居我国第二。其他地区，如广东、辽宁、山东、陕西、四川、黑龙江等省份也相继投入大量资金用于博物馆的规划建设。可以预见未来数年，我国将会呈现博物馆遍地开花的繁荣景象，而如此蓬勃的发展态势正是得益于社会文化消费需求的日益高涨。

跟随博物馆建设热潮一并出现的还有博物馆的文化勃兴。在新世纪的最初二十年里，世界各地的博物馆吸引了不计其数的参观者，并以前所未有的热情和活力为他们提供各式各样的展览、服务和活动。与此同时，社会对博物馆的关注也在与日俱增，无论是作为城市发展更新的引擎，还是作为维护环境可持续发展的先锋，博物馆都被要求在社会各个领域发挥积极的作用。从纽约现代艺术博物馆对现当代艺术传播的巨大推进、伦敦泰特现代美术馆举办的"The Long Weekend"活动对博物馆与城市居民日常生活关系的积极探索，到德国新建

---

① http://www.chyxx.com/industry/202001/828577.html

三大汽车博物馆对汽车制造业的广告效应以及古根海姆基金会"麦当劳"式连锁经营对全球范围经济走势的影射与表征,可以毫不夸张地说,博物馆领域的每一步发展变化都会在当今世界文化领域掀起不小的波澜和震动。难怪有人说,在当今时代,博物馆正在演变为一种"文化现象",针对博物馆自身专业的探讨已经不足以决定博物馆未来的发展方向,而"博物馆"三个字所涵盖的丰富的文化信息和巨大的文化价值正在以超乎想象的潜能无限扩充它的发展前景。

2.文化性与消费性并重的后博物馆时代

相比传统时代博物馆的发展历程和机构特点,有学者针对当今博物馆领域所发生的深刻变革与演进趋势,将其称之为"后博物馆时代"。概括而言,传统博物馆注重围护自身作为"文化机构"的纯粹性与学术性,其工作重心偏向于典藏、研究、教育等学术领域,并不关心其他方面的事务;在事业管理和经营方面也遵守独立的运行法则,对外部环境的变更不做敏感反应。而后博物馆时代的博物馆却在时代背景及大众需求的更新之下逐渐演变为一处"文化消费场所","消费性"成为与"文化性"并重的核心要素,共同决定了博物馆的机构属性、经营机制及发展方向(图1-1)。

从本质上说,消费是经济领域的概念,文化则独立于经济体系而存在,二者本不应发生关联。但文化消费的最显著特征恰恰是将文化也作为商品推入市场化的流通过程中,让文化与其他商品一样遵循消费规律和市场导向。具有了商品属性的博物馆在当今时代既成为社会和国家的消费对象,也成为公众的消费场所。宏观消费规律和市场导向对它的影响既有积极的一面,也有消极的一面,具体来说体现在以下几点:

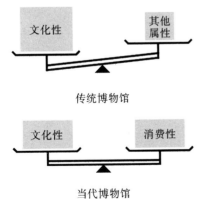

图1-1 传统博物馆与当代博物馆之比较

(图片来源:作者自绘)

（1）构建文化资本——博物馆社会使命的拓展　自古以来，博物馆在保存与传播人类文明的职能之外，一直都是国家文化实力与民族威望的象征，这在一定程度上可以定义为博物馆的符号价值。在文化消费背景下，随着博物馆社会地位的日益提升，这一象征意义变得愈发显著和重要。当今时代，博物馆建设需求的激增很大程度上得益于社会对博物馆符号价值和象征意义的消费，而博物馆原本单一化的符号价值也在新的时代背景下被赋予了更加丰富的内涵。如今，博物馆被频繁建立的原因已经超越了最基本的纪念意义和"炫耀"作用，巨大的符号价值能够协助博物馆从文化资源变身为一种"文化资本"，从而在更广阔的社会层面发挥积极的作用。

按照马克思主义政治经济学的观点，资本是一种可以带来剩余价值的价值，而资本运作则是指利用市场法则，通过资本本身的技巧性运作或资本的科学运动，实现价值增值、效益增长的一种经营方式[①]。文化资本就是将文化作为一种有价值的社会资源，以市场运作之视角对它进行系统的规划利用，使它为社会创造丰厚的文化效益和经济效益。

在当今时代，博物馆以其巨大的资源优势和符号价值成为整个社会中最具潜力的文化资本，被各国政府和城市建设者视为复兴地方文化、带动产业结构转型、加速旅游事业繁荣、维护环境永续发展的"制胜法宝"，其社会使命已远远超出保存与传播文化的基本职能范畴。也许有人会提出质疑，为何是由博物馆来完成这些本不属于它核心职能范畴之内的社会职责，而不是图书馆、音乐厅或者文化活动中心？显而易见的是，相比其他文化机构而言，博物馆的文化内蕴更为深厚，其象征意义也更为显著。这些优势促使博物馆成为一个被社会广泛认同的"文化符号"，该符号所具有的庞大影响力和辐射力能够吸引更多的社会、文化、经济资源与博物馆一起形成产业联动和资本运作，从而为社会创造更多的价值。

事实上，近几十年欧洲博物馆事业的蓬勃兴盛很大一部分原因并非仅仅出于保存与传承民族文化的需要，更多原动力来自于社会对博物馆承担"文化资本"的需求。毕尔巴鄂

---

① http://baike.baidu.com/view/37945.htm?fr=ala0_1_1

古根海姆博物馆以一馆救活一座城市的传奇神话和泰特现代美术馆对伦敦泰晤士河南岸区域的整体复兴已经充分显现出博物馆所具有的社会能力远远超乎它的本质属性。如今，博物馆正以它无穷的潜力和无限的可开发价值在社会各个领域积极地实现着更加多元、更加广泛的文化使命。

（2）体现顾客关怀——博物馆体验消费的升级　早在20世纪末，英国著名博物馆学家肯尼斯·赫德森就曾指出："五十年前，'顾客'这个词与博物馆发生联系是不可思议的，但是，今天对此已不足为奇了。博物馆正参与闲暇市场以及任何有顾客的市场竞争。"[①]将传统博物馆中的参观者定义为"顾客"，这说明消费社会的商品逻辑已经深深地渗入文化领域。在经济体制下，消费者的需求始终是决定市场走向的关键因素。

在传统观念中，博物馆是具有一定社会身份和文化地位的，它无须降低姿态向公众推销自己，只需坐等人们自觉地前来光顾，参观者的需求通常不作为主要因素影响博物馆的运作体制和发展方向。但如今，已经变身为"文化消费场所"的博物馆从本质上来说与其他休闲娱乐文化设施如商场、电影院、主题公园和游乐场等并无差异，它们作为被人选择消费的对象，必须遵从优胜劣汰的生存法则，即谁能吸引更多消费者前来光顾，谁就更容易在当今社会立足。

在过去的50年中，"观众调研"给欧洲博物馆带来了巨大的变化，无论是出于市场营销的需要，还是博物馆最大限度发挥教育职能的需要，"理解观众"的重要性正日益凸显出来。针对博物馆"顾客"需求的深入了解促使欧洲博物馆的管理者和设计者在展品收藏的范围选择、展示主题与展示方式的设置、参观流线的组织、服务功能的补充完善以及空间氛围的营造等众多方面均作出了适时的调整和完善（表1-1）。而这些基于顾客需求作出的调整非但没有降低博物馆的文化"品位"，还将博物馆从自命清高的象牙塔拉回到普通公众的日常生活中，使博物馆摆脱了以往严肃刻板的面孔，一跃成为最受人们欢迎的观光、休闲、消费之地。史密森尼博物馆基金会秘书狄龙·瑞普雷就曾明确指出，"人潮涌动的博物馆才是健

---

① [英]肯尼斯·赫德森. 博物馆拒绝停止不前[J]. 王今. 中国博物馆. 1998(02):33.

康的博物馆"[①],相比传统时代人际寥落的景象而言,今天的博物馆显然更加亲切活跃、热闹非凡(图1-2)。

以消费者为中心的博物馆工作方向调整[②]　　表1-1

工作方向调整
在计划博物馆展览、计划和活动中,考虑消费者兴趣这一因素
着重依靠研究,来了解顾客需要、感知和偏好
根据不同的需要和兴趣,识别细分市场,并且安排合适的计划和体验以满足各个细分目标
广泛定义竞争的概念,包括所有可能与参观博物馆竞争的其他休闲活动和娱乐选择
在商场战略中会使用各种营销手段,不只是广告和公共关系

与此同时,从顾客的角度着眼,我们发现,消费时代人们购买物品的目的不仅仅是为了"占有",而是更看重他们在使用物品或享受服务时体验到的一种感觉,有关学者将其称之为"体验消费"。"体验消费"是消费时代的特殊产物,相比结果,它更强调"过程"的重要性,消费者愿意为美好的体验付费,是因为相对有形层面的物品而言,体验能为他们带来持久的、令人难忘的精神层面的愉悦享受。

这一观念同样影响到当代博物馆的发展。在过去,人们参观博物馆的目的主要是为了学习、获取某些具体的知识。因此,传统博物馆将服务的主要重心设立在如何将展品布置得更加系统条理,如何使展品说明更加严谨科学,如何为观众提供更加翔实全面的学习资料等方面,对于观众在参观过程中的切身感受关注甚少,以至于大多数传统博物馆给人的印象是功能单调、氛围枯燥、参观经历毫无乐趣可言。如今,人们对博

a)纽约大都会博物馆大厅

b)纽约现代艺术博物馆展厅

c)澳大利亚昆士兰州博物馆商店

图1-2 人潮涌动的当代博物馆
(图片来源:作者自摄)

① ② [美]尼尔·科特勒,菲利普·科特勒.博物馆战略与市场营销[M].北京:北京燕山出版社,2006:3;330.

馆的期望已经从单纯的获取信息变为去那里享受一种综合性的文化休闲体验。优美的环境、亲切的氛围、丰富的活动、周到的服务……这些因素都能为观众带来一种感官和心灵的双重享受,并为他们留下美好的印象,吸引他们一次次地光顾这里。

由此看来,为参观者提供优质的"体验消费",才是未来博物馆推广市场、吸引人气的关键。博物馆要进行变革,则必须与参观者建立更为紧密的关联,从他们的需求出发,寻找有效的沟通模式并建立与之相适应的空间体系,这才是博物馆作为"文化消费场所"的根本意义所在。

(3)催生奇观景象——博物馆审美取向的偏移 在消费时代,人们对于"美"的关注达到前所未有的高度,这使得今天的日常生活被更加广泛的"美"所包围。人们接触到的美的事物越来越多,对审美的要求自然也随之升高,物品外在形式美感的重要性随之凸显。通过精美的"包装"使物品看起来更具吸引力,成为品牌营销的主要途径。

这一文化现象同样体现在博物馆的发展趋势中。在当今时代,"博物馆究竟是该扮演展品的容器"还是"自身就是一件艺术品"的争论似乎可以告一段落,显而易见的是,后者在当前博物馆的审美塑造中占据了上风。每座博物馆都将其外在形象视为推销自身的有力"广告",在个性塑造和美感表现上极尽能事,大做文章,使得今天的博物馆正在成为城市景观中最引人注目的标志性元素,给人们带来持续不断的审美更新和视觉震撼(图1-3)。

a)德国慕尼黑宝马中心

b)德国奔驰博物馆

c)意大利罗马国立21世纪美术馆

d)新加坡金沙艺术科学博物馆

图1-3 当代博物馆建筑的奇观景象
(图片来源:作者自摄)

从积极的层面看，博物馆更具标识性的美学特征鲜明地表达了建筑师的独特构思和设计理念，参观者可以借由信息传递更直观地感知到博物馆建筑所预展现的精神特质和文化内涵。如罗杰斯和皮亚诺在巴黎蓬皮杜中心刻意塑造的高技美学与世俗文化，盖里在毕尔巴鄂古根海姆博物馆中对西班牙文化激进富于创新精神的隐喻，以及里伯斯金在柏林犹太人博物馆中对大屠杀事件惨烈、悲痛、压抑情绪的深入刻画，等等。

然而，从消极的层面看，博物馆的过度"景象化"致使它正朝着"为表演而设计"的趋势演进。在消费时代，"快餐文化"的盛行促使人们渴望频繁更新的视觉刺激和趣味图景，建筑师如果不按照人们所期望的效果去构思和创造，博物馆则很有可能从建成开始就无人问津。于是，夸张的形体、耀目的表皮、绚烂的色彩……这些特征均成为建筑师在当今博物馆中所热衷表现的审美倾向。然而，真正做到外在美与内在品质都能兼顾的优秀作品却并不多见，许多建筑在其光鲜亮丽的表层之下，往往隐藏着由于功能与形式的严重脱节而造成的结构空间浪费、采光通风不合理等诸多问题，以至于人们不禁怀疑博物馆这一艺术机构正在逐渐成为徒有躯壳的雄伟建筑，按现在的流行说法，正在逐渐成为一件雕塑品[①]。

事实上，博物馆作为一个保存人类社会伟大历史、艺术文明的专业机构，在其自身的形象塑造中刻意追求一定的艺术表现力本来无可厚非，关键在于它审美塑造的目的是为了展现与博物馆主题相契合的艺术精神及文化内涵，而不仅仅是为了追求视觉上的狂欢效果。仅由消费欲望催生的审美性和艺术性其生命力十分有限，说到底，博物馆需要一种能够更加根本地表达情感的途径，仅有壮观的外表是不足以有长远影响的，21世纪新博物馆的生存之道是加强建筑外观的艺术体验并给参观者以艺术的启发[②]。

1.1.3 我国博物馆建筑创作现状中的问题

近几年来，我国博物馆事业的发展日趋繁荣，博物

① ② Suzanne Greub, Thierry Greub. 21世纪博物馆——概念 项目 建筑[M]. 大连：大连理工大学出版社，2008:4;11.

馆的建设热潮持续升温,新建建筑如雨后春笋般在各地争相涌现。得益于国家对博物馆事业的大力扶持与经济资助,新建博物馆大都给予其建筑实体以较高的关注和期望,请名家设计,斥巨资建造,打造成为具有广泛社会影响力的文化旗舰项目。其中虽不乏优秀作品闪现,但放眼全局,仍有许多建筑暴露出一些共通的设计缺陷和设计弊端。简言之,即文化消费对当代博物馆建筑提出了新期许和新展望,实际的设计理念及设计策略却趋于保守陈旧,更新不及时,导致博物馆建筑的创作现状与宏观的社会背景和时代需求相脱节,甚至成为阻碍博物馆发展的不利因素。

(1)策划定位保守狭隘　相对于西方欧美发达国家而言,我国博物馆事业起步较晚,整体发展相对缓慢,文化体制的更新与完善也不够及时。在文化消费时代背景下,多数博物馆在制定其发展目标时依旧狭隘地将其社会职能局限于保存和展示文化的传统层面,小心谨慎地恪守独善其身的价值观,不愿意也不敢越过博物馆与社会事务之间的界限。受此影响,我国建筑师对博物馆社会角色、职能属性的认知也偏于保守,在策划项目、定位其社会价值时只着眼于博物馆机构自身的发展需求,很少考虑到博物馆项目与整体社会文化、经济环境之间的有机关联。因此,许多博物馆虽投入巨资兴建,但其建成后仅能满足基本的展藏需求,无法创造出更大的社会价值、文化价值和经济价值,对城市的发展更新也很难起到积极良性的促进作用,造成一定的资源浪费。

(2)建筑空间单调乏味　作为"文化消费场所"的当代博物馆理应是一处充满趣味与活力的公共文化机构,它必须能够提供丰富生动的参观体验以及良好的参观感受才能吸引人们光顾,并最大限度地发挥其传播知识、休闲娱乐的多重职能。良好的博物馆建筑的空间设计是获得优质参观体验的必要前提,近些年来,西方国家在博物馆建筑空间设计方面进行了积极的探索,特别是针对功能构成、流线设置、情境氛围等设计问题进行了大胆的革新与创造性设计,使之更能适应文化消费时代大众参观体验需求的变更。然而在我国,博物馆的空间设计似乎一直受制于传统空间模式的影响,许多建筑师仅从满足基本的功能需求出发进行构思,对观众实际的空间体验和人本需求考虑甚少,致使许多新建博物馆在功能设置、空间排布、结构构成等方面的表现与几十年前的博物馆相比,没有任何进步与更新的痕迹。而这些建筑层面的设计误区最终会对博物馆的正常使用造成消极影响。社会和公众的消费需求花样翻新,实际的参观感受却枯燥乏味、毫无生趣,这可能将博物馆推至无人问津、门可罗雀的尴尬境地。

(3)形象盲目求新求变　受消费逻辑的影响,当代博物馆一个普遍的发展趋势是格外注重其外部形象的特色塑造,将其在审美层面的创新性与特异性作为营销自身的手段,以此来吸引社会与公众的广泛关注。对审美创新的不懈追求为博物馆建筑形象设计带来了前所未有的机遇,也为建筑师充分发挥智慧与想象力提供了广阔的空间。但在我国,许多建筑师却将审美创新简单地理解为一种纯粹表象化的形式美学更新和趣味更新,在形象塑造上盲目求新求变,借"消费"之由将博物馆打造成各式各样的奇观景象。然而这些花哨的形象大都并非源于一种理性的设计逻辑，更不是出于对博物馆自身发展创新的考虑以及对消费需求的合理分析，仅以满足视觉感官刺激为唯一目标，致使博物馆在其审美诉求上逐渐偏离了艺术自律原则，沦为受制于市场逻辑的摆设和花瓶。

1.2 研究目的与意义

1.2.1 研究目的

自20世纪后半叶开始，西方发达国家陆续进入了文化消费的繁荣发展期，快速增长的文化需求促成了大量文化设施的建设，这一时期也正是西方博物馆事业蓬勃成长的重要阶段。其实早在20世纪上半叶，西方博物馆界就已经历过两次革新历程，分别发端于20年代至30年代以及50年代。与前两次改革相比，20世纪70年代到80年代的20年间，西方博物馆领域内发生的变化可谓空前剧烈。特别是80年代提出的"新博物馆学"概念，可以说对传统博物馆学进行了颠覆性的推翻与改变（表1-2），正是这次变革将

传统博物馆学与新博物馆学之对比[①]　　表1-2

工作要点	传统博物馆学	新博物馆学
以何为本	物	人
侧重	方法、技术	目的、理论
理论基础	藏品管理、保存技术、陈列设计、历史学等	博物馆应为社会及其发展服务，除方法与技术外，还要懂得自身专业外的政治学、社会学、教育学等
发展策略	学术研究、专家为主、精英主义	观众需求为主、大众主义、专家参与
使命	巩固主流文化、提升文化素养、改善社会行为	尊重文化的多样性、关怀环保教育与社区、强调终生教育、提高观众素质
展示手法	静态的，分类清晰，内容侧重过去，学术气氛浓厚，很少让观众参与，一般认为展示是教诲式的	动态的，内容侧重现在与未来，采用高科技，尽可能让观众参与，展示为启发与激励式的，注重娱乐与休闲

① 甄朔南.什么是新博物馆学[J].中国博物馆，2001(01):26.

西方博物馆文化和博物馆事业推向日臻成熟的发展历程。

在笔者看来，促成这次激烈变革的根本原因就在于宏观时代背景的影响与促动。在过去，博物馆通常被认为是远离外部世界与社会中心的边缘文化机构。多年来，博物馆领域的发展主要依靠其专业层面的研究与探索。随着世界经济格局和文化格局的震荡与重组，当今社会几乎所有事物都被卷入到"文化消费"的特殊语境中，它们的生存法则自内而外发生了转变，博物馆也必然受到影响，在经历了多年的"闭门修炼"后，不得不为了谋求更好的生存空间而必须去应对社会对其提出的各种新的期望和挑战。消费逻辑的渗入极大地丰富了博物馆的内涵与外延，并促使它在机构属性、办馆宗旨、经营策略等方面均有了不同程度的拓展及改变。对于这种改变，新博物馆学理论阐释到："如今，博物馆已不再局限于一个固定的建筑空间内，它变成了一种'思维方式'，一种以全方位、整体性与开放式的观点洞察世界的思维方式。"[1]

当博物馆走出自鸣得意的象牙塔，转向对其自身与社会环境和谐共生的关注时，我们惊喜地看到，博物馆建筑也被赋予了更为广阔的发展空间。究其原因，时代背景的深刻变革拓宽了博物馆的社会职能和服务面向，也改变了博物馆的运行机制和营销法则，由此带来对博物馆的策划定位、功能构成及审美取向的重新确立，这些新变化势必会对博物馆建筑提出不同于以往的崭新要求。

作为建筑师，我们不难发现最近几十

---

[1] 甄朔南.什么是新博物馆学[J].中国博物馆，2001(01):26.

年欧洲博物馆建筑所表现出的整体变化，这些变化集中于博物馆的整体姿态从封闭走向开放（图1-4）；展藏空间的比例不断缩小，辅助教育空间和休闲娱乐空间的比重却在逐步增加；空间氛围正由以往的严肃、刻板转向轻松、愉悦和生动（图1-5）；博物馆的形象正变得越来越"震慑眼球"；等等。这些建筑领域的巨大变化并非空穴来风，也绝非仅是出于博物馆专业自身发展的需要。从本质上说，它们恰恰是"文化消费"在博物馆身上镌刻的印记，代表了当今时代博物馆的生存现状和发展走向。

以往针对此种建筑类型的设计探讨多集中于博物馆建筑的本体层面，即针对博物馆建筑自身的发展历程和演变规律进行归纳总结，但针对引发建筑变革的背景分析却总是点到为止，阐述得不够详尽深入。这也使得针对博物馆这种特殊文化机构的建筑学研究始终与博物馆学专业研究之间存在一定的隔阂，引发的矛盾常常是多方面的，概括地说，即"一座好建筑"有时候却未必是"一座好的博物馆"。基于此，本书是想拓宽博物馆建筑的研究视野，帮助建筑师走出狭隘的专业局限，将触角延伸至博物馆机构的整体生存背景，应对博物馆发展势态的演变及时更新设计观念，调整设计策略，构建合乎

a）澳大利亚新南威尔士　　b）慕尼黑新绘画馆　　　c）洛杉矶盖蒂中心　　　d）慕尼黑现代绘画艺术
州美术馆（1874）　　　　　　（1981）　　　　　　　（1997）　　　　　　陈列馆（2000）

图1-4　整体姿态从封闭走向开放

（图片来源：作者自摄）

a）澳大利亚新南威尔士　　b）慕尼黑新绘画馆　　　c）洛杉矶盖蒂中心　　　d）慕尼黑现代绘画艺术
州美术馆（1874）　　　　　　（1981）　　　　　　　（1997）　　　　　　陈列馆（2000）

图1-5　空间氛围从刻板严肃走向轻松愉悦

（图片来源：作者自摄）

文化消费需求的新时代博物馆。

本书研究立足于目前博物馆建筑领域所发生的种种变化，试图从纷繁表象中抽离出促成其发生转变的根本原因。任何建筑类型的产生与发展均源自于外界环境的影响与促动，本书即是从文化消费这一特殊的社会现象和文化特性着眼，深入挖掘此背景对博物馆生存法则和营销策略的深层影响，同时厘清文化消费对博物馆各个层面的作用机制，客观评价其影响的积极性和消极性，推进它所带来的博物馆建筑的进步与更新。

1.2.2 研究意义

从1905年张謇在江苏南通建立中国第一座公共博物馆"南通博物苑"至今，中国博物馆已经走过了一百多年的历史。在这百年的历史进程中，追随时代不断前行的步伐，中国的博物馆事业也在努力地求新求变，完善自身。如今，中国已经一脚踏入了文化消费大国的行列，这一特殊的时代背景对博物馆领域所造成的冲击之巨大更是前所未有。

一方面，我们看到了由日益高涨的文化需求带动的博物馆事业的异常繁荣。全国上下涌动的博物馆建设热潮无形之中促进了建筑专业对于博物馆类型的设计研究，社会需要高水平的专业设计者为建设高质量的博物馆献计献策，由此引发的关于博物馆建筑设计问题的讨论此起彼伏。然而无论是从目前国内博物馆设计理论研究现状还是建筑创作实践的现状来看，博物馆建筑作为一种整体的文化现象，它所呈现出来的状态明显滞后于时代发展的要求。

另一方面，在博物馆事业繁荣景象的背后，我们也发现了一些隐隐存在的问题。总体而言，文化消费是社会经济、文化发展到一定程度的产物，代表了人类文明的进步与更新。但这一时代也有其自身发展的局限和弊端，尤其是消费社会所提倡的多元价值观、文化功利性以及文化大众化取向等现象促使博物馆这一本来有着自身道德伦理坚守的文化机构也在纷繁的变革中渐渐迷失了自我，一边在动荡的局势中努力寻求着转型后的社会角色，一边还得兼顾其固有价值的维护。诸如针对博物馆中广泛增设的餐厅、咖啡厅和商店，有专家认为，这些功能造成了建筑空间的浪费，因为它们将博物馆带离了保存文明、传播知识的核心使命；但作为文化消费时代的产物，它们又确实呼应了社会公众的多元需求。类似于此的种种矛盾也给那些从事博物馆设计的建筑师造成了极大的困惑，毕竟总体规划的定位、空间结构的架设、空间氛围的塑造以及审美意象的传达这些具体的设计工作与博物馆的文化基调和社会职能息息相关。不能从本质上把握博物馆的演进规律，所有设计层面的创新性探索就会失去根基，沦为空谈。

相对我国而言，西方发达国家进入文化消费繁荣阶段的时间更为久远，其博物馆事业的发展历程也较为漫长。在过去的几十年中，他们对于博物馆建筑与时代背景之间的关联研究更加系统、深入和全面。纵观当今西方博物馆建筑的发展态势，我们可以看到有许多优秀的作品都能够在"文化性"与"消费性"的相互博弈、相互促进中更好地适应社会环境的发展需求。从这些优秀的案例中总结归纳有价值的设计经验并借鉴到具体的实践创作中，将有助于我国博物馆建筑整体设计水平的提高和完善。博物馆建筑的创作观念必须适时更新、与时俱进，方能促进我国的博物馆事业更加从容地应对文化消费形势的变革与挑战，朝着良性的方向健康发展。

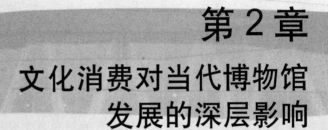

第 2 章

文化消费对当代博物馆发展的深层影响

2.1 相关概念阐释

2.1.1 文化消费

1.文化消费的定义

消费一词，据英国文化学者威廉斯的考证，其最早含义为"摧毁、用光、浪费、耗尽"。广义的消费伴随着人类生产活动的开始出现，最初表现为商品的交换过程，是人类用来满足实用需求的一种经济行为。因此，传统意义上人们把消费理解为一种物质性的实践，即对商品和服务的购买、占有和使用。

文化消费，顾名思义，其消费的对象是文化。文化既包括物质形态的文化产品，如图书、音像制品、艺术品等，也包括非物质形态文化服务，如教育、文化娱乐、体育健身、旅游观光等。因此，文化消费就是指对精神文化类产品及精神文化性劳务的占有、欣赏、享受和使用等[①]。

其实早在人类社会出现消费活动开始，带有精神文化意味的消费行为就已经存在。只不过在物质生活并不富足的时期，人们对消费的主要需求来自于基本的生产、生活方面的保障，对精神文化的消费需求并不明显。直到社会发展到人们生活衣食无忧的阶段，公众才开始逐渐将消费需求转向以获得更高层次精神充实为目标的文化层面，而且当这一类型的消费活动在社会范围内广泛展开，而不仅限于某一富裕阶层或精英阶层时，"文化消费"才作为一种普遍的社会现象凸显出来。

根据人类满足需求的层次高低，美国人本主义经济学家马斯洛将需要分为七个层次——生理需要、安全需要、归属需要、尊重需要、自我实现需要、求知需要和求美需要。其中，生理需要、安全需要、归属需要属于初级层次，受尊重的需要和自我实现的需要属于中级层次，而求知需要和求美需要则属于高级层次（图2-1）。根据这一理论，

---

① http://baike.baidu.com/view/1469611.htm?fr=ala0_1

人的需求层次建立在满足上升的基础之上，表现为一个从低层次到高层次的渐进过程，而消费需求发展的这一梯度递进或上升的演进趋势恰好是这一规律的体现。当人们的基本需要得到满足后，必然追求身心健康、精神充实、自我完善等高层次的精神需要，文化消费就属于这样的一种消费形态①。

2.文化消费的发展阶段

20世纪以来，西方资本主义国家经历了一次巨大的社会结构变革，即从以生产为主导的社会转向以消费为主导的社会。消费社会的出现扩大了消费的范围，加快了消费的步伐，也极大地刺激了人们的消费需求。大规模展开的消费活动成为人们社会生活的核心内容，鲍德里亚在《消费社会》中描述道："今天，在我们周围，存在着一种由不断增长的物、服务和物质财富所构成的惊人的消费和丰盛现象。它构成了人类自然环境中的一种根本变化。"②正是从那一时刻起，西方国家普遍进入了消费时代。

20世纪50年代末与60年代初，发达国家首度出现相对较富裕的阶层，有能力在超越基本的物质生活需求之外，追求更高层面的精神文化享受。"文化消费"开始成为西方发达社会中一个重要的文化现象和社会课题，并伴随着经济、文化的进步更新逐渐走向繁荣与成熟。

国际上有一个用以表征国家或地区富裕程度的系数叫作"恩格尔系数"，是指居民消费支出中食品开支的比重大小。食品开支占总消费的比重越大，说明整体生活仍以满足温饱为主，生活水平较低；食品开支比重减少，则代表生活水平走向富足。根据联合国粮农组织规定的标准，恩格尔系数大于59%为贫困，50%~59%为温饱，40%~50%为小康，30%~40%为富裕，低于30%为最富裕。而世界贸易组织研究认为，当一个国家或地区的恩格尔系数降到40%以下，居民的精神文化消费将有显著的增长。

图2-1 马斯洛需要等级示意图
（图片来源：作者自绘）

① http://baike.baidu.com/view/1469611.htm?fr=ala0_1
② [法]鲍德里亚.消费社会[M].刘成富、全志钢译.南京：南京大学出版社，2000：1.

目前，发达国家的恩格尔系数已普遍降至20%以下，文化消费支出已上升至家庭消费总支出的30%左右。在我国，伴随着近年来经济持续繁荣的发展态势，人们的物质生活水平日益提升，对精神文化的需求也变得愈加迫切。特别是在我国实施了劳动制度改革以后，"双休日"以及各种节假日的时间总量多于全年时间的三分之一，闲暇时间的增多大大提升了人们从事文化消费的机会，也刺激了人们文化消费的热情。进入新世纪以后，我国恩格尔系数已经降至40%以下，步入富裕生活水平，食品消费比重呈逐年减少趋势，而教育文化、娱乐服务消费几乎成为我国居民仅次于食品消费的第二大主要消费结构。这一现象表明，发达国家的某些消费趋势在我国也已初露端倪，文化消费需求在整个居民消费结构中所占比例的决定性上升代表了目前我国对文化类产品或服务的迫切需要，并由此催生了文化消费市场的繁荣景象。

3. 文化消费的特点

从表层定义来看，文化消费是指对文化产品和文化服务的消费、享用与占有。但从社会学和文化学的研究视域着眼，文化消费既是一个动词，也是一个名词；它既指代一种针对"文化"所进行的消费行为，同时也作为一种"意识形态"影响、改变着我们的社会关系和生活方式。社会学家认为，文化消费绝不是文化创造的终结，而仅仅是刚刚开始。人们在消费文化的同时其实也在创造文化，文化消费说到底就是文化的创制，它作为一种独立的文化样态，具有自身显著的特点：

（1）消费逻辑渗入文化领域　在以往任何时期，文化都是独立于市场运营和经济体制而单独存在的一种意识形态。文化以实现人们的精神愉悦为己任，它不具有物质属性，也不参与交换过程，更不听命于消费者的偏好以及市场需求。一方面，文化自身的价值可以理解为对人与社会施与的精神、伦理、道德方面的影响，这种价值是无形的，不能以具体的物质利益来进行等价评判；另一方面，文化的生产和传播主要由生产主体控制，大众通常处于被动的接受者地位，不会影响文化的发展演变趋势。然而随着消费社会的出现，这种情况发生了根本性的改变。

消费社会以消费为社会生活的核心，而消费又必然涉及物品的交换和货币的流通，以此来促进经济的扩张和利润的获取。在消费过程中，物品的价值是以有形的货币或利益来衡量的，越有价值的物品，它所能带来的利益回报就越丰厚。此外，消费活动主要的服务对象是消费者，在市场体制的操作流程中，物品的生产和分配结构最终要由消费一方来决定，如何争取更多的受众是消费活动的运行法则和最终目标。

当消费逻辑迅速扩张到人类生活的各个层面，文化领域也不可避免地受到其渗透和影响，并为更好地适应市场需求和社会发展做出了调整和改变。一方面，在参与流通和交换的过程中，文化自身的价值有了全新的拓展。无论是有形的文化产品还是无形的文化体验，最终都可以凭借它所产生的具体的社会效益来衡量其价值的大小。换言之，在消费逻辑下，被消费的文化产品其社会效益越大，它的社会价值也越大。另一方面，文化的生产机制与传播方式从封闭的自我导向走向开放的市场导向，文化价值的评判不仅取决于生产主体，还取决于社会大众的普遍接受和认同，文化生产者对受众文化需求的引导作用趋于弱化，而文化消费者对文化形态的影响力则逐步增强。

（2）从精英文化到大众文化　文化消费将文化变成"物品"参与消费，由于消费逻辑的介入，文化得以从曲高和寡、阳春白雪的神圣姿态中解脱出来，以更贴近人们日常生活的方式，为大众的精神需求和娱乐提供情感的满足和意义的享用。

从本质上说，文化消费使精英文化与大众文化之间的界限趋于模糊和消解。在过去，精英、贵族阶层才是精英文化的享用者和捍卫者，掌管着社会主流文化的话语权，文化消费的崛起却促使许多以往由精英、贵族独享的文化形式，在市场运作的模式下得到了广泛的传播与发展，普通大众也有能力和机会参与其中。大众的参与又对文化自身的发展及更新提出了新的要求，由此催生了代表普通公众需求的大众文化，并超越精英文化构成社会文化的主力军。

相对精英文化而言，大众文化具有通俗轻松、多元开放、自由民主等特点。大众文化通常表现得通俗易懂，以社会公众的平均文化水平为标准创造为百姓所喜闻乐见的文化产品和文化服务；大众文化的传播方式和体验方式趋向感性层面，它不以实现深刻的精神体悟为唯一目标，而是主张以轻松舒畅的方式为大众带来美好的体验和愉悦的享受；大众文化具有极强的包容性，能够容纳多元的价值观，不以统一模式和中心论来扼杀文化形态的多样性，并尊重自由、提倡民主，以开放的姿态积极拓展自身发展的无限空间。但与此同时，大众文化的兴盛也使得文化的娱乐、消遣功能被过分强化，而教育作用和精神影响却在逐渐消减。庸俗与肤浅的趣味偏好正在取代对文化品质与深层内涵的诉求，对文化消费的良性发展造成负面的影响和侵害。

（3）文化的象征性消费　法国杰出思想家波德里亚认为，"符号消费"是消费社会最显著的文化特征，它阐释了时代背景下广泛而大规模消费行为得以发生的主要动机，同时也阐明了消费活动的实质和深层内涵。波德里亚认为，物品具有功能性和符号性两种属性。在生产社会中，人们购买商品是消费它的使用价值；在消费社会中，人们购买商品则主要看重它的符号价值。所谓符号价值，是指商品的价值不由其制造成本和劳动付出来决定，而是由商品所代表的社会地位、身份象征以及其他文化内涵所决定。

文化消费的崛起和繁荣，在一定程度上也源自于人们对"符号价值"的认同和追捧。从广义上理解，文化消费是在物质生活需求得到满足后产生的一种更高层次的消费活动，它本身就象征着社会发展阶段的更新与进步，也表征了人们生活品质的提升与完善。从狭义上理解，文化的象征性消费是指人们借助文化消费来表达和传递某种意义和信息，包括消费者的地位、身份、个性、品位、情趣等。

文化的象征性消费使得文化这一本身即具有丰富内涵的事物在其本体价值之外，

又拓展出新的、更加多元的象征意义与文化指涉。换言之，正是由于符号消费的出现，才使得文化自身的价值超越了其使用属性的范畴，获得更加广阔的延展。在符号消费的影响下，当今时代的文化产品若想更好地推销自己，则必须通过准确的定位来呼应消费主体所欲实现的身份认同，并以鲜明的风格与形象彰显其个性与独特性。不过，对符号价值的过分关注和过度消费也容易导致文化自身的价值趋于弱化，人们盲目追求文化表层象征意义的同时，容易忽略对文化内涵与深层意义的追问。

（4）审美泛化与审美世俗化　瓦尔特·本雅明认为，大众文化的兴起与机械复制技术的发展消解了传统艺术的"光韵"（Aura）——即艺术的原真性、膜拜价值和距离感。它将艺术从神圣的舞台放逐到人们的日常生活中，大大扩充了艺术与美的传播范围及社会影响，使艺术成为普通公众的消费对象（图2-2）。如今，艺术和美已经扩散到一切商品消费和日常生活中，德国后现代哲学家沃尔夫冈·韦尔施在《重构美学》中将这一现象定义为"日常生活审美化"，也叫"审美泛化"。

审美泛化使人们每时每刻浸润在美的情境中，并由此促使人们对于美的追求和渴望变得愈加迫切。从根本上说，美和艺术属于文化的范畴，因此，对美的消费自然也是一种文化消费活动。可以毫不夸张地说，在当今时代，几乎所有的消费活动都会涉及对美的体验和享用，人们习惯了从外在形式美着眼来审

图2-2　蒙德里安绘画艺术在服装和家装设计中的应用

（图片来源：（左）王振宇，覃晓.绸都盛泽风尚，王玉涛：邂逅蒙德里安[J].纺织服装周刊，2019(11):32.（右）Branimira Ivanova, Desislava Ivanova. 形式和颜色之间的舞蹈——与蒙德里安共进早餐[J].室内设计与装修，2019(06):109.）

阅他们所消费的事物，事物的审美特征成为它们营销自身的最佳手段。

另一方面，当审美超出纯粹的艺术、文化范畴，渗透人们的日常生活领域时，审美本身也已经被大众化或世俗化了。韦尔施在他的书中提到："如今艺术活动的场所已经远远逸出与大众的日常生活严重隔离的高雅艺术场馆，深入大众的日常生活空间，如城市广场、购物中心、超级市场、街心花园等与其他社会活动没有严格界限的社会空间与生活场所。在这些场所中，文化活动、审美活动、商业活动、社交活动之间不存在严格的界限。"① 大众生活使艺术平民化，它消解了艺术的深度，审美也不再像过去那样停留在神秘抽象的哲学层面，而是变得人人能懂。

审美消费的频繁发生也在迅速提升人们对美的鉴赏力和理解力，人们对美的期待越来越高，这就要求美的更新速度也必须随之加快。当普通意义的审美无法吸引眼球时，美便成为"视觉刺激"和"新奇、怪异"的代名词，各种夸张的形式、色彩和难以理解的美学逻辑都被用来制造"震惊"，连续不断的视觉轰炸最终导致人们审美感知的冷漠。正如韦尔施所说："全面的审美化会导致它自身的反面。万事万物皆为美，什么东西也不复为美。"② 因此，要警惕"审美泛化"走向极端和歧途。

2.1.2 博物馆

1.博物馆的定义

"博物馆"一词源于希腊语Mouseion，意为"供奉缪斯（Muses是掌管科学、文艺、美术等的九位女神）及从事研究的住所"。历史上最早纪录的博物馆，由埃及王托勒密·苏特于公元前280年在亚历山大城的宫殿里创设。亚历山大博物馆不仅是个纯粹的艺术品收藏机构，还囊括了与文化教育相关的大学、研究院、图书馆、档案馆等。博物馆最初的定义即指代"广泛而集中地进行科学研究和知识传播、具有高度综合性的文化殿堂"③。

① Wolfgang Welsch. Undoing Aesthetics (Published in association with Theory, Culture & Society). Sage Publications Ltd, 1998: 126.
② Wolfgang Welsch. Undoing Aesthetics (Published in association with Theory, Culture & Society). Sage Publications Ltd, 1998:44.
③ 严建强，梁晓艳. 博物馆(MUSEUM)的定义及其理解[J]. 中国博物馆，2001(01):18.

1683年，英国牛津大学的阿什莫林博物馆建立，成为世界上第一座对外开放的公共博物馆，"Museum"从此成为博物馆的通用名称，专指"贮存和收藏各种自然、科学与文学珍品或趣物或艺术品的场所"[①]。

1946年，国际博物馆协会成立，开始致力于依据社会环境的变更和博物馆的发展为博物馆制定和修正恰当的定义，并首次在其章程中将博物馆规定为："向公众开放的美术、工艺、科学、历史以及考古藏品的机构，也包括动物园和植物园，但图书馆如无常设陈列室者除外。"1956年、1961年、1971年，国际博物馆协会又多次对博物馆定义进行了讨论修改，直到1974年，国际博物馆协会第十一届大会通过章程，指定"博物馆是一个不追求盈利的、为社会和社会发展服务的、向公众开放的永久性机构，为研究、教育和欣赏的目的，对人类和人类环境的见证物进行搜集、保存、研究、传播和展览"。这一定义得到了博物馆界的广泛认可，并作为之后进行定义修正的基础沿用至今。

2003年6月，国际博协召开了顾问委员会会议，再次将"博物馆定义"的修订问题纳入考虑范畴。会议认为，博物馆定义是对博物馆性质、职能、目的和任务的综合表述，是博物馆工作纲领的核心，并指引着博物馆事业的发展方向，因此应该及时反映博物馆在自觉适应社会需要的进程中所发生的变化和调整。依据这些变化，世界各国针对本国博物馆的发展特色，于不同的侧重方向重新完善了博物馆的定义（表2-1）。

2.博物馆的分类

有关博物馆的分类，至今国内外仍未形成统一的分类方法和分类标准。但国际上通常以博物馆的藏品和基本陈列内容作为主要依据将其划分为五大类别，即综合类、历史类、艺术类、科学类以及其他类型。具体而言，综合类博物馆是指其陈展主题广泛，展品类型丰富，针对世界范围、某一国家或某一地区有关历史、自然、艺术、考古等众多方面进行综合展示的博物馆；历史类博物馆是以研究和反映人类历史的发展进程，对历史上重要事件、人物、

[①] 雷蒙德·阿古斯特.博物馆的法定定义[J].中国博物馆，1987(01):87.

物品等进行系统展示的博物馆；艺术类博物馆是针对各个门类艺术作品进行收藏陈列的博物馆；科技类博物馆是以收藏、展示与科学技术主题相关展品的博物馆；无法归类为以上类型的博物馆则均归属于其他类型博物馆（表2-2）。

博物馆类别之庞杂，涉及主题、范围之广泛，使得每一种类型的博物馆都具有其独特属性与内涵，这些特性又会决定每种类型的博物馆所遵从的设计原则和设计要点各有差异，不尽相同。

各国博物馆现行定义　　　　　　　　　　　　　　　　　　　　　表2-1

国家	定义
美国	不以盈利为目的的永久性机构，存在的根本目的不是为组织临时性展览，享受豁免联邦和州所得税，代表公众利益进行管理并向社会开放，为公众教育和欣赏的目的而保存、保护、研究、阐释、收集和展览具有教育和文化价值的物体和标本，包括艺术的、科学的、历史的和技术的材料
英国	博物馆能够使公众通过探究藏品获得启迪、知识和快乐。它们是承担着社会信托责任而征集、保护和展示文物和标本的机构
澳大利亚	博物馆应用物体和意念阐释过去、现在和探究未来，帮助人们理解世界。博物馆保护和研究藏品，使藏品和信息通过真实和虚拟环境向公众展示。博物馆是基于公众利益的，向社会贡献长久价值的、永久性的、不追求盈利的机构

（资料来源：作者根据资料整理）

博物馆分类统计表　　　　　　　　　　　　　　　　　　　　　表2-2

大类别	小类别	实例
一、综合类	1. 世界类综合博物馆	大英博物馆
	2. 国家与地方综合博物馆	黑龙江省博物馆
二、历史类	1. 社会历史博物馆	德国历史博物馆
	2. 战争与军事博物馆	中国人民革命军事博物馆
	3. 考古与遗址博物馆	秦始皇兵马俑博物馆
	4. 民族民俗博物馆	湘西土家族民俗博物馆
	5. 纪念类博物馆	南京大屠杀纪念馆
三、艺术类	1. 艺术陈列馆	美国纽约现代艺术博物馆
	2. 美术馆	梵高美术馆
	3. 雕塑博物馆	鹿野苑石刻博物馆
四、科技类	1. 综合性科技博物馆	中国科技馆
	2. 专门性科技博物馆	美国宇航博物馆
五、其他类	1. 主题博物馆	新加坡玩具博物馆
	2. 企业博物馆	美国可口可乐博物馆
	3. 社区博物馆	西布朗维奇公共艺术中心
	4. 生态博物馆	英国铁谷桥博物馆

（资料来源：作者根据资料整理）

在此需要特别说明的是，本书将研究对象设定为"博物馆"，这一对象涵盖了以上所有的博物馆类型，而并非专指某一种或几种类型。即是说，研究得以展开的基础是承认所有类型的博物馆在其基本共性特征上均会受到文化消费的影响而发生一定的改变。尽管由于不同类型博物馆的特性差异，影响的程度有所不同，具体转变也体现在不同的方面，但总体而言，转变是客观存在的。举例而言，一般情况下，文化消费对艺术类、文化教育类、科技类博物馆的影响较为显著，且由此产生的变化多体现在外显化层面，诸如展演方式多样化、空间氛围生动活泼等，这些变化易被识别也易被认可。而文化消费对历史类、纪念类博物馆的影响则体现在较为内敛的层面，诸如对布展流线的非线性设置、主题情节的多线索叙述等，这些变化往往因为表现得较为含蓄而易被忽略。但不论影响体现在显性层面还是隐性层面，重要的是这些影响都会对博物馆建筑的设计理念提出新要求和新规则，正视这些改变，承认这些改变才能确保设计合理有序地展开。

从这层意义上讲，本书所努力的方向是进行一种具有普遍意义的研究和探索，是将"博物馆"视为一个整体对象置于"文化消费"背景之下进行审视和思考。书中所述论点及策略虽不可能同时适用于所有类型的博物馆，但却是在一种普遍意义上探讨博物馆设计策略的调整与完善。书中引述实例也兼顾到不同类型博物馆的选取与借鉴，以便更加充分全面地展现文化消费对不同博物馆的影响与改变。

此外，"文化消费"作为一种当下时代的文化样态，其自身仍处于动态的发展进程中，它有成熟的一面，当然也不可避免地存在着一定问题。同样，文化消费对博物馆的影响有积极的一面，也有消极的一面，但总体而言，正面影响要远远多于负面影响，肯定这一前提是本书研究得以进行的基础保障。受篇幅所限，本书不可能针对文化消费在博物馆领域产生的所有影响展开详尽论述，但尽量确保所选视角与博物馆建筑设计理念的更新有着最为紧密的关联，并以此为基础，进行公正客观的论述和评判。

2.2 博物馆传统价值解析

伴随着人类历史上第一座公共博物馆的诞生，博物馆至今已走过三百多年的历史。在漫长的发展过程中，博物馆为了适应时代环境的变更以及社会需求的拓展，持续不断地修正和完善自身。特别是当人类社会普遍进入消费时代，整个社会的文化气象和行为范式面貌一新，这又将博物馆置于一种全然不同的生存及发展语境之中。崭新的社会环境赋予博物馆崭新的文化特性和职能属性，并由此导致了博物馆的社会价值、伦理价值和审美价值发生了巨大的转变。这些转变一方面如实地反映了当代博物馆的生存状态，另一方面也揭示了博物馆未来的发展方向和工作重心。在阐释具体的转变之前，首先要对博物馆的传统价值有所了解。

2.2.1 社会价值

在传统时代,博物馆所承担的主要社会职责是保存与传承人类文明发展进程中一切有价值的有形文化遗产和无形文化遗产。与此同时,作为不同国家或地区的文化象征物,博物馆还被用来构筑集体身份的归属感及认同感。如果我们将博物馆视为一件"物品"的话,保存和传承文化是它本来的使用价值,而文化象征性则是它的符号价值。从这个角度来看,博物馆的社会价值是由它的使用价值和符号价值两部分共同组成的,也就是说,博物馆作为一个公共性的社会机构,它对社会所作的贡献既体现在实际的功能层面,也体现在精神象征和纪念层面。

1. 文化传承

博物馆最初的功能即是为人类社会保存与传承历史文明。在很长一段时期内,这一功能都是博物馆的核心功能,也是其承担的最主要的社会使命。博物馆在履行职能的过程中,负责收集、整理与历史相关的事物,其工作内容和研究对象与历史紧密相关,如同一位历经岁月沧桑的老者,大部分时间是在追忆往昔、回首从前。针对这一特性,有关学者将那一时代的博物馆戏称为"老年博物馆"。

"老年博物馆"在社会上所扮演的角色就是一处凝固历史、珍藏宝物的文化艺术殿堂。它通常退居一隅,安静地守护着一方文明,却对外部环境的动荡演变不甚敏感,也不认为自身与社会现状和未来的发展趋势有何关联。这些博物馆在本质工作上恪尽职守、任劳任怨,并将其前进的动力寄托于博物馆核心职能的充实与完善,同时严格围护自身作为"文化机构"的纯粹性与学术性,其工作重心偏向于典藏、研究、教育等学术领域,不大关心其他方面的事务,在事业管理和经营方面有自己独立的运行法则,基本上与社会其他领域之间少有交叉与对接。

可以说,传统博物馆的社会使命将它置于一种相对"边缘化"的生存状态中。博物馆自身虽然收藏着丰富而珍贵的文物和遗产,但"真空式"的保存与传播方式却使博物馆成为一处静态、保守的古老文化资源。它的价值是根据其所藏文物遗产的价值来确定的,对这些文物的小心呵护与传承是其主要的工作内容。换言之,"守"是其主要的工作方式,传统博物馆认为守住了珍贵资源即守住了价值和财富,却没有认识到资源自身的优势可以被开发利用,并为社会和城市的发展做出具体的贡献。

传统博物馆对自身的角色定位影响到博物馆建筑的设计理念。总体而言,那一时期的博物馆建筑大都呈现为一种内向、封闭、与世隔绝、独善其身的面貌和姿态,通常与现实世界和日常生活刻意保持一定的距离,将更多精力投入到对其基本功能的组织与完善中。

2.文化象征

博物馆最早被建立起来是出于私人收藏珍宝、古董和其他历史文物的需要。后来，博物馆由私人所有逐渐发展为公有制的文化机构，公有制博物馆的主要目的依旧是用于整理、保存国家或地区有价值的历史文物和遗产，并向公众进行传播和展示。在这个阶段，博物馆的社会价值主要体现在其实际的使用功能层面，还不涉及文化象征层面。

到了18世纪中后期，随着大英博物馆和法国卢浮宫博物馆的相继建成，大型国家级公共博物馆的建设热潮缓缓拉开序幕。19世纪是欧洲国家建设博物馆的高峰期，从1800年的不足12个到1887年的240个，迅猛增长的博物馆数量一方面表明了各国对本民族文化成果的积极整理与维护，另一方面也昭示出当时各国急于在世界范围内树立民族认同感和文化竞争力的迫切愿望。以美国的大都会博物馆为例，它以能收藏五十万余件世界重要文物之力量，流露出美国政治文化的一个野心，即企图暗示世界政治强权已经由以欧洲为中心转向以美国为中心，同时也展现了美国多元的文化价值与经济地位[1]。到19世纪末，被广泛用作构建民族历史、民族范围和民族身份的博物馆，已经明确成为许多国家政治变革计划的一部分。正是从这一阶段起，博物馆的文化象征意义凸显出来，博物馆从一个单纯用于保存和展示历史文化的机构一跃成为表征国家身份的代言人和纪念碑。

从本质上说，博物馆的文化象征意义是由其使用功能决定的。博物馆系统收集、保存了一个国家和地区最珍贵、最完整也最有代表意义的物品，记录着国家和民族发展的辉煌历程。因此，它作为国家宣扬其伟大文化和民族精神的最佳工具，自然成为最具权威、最合法的文化象征。与此同时，因为与国家的文化象征与身份构建紧密相关，从这一时期开始，博物馆也由原来的借用旧建筑改造升级为一种专门的建筑类型，大都采用"庙宇式"或"宫殿式"的设计形制，寓意博物馆是容纳伟大文明的圣殿。

---

[1] Janet Marstine. New Museum Theory and Practice: An Introduction. Wiley-Blackwell, 2005:266.

而且，被社会普遍认同的是，建筑的气势越恢宏，博物馆的象征意味就越浓厚，进一步也表征了国家的文化实力和民族精神越强盛、伟大。

无论是文化传承职能还是文化象征职能，总体而言，传统博物馆对于社会的贡献主要集中于对历史的保存、记录、传播以及对国家政权和文化野心的炫耀和标识作用，其工作重心主要面向过去而不是现在和未来，其服务视野也相对局促和狭隘。虽然博物馆自身拥有丰富而珍贵的文物和遗产，然而对于社会来说，它的定位和价值仅限于一处静态的文化资源。

至于那一时代的博物馆建筑，也是构成其静态文化资源的一部分。之所以这样说，是因为博物馆建筑仅仅作为一处保存和展现历史文化的场所而存在，它在设计上严格遵从为展品及其教育职能提供最优服务的原则，任何时刻都不会贸然地为了参与市场运作或者为了迎合市场新增的需求而改变了自身的设计规则。因此，许多博物馆建筑在规划构建时只关注自身利益的满足与效用的发挥，与时代宏观背景关联甚弱，在整个城市环境中表现得过于安静、沉闷，缺乏活力，与城市的关系也不够亲密。

2.2.2　伦理价值

一直以来，博物馆作为一个教育机构，其作用就是借由其保存的珍贵资源向人们传达历史、文化、科学等信息，使人们在参观过程中既能收获丰富的知识，同时又能接受道德、修养等不同方面的教育。具体而言，博物馆对参观者施以的积极影响可以体现在众多方面，诸如增长其智性、知性、德性和通达性；提升其文化素养，培育其高尚情操；开阔视野、拓宽思维、激发创造灵感，培养广博的胸怀；等等。这便可定义博物馆的伦理价值所在。

传统博物馆对其伦理价值的理解较为偏激和狭隘，概括来讲，"重教化、轻体验""重结果、轻过程""重理论、轻实践"的观念极为深刻地影响着博物馆机构的整体发展。博物馆作为一处严肃、正式的文化教育机构，为了维护其教育职能和文化属性的纯粹性，过分强调对"形而上"的道德和伦理的遵从，而不是追随现实情境下人的行为体验和心理感受来制定工作方式和工作目标，导致博物馆陷入教条、刻板和保守之境地。

1.沟通模式权威化

在历史上，博物馆曾被看作是权威的看护者以及文化和知识的诠释者。博物馆这种假定的权威在于它们拥有的珍贵藏品，也在于馆藏研究人员和专家在解释藏品时的专业知识。传统博物馆遵从的也是一种权威式的教育和制式的沟通风格，展览主题、展示内容以及展陈方式都按照博物馆领域专业人士的意见进行组织，而后以严谨有序、不容置疑的姿态呈现于参观者面前。参观者能做的事情是遵循事先设定好的展品排布和观展路线对博物馆进行系统化、教科书式的参观。这种施教方式带有一定的强迫性，英国大英自然史博物馆前公共服务组主任罗杰·麦尔斯曾撰文批判此种沟通模式，认为它完全不能照顾到博物馆知识的多元观点，也无视观众的多元需要，并谑称其为一种残障的（disabling）沟通模式。

在从事博物馆沟通模式研究的专家艾琳看来，传统博物馆的沟通模式是这样的：

Transmitter（传递者）→Medium（媒介）→Receiver（接收者）

在这个模式中，传递者（通常是指博物馆研究人员），通过媒介（在此是指博物馆的文物和展示），将讯息传递给观众。这种沟通具有两个特性：第一，它是一种线性的、单向的沟通，沟通行为是由左端的传递者所引起的；第二，沟通的内容和意义主要取决于传递者的意图，观众被视为被动的讯息接收者[1]。在这样一种沟通模式下，博物馆作为教育机构所显现出的权威性和不可侵犯性是显而易见的。参观者没有任何主动权利来参与决定他们所要参观的内容、布展的形式、参观的路线安排等，博物馆的空间布局和氛围设置同样是由博物馆人和建筑师单向操纵完成，且大都是遵照以满足"展品"和"展览"为服务对象的绝对理想化模式来建造，相反，对于空间真正的使用者——观众的需求和心理考虑甚少。

另一方面，人作为独立的个体，其思维方式和行为特征都具有自身的鲜明特点，与他人也存在一定的差异。传统博物馆虽然将人们导向自律、高尚和文明，但却是通过一种相对制式的方法来统一和规范参观流程，约束他们的行为举止，无形之中抹杀了参观个体的特色与差异，从本质上没有体现对人性的基本尊重与关怀。人类学家苏珊·帕茜针对传统博物馆进行研究后发现，博物馆的象征形式、画廊布局、藏品序列共同提供了一种由个体来执行的"行为模式"。"环绕画廊的步行过程已被走在前面的人踱量过了，建筑空间的外壳和结构有着故意安排的节

---

[1] 张誉腾. 博物馆大势观察[M]. 台北：五观艺术管理有限公司，2003: 171.

奏，于是下面的那些感受也就在预料之中。我们显现出疲劳（因为对仪式活动的苛求），有时会兴奋，但通常是一种虔诚的心情，一种圆满完成任务的感觉。"① （图2-3）

2. 施教方式刻板化

传统博物馆给人的感觉是生硬、沉闷的说教式面孔，缺乏必要的活力和亲切感，因此很难对观众产生足够的吸引力。虽然很多人来博物馆参观是为了学习知识、获取信息，但他们设想的学习并不是要记住大量枯燥的文字和事实，而是希望在更深层的兴奋和参与中获得新的理解和感悟。

与常规的书本教育和课堂教育相比，博物馆实际上在信息传播的生动性与趣味性上具有一定的优势。大量的实物展品和各种设施可以为观众提供身临其境的感受以及丰富多元的学习途径，还可以根据特定的展示主题对环境基调、陈设背景、灯光排布等方面进行精心规划，以启发性的结构设置和具有感染力的艺术氛围将观众带领到一种生动活化的知识情境中。然而传统博物馆却倾向于以刻板的方式来传授知识和信息，布展形式单调、刻板，仅仅满足了基本的功能要求，却没有照顾到观众真实丰富的体验期待，致使大部分观众都认为"很多博物馆太枯燥了，展品都放在玻璃罩里，感觉和自己距离很远"。

博物馆建筑在空间情境的营造上也因受制于严谨、教

① 李浩. 现代博物馆设计研究——大众化走向下的当代博物馆建筑设计观及设计方法[D]. 武汉：武汉理工大学硕士论文，2002: 13.

美国大都会博物馆（1872）
图2-3 仪式化的空间
（图片来源：作者自摄）

条、模式化的布展方式和行为组织，呈现出千篇一律的景象。在这样一种氛围中，观众的感受是单薄的、乏味的，很难被调动起求知的欲望和热情，更无法在获取知识的同时拥有愉悦美好的体验和心情。

3.教育职能纯粹化

传统博物馆衡量自己价值大小的一个重要标准是看其具体的教育成效如何。以往人们去博物馆大都抱有明确的学习目的，会根据不同的展览内容安排专门的时间和计划前往参观，在参观过程中也会严格遵守规范的参观秩序，并持有端正、认真的学习态度，如果参观完毕没有学到新的知识则会被认为是一次不成功的博物馆参观经历。正因如此，当时博物馆的工作重心几乎全部倾向于如何提高展品的质量以及展览的层次，如何向人们传递最全面最专业的知识以及如何开展相关的教育活动等，对于除"教育"之外的其他方面几乎从不涉足，唯恐一不小心就触碰了博物馆的道德准则，违背了博物馆是为教育公众而设的初衷和目的。

在此影响下，传统的博物馆建筑十分注重营造一种纯粹的、适于学习和精神体验的崇高氛围。根据德国慕尼黑德意志博物馆前任主席奥拓梅耶的说法，一个庞大建筑中的博物馆可以被视为一个"长期的教堂"，其内部应该是"一座圣殿"。它不应该处于任何像娱乐中心一样或屈尊对待参观者的情境下。博物馆的参观者，至少在过去，希望博物馆提供一个庄严的场景，以及一种使人从日常生活的单调平凡中解脱出来的非常体验[①]。（图2-4）

2.2.3 审美价值

博物馆是收藏和展示人类文明遗产的专门机构，自诞生之日起，就与艺术与美结下了不解之缘。因其收藏的文化艺术珍品都具有极高的艺术价值，博物馆也自然成为人类收集"美"的宝库。静态的文化艺术品需要借助生动的

a）澳大利亚新南威尔士州美术馆

b）德国柏林老博物馆

c）纽约大都会艺术博物馆

图2-4 圣殿般的博物馆内部空间

（图片来源：作者自摄）

①[美]尼尔·科特勒，菲利普·科特勒.博物馆战略与市场营销[M].北京：北京燕山出版社，2006:206.

途径和技巧进行传播，而优美的环境和优美的建筑则可以在观众和展品之间建立起沟通的桥梁，使审美客体能够感染审美主体，引起观众思想上的共鸣，进而诉诸情感，获得美的享受和精神的升华。正如傅雷先生所说："如果最高的情操没有完美的形式来做它的外表，那么，这情操就没有激动人类心灵的力量。"①

因此，博物馆在其自身的艺术表现上竭力追求观赏性及形式美，运用蕴含审美情趣的形象来充分表达博物馆所具有的文化内涵和历史意义，目的就是为了让观众享受到审美层面的愉悦，并通过精神感悟体味人类文明的深邃和博大。博物馆的审美价值就体现在此。

1.单一美学标准

在博物馆发展的早期阶段，其建筑面貌总体来说呈现较为单一化的美学特征，其审美诉求大致体现在两个方面：

（1）纪念性和神圣性　在传统时代，因为与国家的文化象征与身份构建紧密相关，博物馆建筑通常要体现出鲜明的纪念特征与神圣感。又受古代博物馆多由私人官邸、宫殿改建而成的影响，当时欧洲国家的博物馆大多偏爱新古典主义和希腊复兴式的建筑风格，博物馆外观风貌大体相似，多采用大理石柱廊、厚重墙体、山花与雕饰作为形式语汇，着力塑造一种庄严、肃穆、雄伟壮观的"文化圣殿"姿态，如大英博物馆（1759）、柏林老国家艺术画廊（1876）、纽约大都会艺术博物馆（1880）等（图2-5）。在很长一段时期内，此种形象几乎成为博物馆建筑的标准形象，即不论其主题是

① 傅雷.世界美术名作二十讲[M].北京：生活•读书•新知三联书店，1997：16.

a）德国柏林老国家艺术画廊　　b）大英博物馆

图2-5　古典主义建筑风格

（图片来源：作者自摄）

历史、艺术、自然或科学，均以统一美学特征来表现。这一美学特征的优势在于，建筑传递的信息可以不断提醒外界，这是一处高尚、神圣的文化殿堂，需要人们对这座建筑及其收藏保持足够的敬仰和崇拜。

（2）历史韵味和怀旧情感　"老年博物馆"着眼于对历史的绝对尊重和真实还原，因此，传统建筑也大都体现出浓厚的历史韵味和怀旧情感。具体表现为，建筑形式刻意借用传统符号和复古主义风格来装饰，以隐喻历史的沧桑和旷远；空间氛围追求与历史相契合的传统意境，以创造出与展品所属年代特质相符的原始韵味，让观者更好地融入情境，酝酿情感。无论是费城美术馆对希腊复兴式建筑风格的参考，或是慕尼黑老绘画陈列馆对古典主义细节的借鉴，那一时期的博物馆建筑大都无法摆脱其自身与历史意味的全面关联。

2.遵从审美自律

随着博物馆事业的不断壮大和蓬勃发展，博物馆建筑作为一种专门的建筑类型在建筑学领域树立了自己的地位。此时的博物馆开始逐渐摆脱古典主义和历史情结的束缚，从自身功能、审美需求出发，去探讨一种理性、成熟，能够体现其机构身份的建筑风格。由此，博物馆的审美取向开始有了新的转变。

总体而言，这一阶段的博物馆是审美自律的产物。即是说，博物馆遵循自在生成规律，从自身的类型特点和功能属性出发，来构建内容与形式的逻辑关系。诸如不同的采光需求会产生不同的屋顶形态，不同的展品类型会采用不同的空间形制，不同的展示主题会决定不同的审美意象，等等。

诸如金贝尔艺术博物馆因其开创性的采光方式闻名于世，其优美的拱形屋顶由建筑师路易斯·康根据展厅的采光需求特意设计而成。每个拱壳中间都开设了一条0.9米宽的通长天窗，天窗下装有带凹孔的铝质穿孔反射板，人字形的反射板能将透过天窗射进的阳光均匀地反射到室内顶棚，再投射到墙面上（图2-6）。在柏林国立美术馆新馆

图2-6　金贝尔艺术博物馆

（图片来源：邹瑚莹，王路，祁斌.博物馆建筑设计[M].北京：中国建筑工业出版社，2002:173.）

中，密斯为了追求开敞、通透、无阻隔的流动空间，将八根钢柱与井字梁结构屋顶相结合，配以大面积的玻璃围合界面，塑造出精致、严谨的极简主义美学特征（图2-7）。在建成之时引发轰动的纽约古根海姆博物馆，其特立独行的建筑形象也并非一种纯粹美学层面的创新，而是它内部螺旋参观坡道以及开敞式通高中庭的直接体现（图2-8）。遵从"功能决定形式"设计原则的博物馆建筑，其审美创新普遍建立在功能创新的基础之上。与早期博物馆的纪念主义与象征主义诉求有所不同，这时的博物馆中很少有建筑脱离实际功能需求而去单独追求一种纯粹的视觉美感。从这一层面来看，作为一种新的建筑类型，刚刚起步的博物馆其审美价值是趋于理性的、建构的、自律的。换言之，博物馆建筑的形式表达都建立在一定的意义基础之上，人们可以通过其能指与所指的对接领悟到形式所蕴含的独特意义，并由此对博物馆的主题及内涵有所了解。

图2-7 德国柏林国立美术馆新馆
（图片来源：作者自摄）

3.精神意蕴深厚

物质层面的美学表现是博物馆审美价值的表层含义，其深层内涵是通过具体可见的美来唤起人们内心的情感波动，使他们运用联想、感悟去体验超越形式层面的"美"的存在，并带给他们精神层面的"美"的熏陶。

较之物质层面的审美，精神层面的"美"是博物馆艺术价值更高境界的体现。一方面，博物馆自身即是一种文化内蕴深厚的机构，相比其他机构而言，它在审美价值的塑造上应有更高的追求和目标。建筑实体的美感营造能够带给人们感官享受，但若想将这种享受延伸至心灵深处，使人们受到美的启

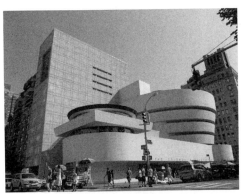

图2-8 纽约古根海姆博物馆
（图片来源：作者自摄）

迪，进而诉诸于高尚情操的培育，还需在外在形式美中添加深邃的精神内涵。另一方面，博物馆作为传播文化的机构，应该通过一种优雅、独特的内在气质向人们昭示它的身份，并通过强大的精神力场将人们带进一种适宜的心境，使他们能够沉静思绪、渐入佳境，从而与展品达成心灵默契和情感共鸣。

一般而言，传统时代的建筑师在创作博物馆时都比较注重其精神意蕴的塑造和体现。诸如意大利建筑师卡洛·斯卡帕的博物馆作品通常都以"有意味的形式"来传达艺术的感染力和崇高精神。所谓"意味"，是指形式背后所隐藏的独特情感，这种情感虽然内敛含蓄却十分动人，能够穿透观者的眼睛和身体感官，直抵内心深处（图2-9）。而印度建筑师柯里亚设计的博物馆则大都立足于当地特定的历史文化背景，汲取地域文化和民族文化的精髓，同时结合特定的自然气候和环境特征，将传统文化与自然要素熔于一炉，营造出别具一格又耐人回味的场所精神（图2-10）。

图2-9　维罗纳古堡博物馆

（图片来源：作者自摄）

图2-10　斋普尔博物馆

（图片来源：邹瑚莹，王路，祁斌.博物馆建筑设计[M].北京：中国建筑工业出版社，2002:212.）

2.3 文化消费背景下当代博物馆的价值更新

2.3.1 文化资源向文化资本转化

这里所说的社会价值的更新是将博物馆作为一个完整个体,探讨它在文化消费背景之下,被社会这一宏观消费主体消费时自身价值发生的变化。如前所述,传统博物馆被社会消费的是它的资源属性。博物馆自身虽具有一定价值,但受其文化属性和社会身份的制约,这种价值不能参与商业运作,更不能通过市场供求关系的调控来实现价值的等值交换或者价值增值。简言之,即博物馆的资源属性决定了它的社会价值是恒定的,它对社会的贡献仅限于其原始职能的发挥。

但在消费时代,参与消费并在消费中获取价值的文化本身也与金钱、机器、技术一样进入了"资本"的行列。"文化资本"这一概念的出现,标志着文化的生产与传播已经不再局限于文化自足领域的制约,而是参与到市场运作与宏观调控中。文化已逐渐成为当今社会最具潜力的财富创造者,文化的资本优势一旦被挖掘出来,即可产生巨大的社会价值和经济利益。

博物馆所珍藏的文化遗产是人类发展历史长河中所沉淀和凝聚的精髓所在,是一种不可再生资源,具有稀缺性、垄断性等属性特征。在社会发展中应通过对不可再生文化资源的有效开发与利用,促进其向文化资本转变,推动城市的发展与更新。换言之,当今社会对博物馆的定位和期待是在传承与象征古老文明的前提下,将其自身蕴含的历史文化价值有效地转化为城市文化资本,依赖博物馆的功能优势和符号价值与其他要素形成联动开发与运作,激活传统博物馆中的资源属性,使其社会价值超越保存与传播的传统定位,在更广泛的领域发挥更大的作用。

1. 作为文化符码被社会消费

在当今时代,文化的象征性消费促使文化因素的符号作用愈加明显,从而使其成为社会政治、经济活动中的主要力量。沙朗·祖金曾在《城市文化》一书中提出过著名的"符号经济"概念。他认为,文化已经成为城市的象征经济,文化经由生产和消费结构机制,强化了它的经济功能,文化资本已成为实现社会效益的投资资本,逐渐成长的餐厅、博物馆和文化产业,已经塑造了城市的象征经济,并具有物质性效益,如工作机会、文化意象等。在符号经济的表现中,文化设施是一种最重要的用以展示城市形象的标识物,具有地标性质的大型文化设施通常是城市特色和城市风貌的代表,特别是在文化全球化现象加速蔓延、地域特色正趋于消弥的今天,每个城市都应该拥有自己独特的文化地图和文化象征物。

文化符号的象征性消费为博物馆带来的影响是，许多城市和区域通过建设博物馆为自身树立起一个文化身份的标识，期望通过博物馆的符号作用彰显其自身的文化品位，树立区域形象，以积极的精神面貌来推动和刺激潜在的商业投资，吸引创意人才的聚集，为区域长远的发展储备灵感，积蓄能量。

在传统时代，博物馆的原始符号价值仅限于国家宣扬历史文化和民族精神的强盛伟大，博物馆更像是一个附着于城市之中的纪念碑和装饰物，它的象征作用是平面化的。当前时代，博物馆作为被社会消费的重要文化符号，其符号价值的内涵得到了深化，表现在博物馆将其自身在精神层面的感召力和影响力与切实的社会需求相结合，在保存与传承历史文化之外催生出新的社会职能，为城市发展和文化进步做一些实实在在的贡献。

2.资本属性拓展其社会职能

在文化消费背景下，具有了崭新符号价值和资本属性的博物馆在与其他资源一起参与市场化运作和经营的过程中，拓展了自身的社会职能范畴。墨西哥博物馆学家雅尼·赫瑞曼针对当代博物馆多元化的社会职能描述道："不管我们喜欢与否，博物馆在诸如全球化、持续发展和旅游等诸多社会文化和经济现象中扮演了重要的角色。在经济、社会和文化变革的影响下，许多曾被认为是毫不相关，甚至是断然排斥的活动，近年来是如此之多和如此之快地在毫无察觉中成为博物馆的日常业务。"①

在博物馆文化相对成熟的西方国家，城市决策者和建设者较早地认识到博物馆的增值潜力，将资本运作规律借鉴到博物馆的日常运营中，以文化的价值增长为基本出发点，强调对稀有文化资源不仅进行传统意义上的保护，而且与商业开发、旅游文化产业相结合，形成产业联动机制，致力于城市特色文化资源所在场域的环境、交通和商业旅游配套服务设施的改善，使文化资本在增进人们文化认同感的同时，发挥更大的经济效益。例如法国因其拥有

---

① 雅尼·赫瑞曼.博物馆与旅游：文化和消费[J].中国博物馆，2001(02): 44.

4000多个博物馆而成为名副其实的文化旅游胜地,每年赴法游览博物馆的游客超过5000万人,博物馆不仅为法国赢取了文化强国和旅游大国的美誉,同时也带来了滚滚的财源。英国则把博物馆与文化创意产业相结合进行有效的市场化、商业化运作,吸纳社会各方面的资金支持,也吸引创新人才的参与,不仅提高了博物馆自身的造血功能,也协助文化创意产业跃升为英国新的经济增长点。

就此而言,传统意义上仅以满足基本展藏需求为社会使命的"老年博物馆"已不能适应当前社会对博物馆提出的新的期望与要求,要建设活力、开放、自信的"青年博物馆",这是时代赋予博物馆的研究课题,也是当代博物馆安身立命的意义所在[①]。

综上所述,在文化消费背景之下,博物馆的符号价值凸显,社会职能趋于多元,博物馆也由文化资源跃升为文化资本,它与社会之间的关系正在由原来的相互独立走向融合与共生。2008年国际博物馆日的主题即为"博物馆:促进社会变化发展的力量"。针对这一主题,我国博物馆专家张晋平认为,它扩展和深化了博物馆服务于社会的范围和程度,指明了博物馆未来发展的主要方向。古德有句名言:"博物馆不在于它拥有什么,而在于它以其拥有的资源做了什么。"今天的博物馆应该放开视野,整合其所拥有的所有资源,根据社会整体局势的变迁,努力地找准自身定位,以崭新的角色参与到当下社会的发展历程中,甚至通过自身的力量影响和改变未来社会的发展方向。

2.3.2 单一教育向综合体验转化

从"文化圣殿"蜕变为"文化消费场所",社会对博物馆角色定位的差异已经清晰地昭示了当代博物馆伦理价值的深刻转变。从本质上说,圣殿代表了一种权威机构的身份,它对公众的精神影响是自上而下的,是一种制式的道德约束和教化作用。直到20世纪五六十年代以前,博物馆一直被视为传播科学文化知识的终身课堂,知识传播的有效性往往成为博物馆质量评判的重要依据。到了20世纪

---

① 曹兵武.记忆现场与文化殿堂:我们时代的博物馆[M].北京:学苑出版社,2005:43.

下半叶，伴随着文化消费的兴起以及信息爆炸和互联网的出现，文化信息以一种前所未有的速度被广泛传播并参与消费，人们获取资讯的方式和途径更加丰富、便捷。在此情形下，仅将博物馆作为一种知识传播媒介，将会导致博物馆单一化的教育功能被替代，从而走向边缘化。因此，在满足人们精神文化需求的同时赋予他们一种可切身参与的、鲜活生动的体验感，是当代博物馆在各种文化消费的激烈竞争中建立优势的关键所在。

与此同时，大众文化与精英文化的界限消融也使博物馆成为一处与日常生活联系紧密、世俗氛围和欢娱氛围浓厚的"大众乐园"。这意味着博物馆不仅要带给参观者丰富的文化知识，还应满足他们放松身心、社交聚会、休闲娱乐等多种消费需求，并为他们提供多姿多彩的活动、体贴周到的服务以及美好优质的体验。英国学者迈克·费瑟斯通曾指出："今天的博物馆，积极地为更多的普通观众群体提供展品，它们摒弃了专门展示高雅文化的招牌，力图使博物馆成为大场面的、感官知觉的、幻觉与蒙太奇的场所，使之成为人们获取亲临其境的体验的场所，而不是聆听道义原则、反复灌输符号等级知识的地方。"①

1.沟通模式的开放包容

当代博物馆已从权威知识的传授者转向为观众提供多样信息的民主平台，强调知识的传播不再是单向传递，而是双向交流、互动影响，它颠覆了传统博物馆强制化的沟通方式，尊重人们多元化的体验和自主性的学习。

（1）允许多元化行为　研究者注意到，今天的观众较之以往增添了许多新的动机和需求，他们对参观经历有自己的构想和理解，不接受传统的、僵化的行程安排，加之观众有着不同的兴趣爱好和能力特长，因此他们在参观过程中往往表现出极为多元化的行为特征。

引发变化的原因在于，消费文化是一种体现社会大众普遍诉求的文化形态，它主张尊重基本的人性自由和精神自由。而博物馆本来就是一处启迪思考、激发灵感之地，不仅不应该限制人们的自由行为，还应尽可能地为他们

---

① 迈克·费瑟斯通.消费文化与后现代主义[M].刘精明，译.南京：译林出版社，2000:118.

多样化的行为提供各种空间支持。"少一点控制，多一点自由"，这是消费时代博物馆所应遵从的设计原则，它在空间营造上应趋于开放、自由，使其不仅能够容纳多种行为的发生，还能催生出新的未知的行为。

（2）鼓励自主式学习　消费时代的到来将消费过程中人的需求及体验提升至前所未有的高度。由于人们对学习和体验的自主性需求日益高涨，因此对传统博物馆单向化的沟通模式提出了质疑。这促使博物馆界人士开始反省传统沟通模式的局限性并开始积极探索新的模式，艾琳在《新的博物馆沟通模式》一文中，将新的沟通模式描述如下：

意义（meaning）

博物管的沟通团队（博物馆研究、教育人员等）　　　媒介　　积极意义的创造者（观众）
（Teams of communicators）→（media）←（Active meaning maker）

意义（meaning）

此模式的左端是博物馆的沟通团队，它不再仅仅由博物馆研究人员所主导，更加入了了解观众需要的教育人员，以及娴熟于当代各种科技媒体的展示设计人员，他们形成一个团队，使得博物馆文物和展示得以平衡地照顾到博物馆专业和观众的需要。模式右端则是作为积极意义创造者的观众，观众不再是客观知识的被动接受者，而是带着自己需要和期望来建构意义的主动学习者，这点和博物馆教育学者乔治·汉主张的"建构主义博物馆"理念不谋而合。在这一沟通模式中，沟通不再是由左而右的单向箭头，而是从左右两端向中间汇集的模式，意义的形成，是由左端的博物馆沟通团队，和右端扮演主动积极角色的观众，所共同创造出来的一种动态而不确定的过程[①]。

2.空间情境的轻松愉悦

受传统教育观的束缚，谈到教育就想到"教"。而博物馆教育本身是一种非正式教育，非正式教育的通俗说法是"游戏""玩""走走看看"。尤其是在消费时代，国内外学者研究发现，多数观众到博物馆是为了享受一种轻松愉悦的美好体验。这就需要我们改变思维方式，打破传

---

① 张誉腾. 博物馆大势观察[M]. 台北：五观艺术管理有限公司，2003: 174.

统博物馆中刻板严肃的气氛，营造闲适愉悦的空间氛围，同时致力于教育与娱乐的结合，使观众在收获知识的同时也能收获快乐。

（1）营造闲适氛围 在消费时代，伴随着"休闲"逐渐成为社会生活的主要内容，越来越多的人将参观博物馆视为一项如同逛商场、游公园、看电影一样带有休闲意味的非正式活动。既然是非正式活动，自然不必像传统观众那样带着十分明确的目的性与一定的压力前往参观，相反，如今大多数观众在参观过程中表现出十足的放松和畅适心态（图2-11）。在他们的观念中，去博物馆首先是为了在工作之余让疲惫的身心获得短暂的休息和放松，体会一种畅快而愉悦的心情，进而再根据具体情况选择参加不同类型的活动。按照国外学者凡尔顿（Verduin）与麦克尤恩（McEwen）针对休闲活动总结的五项体验效益来看（表2-3），传统博物馆通常容易忽略的恰恰是除了美学效益和教育效益之外的其他效益。更多的研究表明，在消费时代，"观众并不期望从参观博物馆中获得心智上的振颤，他们更期望从中得到惊喜和兴

a）澳大利亚墨尔本维多利亚州国立美术馆

b）英国泰特现代美术馆

图2-11 氛围趋于闲适轻松

（图片来源：作者自摄）

休闲活动的五项体验效益[①]	表2-3
体验效益	具体收获
放松效益	休闲活动对减轻心理压力、消除疲劳有非常大的助益
心理效益	休闲活动对于情绪的缓冲及恢复心态的调适有所帮助
社交效益	参与休闲活动时，能与拥有相同嗜好的朋友及家人相聚，分享珍贵的情谊与乐趣
美学效益	参与艺术活动时，能提升审美素养，培养审美情趣
教育效益	从不同体验中学习新事物、接受新信息，拓宽视野，丰富知识

[①] 洪樱纯.博物馆与休闲规划：闲暇时间与自由感[J].博物馆学季刊，2006(07): 55.

奋，因为他们可以暂时逃避那些每天生活环境中的各种束缚"。

对于博物馆"顾客"所表现出来的参观心理及需求的转变，博物馆所能给予他们的体贴和关怀已经不仅仅局限于为其提供适当数量的休息座椅、一处可提供食物的餐厅或者足够的停车位等这些纯粹的物质设施保障；更重要的是照顾到他们在情感和精神上的深层需求，为他们提供一种高品质、人性化的整体环境和一种舒畅、轻松的空间氛围，使他们在馆中享受到细致入微的服务及美好难忘的体验。正如台湾博物馆学研究专家张誉腾所说，"博物馆不再是一个传递知识的机构，而是一个真诚沟通、让观众产生诗意经验的地方。"①

（2）提倡寓教于乐 消费时代催生了科学技术的进步与信息传播的迅捷，在当今社会，人们接受知识的方式和途径日新月异、丰富多彩，如果能享受到更轻松愉悦的氛围，谁都不愿在枯燥乏味的情境下接受强制性的教育。而传统博物馆恰恰被多数人认为"与一般人的文化生活距离遥远，像是一本厚重的百年巨著，人人都觉得理应仔细看，却一直没有时间去拜读"②，这正是源于博物馆在布展形式、氛围营造和整体环境等方面不够生动，缺乏趣味性和吸引力。此外，传统博物馆中的教育方式是典型的"教与学"模式（图2-12），这种单向的信息传递模式只要求观众被动接受而从不提倡交流，只注重"传递了什么"，而忽略了应"如何传递"。渐渐地，人们对博物馆的展览失去了兴趣，他们宁可上网浏览博物馆网站上的展品信息，也不愿去参观实物展览。鉴于此，西方众多学者开始反省博物馆传统教育的弊端，并致力

图2-12 "教与学"模式，大英博物馆
（图片来源：作者自摄）

---

① 张誉腾. 博物馆大势观察[M]. 台北：五观艺术管理有限公司，2003：167.
② 刘惠媛. 博物馆的美学经济[M]. 北京：生活·读书·新知三联书店，2007：188.

于研究一种新型的施教方式,通过开放、自由的氛围营造为博物馆注入一种活性,让它也像一个具有生命的有机体一样,能开口说话,能与人进行交流和对话(图2-13)。

"寓教于乐"相对传统的教学模式而言,显然具有一定的优势。实践证明,人们学习知识的成效与施教方式有着十分直接的因果关系,严肃、呆板的教育模式很难引发学习热情,活跃、生动的沟通与交流却能让人在愉快轻松的状态中更快、更好地掌握新知识。在18世纪,美国博物馆事业开拓者查尔斯·威尔森·皮尔就曾以"理性愉悦"的概念来倡导博物馆应为观众提供一种适宜的体验和氛围。皮尔认为:"'理性愉悦'完全不同于简单的消遣娱乐,它具有欣赏和启迪的意义。总之,博物馆应依据可使观众获得的娱乐体验的范畴对博物馆各项活动进行评估,这些体验包括兴奋、探险、游戏、愉悦、沉思、遐想、观察和掌握技能。博物馆应为观众提供特殊的综合体验。"[①]

3.核心职能的内涵拓展

(1)教育含义拓展 虽然"教育"作为博物馆的重要职能一直存在,但在博物馆发展的不同阶段,"教育"的内涵不尽相同。大体而言,传统博物馆的"教育"属于狭义层面的教育,它所指代的内容较为明确,即博物馆通过展览向人们传授知识和信息的行为,是一种正统的、严肃的教育。而文化消费背景下的当代博物馆教育则趋近于广义层面的教育,是指所有能够增进知识储备、提升道德修养、开阔视野、熏陶情操、感受充实与快乐并让人感到有所收获的有意义的活动。

如果我们将传统博物馆中的教育定义为"严肃教育"的话,那么"休闲教育"则可用

图2-13 能与人进行交流的博物馆——澳大利亚博物馆展厅

(图片来源:作者自摄)

---

① 杜彦.以中国少数民族文学馆展示设计为例谈体验式设计[D].呼和浩特:内蒙古师范大学硕士学位论文,2009:3.

来指代当代博物馆所提倡的教育方式。休闲教育是由文化消费催生的新的概念，它是将休闲与教育两种不同属性的文化形态相互结合而产生的一种更加开放、包容和轻松畅适的教育模式。美国学者查尔斯·K.布赖特比尔认为，休闲教育是让人们正式或非正式地学习利用可自由支配的时间来获取自我满足，提升整体的生活质量，它的主要目的是让人们培养出伟大的人格，而并非单纯地学习知识。这恰恰代表了消费时代博物馆对自身教育职能的拓展。

严肃教育与休闲教育最大的区别在于二者的工作重心和工作目标有所不同。严肃教育将工作重心放置于如何让人们在博物馆中接受到有效信息，而休闲教育则倡导一种广泛而全面的综合体验；严肃教育关注人们是否看清了展品，听见了解说，而休闲教育却关注人们在参观过程中除了收获知识，是否也收获了快乐；严肃教育将目标设定得有些狭窄，认为在博物馆中除了学习知识之外的其他行为都没有价值，而休闲教育却珍惜每一项活动带来的附加效应，包括培养人们的审美能力、社交能力、强健体魄、丰富技能等。从这一层面来看，以休闲教育为目标的当代博物馆的职能设定并不是要教会人们什么具体的内容，而是通过丰富多彩的活动来充实人们的体验。

（2）职能日趋丰富　在消费时代，人们对体验的需求趋向复合与多元，期望在有限的闲暇时间里参与更多的活动，获得更丰富的体验。许多公共机构因此发生了改变，诸如单一性的商场发展成融购物、餐饮、看电影、健身、美容等综合性服务为一体的Shopping Mall。同样，功能复合化也影响了当代博物馆的文化定位和服务功能构成。如果只提供单纯的展览和教育内容，博物馆很难吸引大量观众参与其中，为了使人们更愿意将这里视为一处可频繁光顾的文化消费场所，博物馆逐渐从一个单纯的文化教育机构发展成为一处能够提供参观学习、休闲娱乐、社交聚会等综合体验的文化休闲中心。

就传统博物馆的工作内容来说，保存、展示、研究和教育是它的四项主要职能，它要针对历史物品进行系统的收集、管理，并为前来参观的人提供学习和从事研究的机会，但今天的博物馆却在积极参与日常事务的过程中渐渐拓展了自身的职能范畴。《华盛顿邮报》称："当代美国的博物馆已经成为'新的城市广场'，举办从爵士音乐会到教育研讨会等各种活动，没有任何别的场所能像今天的博物馆一样把各种不同的人居聚集在一起。"[①]在某种意义上，今天

---

① 段勇.美国博物馆[M].北京：科学出版社，2005：14, 59.

的博物馆就是一个吸引公众、实现自我完善的城市公共活动中心，除了提供正常的展览交流之外，还可以利用其他资源为大众提供多样化的服务，直接参与日常生活体验的构建。

2.3.3 审美自律向社会他律转化

在文化消费背景下，文化和艺术成为商品，其生产和传播被纳入市场经济轨道，遵循"消费逻辑"。换言之，在消费社会中，消费才是艺术生产链条的核心环节和终极目标，决定了生产的样式、规律以及流通途径。当艺术变为消费品之后，艺术自律原则渐渐受到市场他律原则的侵扰而发生改变。

在此影响下，博物馆的审美价值内涵也有了一定的更新和拓展。一方面，博物馆的审美特征成为它营销自身的主要手段，即博物馆为了提升它在社会上的知名度和影响力，正在努力地将其机构形象塑造为一种品牌标志，以显著的、引人瞩目的审美特征来吸引广泛的社会关注和群众参与，从而达到推销自身的目的。另一方面，受消费逻辑左右的博物馆在其审美诉求上逐渐偏离了艺术自律的原则，转而积极地迎合市场需求，即市场需要什么，我就制造什么。

1. 多元审美趣味

当今时代，博物馆审美价值的最大变化是由单一化的美学特征转向多元化的审美趣味，主要体现在以下几个方面：

（1）纪念性和神圣性瓦解　在博物馆发展的早期阶段，其建筑总体来说并未脱离古典建筑的窠臼，又受其功能和社会职责所限，外观多追求纪念性与神圣性的表达。20世纪中后期，消费时代的到来促使博物馆逐渐摘下"文化圣殿"的面具，走下神坛，以一种轻松、亲和的姿态回归到大众的日常生活中。这一时期，博物馆审美特征的最大变化体现在不再刻意追求建筑的纪念特征、庄严感和神圣感。建筑的整体姿态趋向开放、自由；形体构成不再恪守严谨、理性的美学法则，而是注入了更多的感性因素和轻松、活泼的特点；建筑的形式语言也变得更加通俗易懂，审美情趣趋向丰富多元（图2-14）。

a）荷兰梵高美术馆（1973）　　b）德国斯图加特美术馆（1983）　　c）洛杉矶盖蒂中心（1990）

图2-14　纪念特征瓦解

（图片来源：作者自摄）

（2）审美价值软化　传统审美价值观"重统一、轻多样"，将所有建筑形象导向单一的美学标准，即符合标准的才是美的，不符合标准的则是不美的。而审美泛化及审美世俗化带来的新的美学倾向却是对经典审美标准的软化和消解。随着消费背景下建筑审美观念体系中理性的失落，原来那种机械、刻板、僵硬的审美价值标准受到严峻挑战，单一化的价值标准被柔软、灵活、多元的审美观念所取代，"兼容"而非"排斥"的审美态度以及"发散"而非"线性"的思维模式成为决定当代建筑审美创作的核心思想。这种从"一"到"多"的过程，便是审美价值观"软化"的过程[①]。

由此我们也可以看到，早期古典博物馆强调稳定、统一的构图法则和庄严、神圣的意象特征；现代博物馆则崇尚"形式追随功能""少即是多"的纯净美学；而当代博物馆则在审美意识形态趋向多元的影响下，呈现出更加复杂、多变的美学特征，且未来发展何去何从难以预测。

（3）审美趣味剧变　在当今时代，审美泛化和图像过剩引发了"速度消费"现象的产生，即人们消费审美的频率加快，持续时间缩短。一方面，审美必须应对公众"喜新厌旧"的心理，不断对自身做出更新以满足他们日益增长和变化的需求；另一方面也面临着如何在短暂中创造永恒的问题，即想方设法在公众进行审美消费的有限时间内让他们对审美特征留下深刻印象，过目不忘。

正是为了迎合大众对于美的狂热追逐和猎奇心理，当代博物馆建筑逐渐放弃了传统审美诉求中对"幽静""内敛""深邃"的表现，开始变得更加张扬、激进、极端地追求差异化和个性化的特征表现。于是，新奇夸张的形态、鲜艳夺目的色彩、光怪陆离的材质……这些手段都被用来营造以感官享乐为主的消费主义氛围。新建博物馆为了尽快地树立自身的品牌形象，往往在审美创新上极尽能事，竞相攀比；建筑师也将能够设计一座名垂千史的博物馆作为自己毕生努力的方向，仿佛只有博物馆才能让他们自由驰骋的想象力扎根生长。以至于在当今时代，博物馆建筑毫无争议地成为引领建筑学科发展的风向标，看看最

[①] 袁姗姗.建筑形态"软化"特征研究[D].天津：天津大学硕士学位论文，2005：10.

新建成的博物馆，就能大致了解建筑领域审美的主流偏好和演变趋势，也能掌握世界最前沿的技术、材料和建造水平的发展现状。

然而，博物馆对自身的审美标准要求越高，审美进行更新的速度也就越快。消费时代不允许守旧和重复，市场更不需要"过去式"，为了持续地制造"新颖"和"刺激"，建筑师开始摆脱正统美学思想的束缚，不再以惯常的形式构成法则作为设计参考，而是尝试构建一种非形式和反常规的美学。因为"在美学上几乎有一个不成定律的定律：越是远离常规审美的东西，越具有审美爆发力；对这种东西批判的力度越大，范围越广，它的影响也就越大，从而也越快地为大众所接受"①。这也使得当今时代人们对博物馆审美特征的偏好不仅彻底颠覆了传统的认知标准，甚至还转向一种与传统标准截然相反的美学价值观，即以"奇异""怪异"为美，并由此催生了大量令人震慑的"奇观景象"（图2-15）。

2.能指所指分离

建筑形式具有审美意义，但"美"并不是形式所包含的全部内容，形式是一个复杂的语义系统，可以涉及自然特征、文化传统、社会体制等多方面的意义关联。在索绪尔的符号学原理中，符号的意义由能指和所指组成，在建筑形式中，能指是构成形式的物质实体层面，所指则是形式意欲表达的理念和内涵。

传统意义上，博物馆建筑的外部形象几乎是所有建筑类型中所指关联最为广泛也最为深刻的，除了体现实际的使用功能，还可以在物质表达层面与象征意义之间架起桥梁，协助人们通过形式表象体悟到深层精神。诸如以"交织"形体来延续环境文脉和空间肌理的赫尔辛基当代艺术博物馆，以白墙灰顶的清雅色调来表现苏式建筑文化意蕴的苏州

a）PANEUM面包博物馆

b）阿克伦艺术博物馆

c）卡塔尔国家博物馆

图2-15 当代博物馆的奇观景象

（图片来源：a）沃尔夫·狄·普瑞克斯，PANEUM 面包博物馆——顾客信息中心及活动场地[J].城市环境设计，2020（08）：253.

b）沃尔夫·狄·普瑞克斯，阿克伦艺术博物馆[J].城市环境设计，2020（08）：152.

c）让·努维尔，沙漠玫瑰——卡塔尔国家博物馆[J].室内设计与装修，2019（05）：22.）

① 万书元.当代西方建筑美学[M].南京：东南大学出版社，2001：256.

博物馆，以传统棚屋形式的抽象提炼来回应新喀里多尼亚岛地域特色的吉巴欧文化中心……丰富的建筑意象蕴含着深邃的文化哲理，一旦人们的意识与之产生共鸣，博物馆就成功地完成了能指与所指的对接，成为一个完整统一的意义系统。

然而在消费背景下，建筑审美特征中惯常的能指与所指却不再遵从基本的一一对应关系，体现为形式漂浮在具体的意义之外，成为独立存在的符号景观，不再接收理性的解读和评判。

（1）审美功利　康德提出，审美无功利。这说明在一定程度上，艺术有其独立的品格，并根据自己的本性进行自我价值实现和审美追求。然而在消费时代，审美成为众人消费的对象，它的发展演变更多地遵循于市场需求和消费逻辑，而不是建筑自在的生成逻辑。

一方面，人们普遍沉溺于纯粹的图像消费中，盲目追求表面化的视觉刺激和感官震惊，由此导致建筑师将复杂的审美意象塑造简化成为浅薄的形式构成游戏，仅从美学领域探讨博物馆的审美表现，忽略了形象所指代的特殊语义以及审美背后所蕴含的独特意涵。作为能指的建筑形式从所指中独立出来，成为表达博物馆审美立场的手段和工具，市场偏爱什么风格，就生产什么风格，而完全不去理会此种风格是不是与博物馆的主题相匹配。无论是历史博物馆、科技博物馆还是艺术博物馆，都披着同样的外衣，展现着同样的审美偏好和文化趣味（图2-16），正像学者赵巍岩所说的那样，意义成为消费对

a）韩国釜山电影中心与德国慕尼黑宝马中心

b）德国柏林犹太人博物馆与加拿大安大略湖自然历史博物馆

图2-16　当代博物馆审美特征趋同

（图片来源：a）韩国釜山电影中心：蓝天组，赵丹.韩国釜山电影中心[J].城市建筑，2012（12）：100.
德国慕尼黑宝马中心：作者自摄　b）作者自摄）

象导致了所谓的"泛表演主义"倾向的日渐兴盛。建筑师成了手艺高超的"泛表演艺术家",可古典、可现代、可后现代、可解构,只要有市场,无所谓主体的精神,越来越偏离特定的场所意义,而成为一种对时尚的选择。

另一方面,转瞬即逝的消费热情加速了影像的流动,致使形式表层的能指永远处在持续的变化和更新中。换言之,当今世界的审美观念发展变化得如此迅捷,使得今天还在被人们津津乐道的审美形式明天就有可能被其他形式所取代,又或者在这一时刻此种形式代表这种意义,下一时刻就可能被社会赋予其他新的含义。在此种情况下,再去认真地探讨形式与意义之间的固定关联,一是无章可循,二是显得有些不合时宜。久而久之,建筑形式的符号所指变得越来越模糊和不确定,很难再与具体的社会、政治、文化背景建立关联。

当代博物馆的审美价值虽然趋向丰富多元,不断地更换表情,营造震撼,但审美繁荣的表象背后,我们却无法忽视这样的现象,即博物馆的审美特征正在与其具体功能和建造逻辑丧失关联,更不能体现其社会、历史层面的文脉延续。越来越多的博物馆已经走出"审美自律"的范畴,不再服从于自由的创造本性和审美的精神需求,而是完全退化成一种以满足市场需求为目的的商品。对此,我们必须加以警惕。

(2)拒绝解释 消费时代本来就是一个提倡感官享受和切身体验的时代,它所秉承的价值观恰恰是摆脱能指与所指的明确对应,认为美感是建立在一种以感官直觉和身体经验为基础之上的文化形态,而不应通过绝对的理性分析和种种繁琐的释义才能与审美主体实现意义沟通。从这个角度来看,审美意义的缺失反而将博物馆建筑从一种专业化、体制化的精英姿态回归到一种较为轻松、开放的大众文化语境中,人们可以根据自己的理解对审美进行不同的解读和评判,而不必受制于固定的、唯一的标准。这一现象丰富了建筑审美价值的内涵,拓宽了其意义范畴,使它走出了哲学、美学的自足领域,与日常生活经验有了更为紧密的联系。在此影响下,许多建筑师开始主动舍弃对固定语义的追求,刻意营造一种模糊的、奇幻的、不可名状却能引发多重联想的建筑形象,为人们提供开放自由、轻松愉悦的审美体验。

盖里、哈迪德等建筑师设计的博物馆作品大都属于这种类型。他们拒绝用严肃、正统的理论对形式作出解释,也排斥外界对其进行唯一性和明确化的解读;他们希望建筑提供给观者的是一处开放的景象,主张人们放弃所有先入为主的审美观念和戒备心理,遵从直觉感悟和自然体验。

对于此种现象,持赞许态度的学者认为,在当前建筑审美文化的剧烈变动中,建筑的意义并不是完全丧失了,而是意义的本身发生了变化。从新的角度来看,传统上视为无意义的建筑或许正因为它们对于传统的审美观而言的无意义,才具有了当代的意义——一种"模糊的"意义[1]。然而持批判态度的学者却认为,这只不过是那些建筑师为了实现自己宏伟理想所找的一个托词和借口,毕竟与雕塑或是其他单纯的艺术相比,建筑是用来向人们传达一定主题和意义的,不能脱离意义而单独存在。

3.人文内涵缺失

如今,视觉文化与图像文化的空前繁荣促使人们体验审美的方式从"精读"变成"泛读",从"内心观照"变成"身体狂欢",并由此导致满足生理愉悦和官能享受的实用美学大行其道,追求人文内涵与诗性意境的传统美学却受到冷落。受此影响,越来越多的博物馆建筑在热烈追逐视觉美景的同时,渐渐忽略了对精神内蕴的深层探索,也放弃了审美主体与建筑之间的情感交流和心灵沟通。

(1)消解深度 消费背景下建筑的审美语义逐渐淡化,由此也在消解建筑的意义深度和精神内涵,一个明显的趋向是:一切都平面化了[2]。有学者称:"今天我们读图,只是在看,而不深究在看什么,不去想图像背后的价值观,人们看的是浅化的图,不再调动追问,不再思辨。"

博物馆是一种人文内涵格外丰富的建筑类型,它生来就与历史、艺术、科学为伍,因此自内而外地散发着一种独特的文化气质,透过这种文化气质,人们可以感受到一种精神的鼓舞和心灵的悸动,获得美的享受和体验。然而对于博物馆建筑形式美感的片面追求,使大众只醉心于感官的表层愉悦而无意于对形式背后的意义进行深层解读。缺乏对建筑审美内涵的进一步探索,参观者自然也就很难获得精神层面的领悟。与此同时,建筑师也开始逐渐放弃对创作过程的理性分析和深入思考,只热衷于博物馆外部形象的标志性塑造,而无暇顾及形式对历史文化的传承和主题内涵的关照,导致建筑形象成为单薄的表皮,没有深度、没有思想,只剩下夸张的图像和空洞的符号。面对建筑前人潮涌动、欢欣鼓舞的大众,建筑评论家和博物馆专家开始质疑,在丧失深度、语义匮乏的文化消费中,当代博物馆是否还需要在制造"惊喜"的同时努力地传达意义,

---

[1] 赵巍岩.当代建筑美学意义[M].南京:东南大学出版社,2001:2.

[2] 赵巍岩.当代建筑美学意义[M].南京:东南大学出版社,2001:37.

引发思考？

（2）情感缺失　当代的审美消费观正在把传统审美中的教育功能转化为享受功能，人们的审美观念日益向审美的生活化、世俗化转移。日常生活的审美化的确拉近了普通大众与艺术之间的距离，创造了更多新的审美风格和范式，也使我们的生活变得更加丰富美好。然而消费语境中的审美并非全部是赏心悦目的风景，它在为当代人营造出一个感性生存氛围的同时，又显出它的功能悖论，即对人性关怀和情感诉求的缺失。在建筑领域，审美泛化导致"表现主义"倾向日益加剧，过分张扬和喧嚣的形式表达掩盖了建筑中本应具有的细腻的、值得回味的情感，冲淡了建筑的生命气息和艺术韵味。

博物馆本是一种兼具情感内涵和物质属性的机构，以浓厚的文化意蕴来传递丰富的情感信息，这是对博物馆审美价值的基本要求。然而，当代博物馆为了向大众提供能够满足其生理快感的奇观景象，开始舍弃对深邃情感的描述，蜕化成只具有视觉震撼力而缺乏内蕴感染力的单薄躯体。丧失了情感的建筑就如同被抽去了灵魂，再美的景象也只能停留于人们的眼球之中，而无法触及他们心灵深处的感动。很难想象一座博物馆如果没能与观者在精神和情感上达成共鸣，它该以何种方式传递信息并对人施以深刻的文化影响。面对这种境况，当代博物馆应努力摆脱浅薄与无意义的审美泛化倾向，回归现实世界，立足日常生活，重建人与建筑之间的情感交流和内心观照。

2.4　当代博物馆建筑设计理念新倾向

如前所述，文化消费对当代博物馆的发展产生了极为深刻的影响，导致博物馆在社会价值、伦理价值、审美价值三方面均有了一定的更新和拓展。博物馆建筑是博物馆的物质载体，博物馆价值取向的变化必然会对博物馆建筑提出不同于以往的崭新要求，并促使博物馆建筑在设计层面上出现新的演进趋向。大体而言，当代博物馆建筑设计理念的新倾向主要体现在以下几点：

2.4.1　综合社会效益主导策划定位

如今，各国政府不再将兴建博物馆视为一项"捐赠"，而是作为一项"投资"，追求其所带来的综合社会效益。博物馆更多地被用作推动城市更新演进、经济发展和环境再生的工具，在营销城市形象、解决社会问题等诸多方面发挥积极的作用。可以说，在当今时代，作为文化符码被社会消费的博物馆其文化政策的制定基本来源于市场导向，即博物馆被建在哪，提供怎样的服务，与哪些资源整合开发，以及以何种姿态呈现？这些因素都要基于社会环境和市场需求的考虑，而决非仅仅着眼于博物馆自身发展的狭隘视阈。从博物馆所具有的资本潜力来看，它可以在以下三方面发挥效力：

1. 触媒资本

所谓触媒资本，就是将博物馆视为一个具有催化作用的要素嵌入某个正在经历或者准备经历演进更新历程的区域中，以博物馆自身的优势加速区域更新的节奏，通过释放活力改善环境品质，提升原有环境的价值，或者以积极的方式激发其他要素的潜力，以此带动整体环境的共同发展。

博物馆发挥触媒作用的机制是以点带面，逐渐扩散。也就是说，博物馆在选取环境进行嵌入式规划时，必须对环境现有的资源条件有相当充分的了解，既要熟悉环境中既有的文化特色、产业特点和空间脉络，也要明确博物馆的经营方向是否与区域未来的发展目标保持一致。如果二者能够达成默契，博物馆便可通过自身活性促进更新的发生，为城市或区域环境带来一系列积极的影响和改变。

2. 叠加资本

叠加资本是指将博物馆连同其他社会资源整合开发、共同运作，通过二者之间的相互配合，相互扶持，使双方共享资源、共拓市场、共赢商机，从而实现"1+1＞2"的叠加效应。

若要实现博物馆与其他资源之间的良性互动，最重要的是对二者各自拥有的优势进行评估，同时寻找二者可以互相借力的基础和土壤。因为叠加效应实现的根本保障就在于叠加双方之间具有积极有效的关联性与互动性，只有各种资源和要素在整合中产生关联效能，才能够相互激发、相互利用，最终将各自优势集结起来，产生出更大的效益和回报。博物馆应从相互叠加的另一方着眼，依据不同需求适时调整自身的功能属性、整体姿态等，以建立有效的叠加基础，确保资源优势的相互整合、借鉴与扩大。

3. 再生资本

"再生"源自于生物学概念，是指生物体正常生命活动中的自然再生以及由损伤引起的修复式再生。借鉴到博物馆的资本运作中，再生资本是指将博物馆作为一种改造工具和手段，针对已经衰落或废弃的历史遗产进行整体性或局部性的保护与拯救，赋予历史遗产新的生命力，同时通过博物馆的产业运作和系统开发，将历史遗产的无形价值转化为能够产生切实可见的文化、经济效益的有形资本。

历史遗产本来具有不可再生性，正是得益于博物馆的介入和参与才成为一种可以持续存在并获得新的发展前景的可再生资源。当代博物馆对于历史遗产的改造是一种系统性的、市场化的运作过程，即博物馆的改造定位既要兼顾历史遗产的脉络传承，也要考虑更新后的历史遗产如何才能最大限度地将其资源优势转换为具体的社会效益。博物馆作为"再生资本"可以协助完成历史建筑的更新、历史区域的复兴以及生态环境的维护与可持续发展。

2.4.2 大众体验需求主导空间营造

许多人认为，当今博物馆的主要功用，已经不再是对外实施信息传播和文化教育，而是为来到这里的人们提供"迷人和值得怀念的博物馆体验"[①]。在这种特殊的语境下，博物馆不得不改变传统时期以"物"为核心的工作方式，而是在制定自身发展计划时更多地考虑到对"消费者"的体贴和关怀。以大众体验需求为出发点重新构思博物馆建筑的空间构建，这是文化消费对当代博物馆提出的迫切需求和崭新挑战。

1.开放性与自主性体验

当代博物馆从消费者的切实需求出发，十分注重对不同个体行为开放性与自主性的尊重，认同多元化的思想、价值观以及多元化的行为和体验。主张以包容性、多义性和灵活性的建筑空间取代传统博物馆中过于严谨理性、清晰明确的空间布局，鼓励观众追随个人意愿自由地使用空间、主动选择参观路径、解读展示文本的不同内涵。

2.闲适性与愉悦性体验

相比传统时代，今天将参观博物馆视为一项休闲活动的公众在体验过程中心态更趋轻松，行为也更加悠闲。他们喜欢在"寓教于乐"的氛围中获取知识和信息，愿意积极地对未知事物展开探索，也愿意以互动的方式与展品进行交流与对话。因此，当代博物馆在维护传统博物馆基本伦理价值观的同时，更要注重由消费需求带来的博物馆整体氛围和施教方式的改变，兼顾空间知性意境与趣味性氛围的双重特性营造，使观众在今天的博物馆中不仅能收获知识，更能收获快乐。

3.通达性与完整性体验

消费时代滋生出休闲教育的观念，休闲教育大大拓展了传统博物馆教育职能的内涵与外延。与传统博物馆过分强调知识获取的纯粹性不同，消费时代的博物馆将其教育

[①] 甄朔南.什么是新博物馆学[J].中国博物馆，2001(01): 25.

含义等同于观众在博物馆中感受到的一切积极的、有益的、充实的体验，即一种"宽广化学习"的概念，而有利于宽广化学习的博物馆应格外注重其空间体系的开阔性、整体性以及与现实世界的关联。

2.4.3 自律他律平衡主导形象塑造

由消费逻辑催生的奇观景象丰富了博物馆建筑的审美趣味，体现了当今社会多元共存的审美价值观，也为大众带来了极度生动、愉悦的视觉享受。然而，对形式的过度追求同时引发了一系列的矛盾和问题，常见的诸如外部形态与内部功能的相互脱节，图示语汇与审美内涵的不相对应，以及审美趣味的庸俗、人文情感的缺失，等等。之所以出现这些问题，主要原因在于消费逻辑的强势渗入不仅消解了传统博物馆审美自律的创作范式，还重新建立起一套将社会需求和市场导向视为唯一目标的新的创作范式。但建筑设计终究不同于艺术创作，它是一项以合宜策略来解决具体问题的工作，而不是随心所欲地宣泄情感。

另外，文化消费的影响和冲击又不可回避，形象被视为营销途径用以创建独具特色的品牌标志也是博物馆应对消费需求的必然趋势，审美创作的绝对"自律"带有一定的片面性和局限性。完全不考虑社会需求不妥，但将市场利益作为唯一目标也不对，只有将二者综合考虑，建立符合社会与大众需求的多维审美标准，营销一种有深度、有内涵的建筑形象，才能使艺术有更大的升腾空间，才能让博物馆在艺术与功利的博弈中实现良好的均衡。

1. 多元趣味

消费文化反对"一元论"价值观，倡导多元文化的百家争鸣与和谐共存，而大众审美接受程度的开放以及对审美更新的不断要求又使得博物馆建筑形象的演进发展日新月异。频繁呈现的多元化审美趣味虽然彻底瓦解了传统时代单一化的美学标准，但仍需建立新的标准，抵制博物馆沦为审美泛化的牺牲品。

2. 开放语义

被公众消费的建筑形象在确定自身的审美语义时与传统时代存在较大的差异。因为作为消费主体的公众地位被提升至与创作者同等级的平台，建筑审美的深层内涵最终要借助创作者的主观演绎与消费者的自我解读来共同完成。这使得当今博物馆的建筑形象成为一种具有开放语义的意义系统，即打破传统时代过分强调能指与所指间明确的一一对应关系，有意将形象所包含的意义指向一个广阔的、拥有无限可能的表现空间，以此作为吸引观众主动解读、积极参与的营销手段。

3.人文情感

人文情感是蕴藏于建筑审美表象之下最深层的内涵，却能超越表面形式给观者以心灵的关照与精神的感染。当今时代盛行的"眼球美学"和"快感消费"致使建筑师过分关注表层形式美感的塑造，却忽略了对人文情感的表达与展现。因此，应在博物馆建筑形象构筑中强化对人文情感的重塑，避免形式成为无意义、无深度的表层符号，只能给观众带来瞬间的愉悦，却无法令其感受到一种长久的心灵悸动和情感共鸣。

2.5 本章小结

本章系统论述了文化消费对当代博物馆发展的深层影响和作用机制。首先，针对文化消费背景进行了详细阐释，点明了文化消费的定义、发展阶段及文化消费的几个显著特点。同时简要论述了博物馆的定义和分类，对研究对象和研究范围加以明确。

其次，论述了博物馆的传统价值——社会价值、伦理价值和审美价值三方面的具体内涵，并针对传统价值在文化消费作用后的更新和拓展进行详尽解析，提出当代博物馆的社会价值由文化资源向文化资本转化，伦理价值由单一教育向综合体验转化，审美价值由审美自律向社会他律转化。

最后，论述了由价值转向引发的当代博物馆建筑设计理念新的演变趋向，即综合社会效益主导博物馆的策划定位，大众体验需求主导博物馆的空间营造，自律他律平衡主导博物馆的形象塑造。

第 3 章
基于资本运作的策划定位

在文化消费背景下，由文化资源变身为文化资本的博物馆其社会使命有了全新的拓展。"资本"属性促使博物馆可以利用资源优势参与市场运作，实现自身价值增值或者产生出其他的附加效益。简言之，即博物馆可以超越其基本职能范畴，在更大层面发挥作用。要将博物馆的资源优势转化为资本优势，必须经过一个深入发掘、科学配置和恰当转换的运作过程。通常情况下，这一资本运作过程将决定博物馆建设之初的策划定位，而博物馆的策划定位又决定了其日后的工作重心和发展方向，也影响着博物馆对其选址、功能以及姿态等方面的综合考虑。

"策划"通常被认为是为完成某一任务或为达到预期的目标，对所采取的方法、途径、程序等进行周密而逻辑的考虑而拟出具体的文字与图纸的方案计划[①]。决策得当的建筑策划能够协助建筑设计充分实现总体规划的目标，保证项目在设计完成后即可通过良性运转生产出较高的经济效益、环境效益和社会效益。要制定出合理有效的建筑策划，两个条件必不可少：第一，要有明确、具体的目标，第二，要有相应的促成目标实现的具体策略。

正如前文所说，在消费时代，作为符号资本的博物馆其策划定位的目标设定基本上来源于市场导向，即博物馆被建在哪，提供怎样的服务，与哪些资源整合开发，以何种姿态呈现……这些因素都与博物馆所想要实现的综合社会效益紧密相关。明确了这一转变，建筑师就需要在设计之初对博物馆项目与文化、经济、环境等宏观因素之间的关系展开深入的研究和探索，分析项目在社会背景中的层次、地位以及社会对博物馆的影响和要求，以此来把握博物馆整体的定位与基调，并用以指导具体的设计环节。

3.1 触媒资本——嵌入式催化

触媒，也称催化剂，是一种在参与化学反应的过程中能够加快或抑制反应速度，而自身却不被消耗的特殊物质。虽然在反应过程中其自身特质不发生改变，但触媒却能改变或转换周围已有元素的价值，并对化学反应造成一

---

① 庄惟敏. 建筑策划导论[M]. 北京：中国建筑工业出版社，2005: 8.

定的影响和刺激。1989年，美国城市设计师韦恩·奥图和唐·洛干首次将触媒理论引入城市设计领域，用以阐释独立的城市开发项目对城市整体发展走向的制约和影响，目的是促使城市设计师和城市开发决策者们自觉地思考城市建设工程和城市设计实施策略对其周边环境产生的影响潜力，从中积极地和最大限度地利用优势因素，促进城市环境质量的整体提高[1]。

城市演变更新的进程是持续性、渐进性的过程，并非一蹴而就，但有些要素却能凭借其自身活力和优势加速更新进程，博物馆就具有这样的效力。博物馆作为城市中重要的文化资本，不仅可以改善城市面貌、提升环境品质，还能激发周边环境要素的活力，使整个区域发生良性的、连锁式的变化，由此提升城市更新的步伐。

3.1.1 纳入整体规划，加速产业调整

产业结构的优化与调整是当今世界各国经济发展的重要课题。其目的是针对传统产业不适应时代发展需求的现状，对产业的类型和结构做出一定调整。今天，在世界范围内，文化产业作为第三产业中的新兴产业，因其与人们不断攀升的文化消费需求高度契合，近年来被许多国家和地区定义为产业结构调整的主要方向（表3-1）。

文化产业所蕴藏的巨大潜力使许多城市在传统产业渐失活力的窘境下看到了重生的希望。但不同地区在环境特质、资源基础上均有差异，需要找到合适的契机才能促成传统产业向文化产业的转型。即使是在实现产业转型之

[1] 金广君.城市设计的"触媒效应"[J].规划师，2006（10）：22.
[2] 陈昭义.台湾文化创意产业发展年报2004年[R].台北：台湾"经济部"文创办公室出版，2005：106.

文化产业产值比重及就业状况国内外比较[2]　　表3-1

国家（地区）	产值占GDP比重（%）	就业人口比重（%）
美国（2002）	5.98	3.51
英国（2002）	5.47	4.62
澳大利亚（2000）	3.30	3.80
新西兰（2000）	1.70	3.50
中国台湾（2003）	2.85	1.75
中国香港（2004）	3.44	4.15

后，由于产业步入良性发展轨道需要经历一个渐进过程，也应通过一定的措施加速产业的运营节奏，提升产业的运营能力。博物馆可作为带动产业革新的"触媒"和"先机"，依托区域已有的物质、精神文化资源，建立区域的文化信息储备中心和传播中心，并以此为基点，在区域环境中树立新的文化标识，昭示区域文化、经济发展的新方向。

博物馆之所以具有这样的效力，其根本原因在于它的文化价值和文化身份早已得到社会的广泛认可，相比其他机构而言，博物馆在聚集公众关注、制造社会事件等方面具有强大的优势，这些优势足以使它成为文化产业链条上牵一发而动全身的"关键点"。一旦博物馆运营成功，则会产生巨大的附加价值，包括为区域树立新的标志形象、丰富补充区域的功能属性、刺激相关产业的出现、提升区域的经济生产能力等。这些附加价值累积到一定程度，最终会形成聚集效应，加速实现产业结构的优化与调整。

1. 资源条件决定规划选址

选址的恰当与否是决定博物馆能否发挥"触媒效应"的关键因素。一般情况下，博物馆作为区域环境中介入的新要素，其自身相当于一个既能向内吸收能量又能向外辐射能量的"活跃元"。

首先，博物馆必须在一个已经具备条件发生"反应"的环境中才能发挥触媒作用。也就是说，博物馆对其选址所在地的资源条件是有一定要求的。资源贫瘠、信息匮乏的环境本身缺乏引发"新反应"的动力和基础，选址所在地必须累积了一定的资源优势，包括良好的环境设施、交通状况、文化氛围等。资源越充分，博物馆参与"反应"的过程就越顺利，触媒效果也越明显。

其次，在博物馆建成运营并向外辐射能量的阶段，也即博物馆开始发挥触媒作用的阶段中，博物馆不是依靠自身能力即可促成区域产业结构转型的"孤胆英雄"，它必须依托其他资源和机构的协调配合来共同发挥效力。换言之，博物馆在区域中不仅仅单独发挥作用，更重要的是通过它向外传递能量来激发周边环境的整体活力，并吸引新要素一同参与，最终通过所有要素的整合、共振来积聚能量，从而实现区域的演进更新。

20世纪80年代，随着伦敦码头经济的衰退，曾以工业为核心产业的泰晤士河南岸区域因无法适应时代需要而被迫废弃。80年代末，萨瑟克（Southwark）区议会启动了复兴南岸的战略规划，意图通过对区域设施的改造再利用以及整体环境的更新完善来完成对传统产业结构的优化与调整。

在区域复兴的起步阶段，河岸区大量废弃的厂房和仓库空间以低廉的租金吸引了大量移民艺术家和工匠将此作为生活及艺术创作基地，为该区域累积了一定的艺术文化氛围和生活气息。随后，大量办公建筑陆续迁入，一些重要的公共文化建筑，如莎士比亚环球剧场、IMAX影院、伦敦之眼也相继落成。紧随其后的是针对该区域交通状况的改善，通过修建千禧桥连通泰晤士河南、北两岸，同时规划地铁干线和巴士路线加强与伦敦其他城区的联系。发达的交通网络不仅为人们到达南岸区创造了极为便利的条件,也成为该区域与外部进行信息能量交换的通道。

21世纪到来之时,伦敦政府希望借助南岸区已经累积的资源优势和发展势头,将"文化复兴"作为推动该区域全盘复兴的主要途径,并以一座现代美术馆作为"触媒",激发整个环境的生机与活力。美术馆在规划之初拟定了数种选址,最后落户于河岸旧发电厂,主要原因在于该基地在资源条件上具有一定优势,便于博物馆自身的发展运营及催化作用的实施。这座紧邻泰晤士河岸的旧电厂与圣保罗大教堂隔河相对,处于该区域的核心位置,周围环境开阔、交通便捷、各种配套设施较为完备。与此同时,旧电厂本身具有工业建筑严谨的形式风格和伟岸气质,99米高的烟囱使其成为河岸天际线中绝对的景观标志(图3-1)。设计师赫尔佐格和德梅隆对这些资源优势加以充分利用,使泰特现代美术馆一经落成便在短时间内制造出轰动的文化效应,并吸引了社会各个层面的广泛关注。美术馆凭借其成功的运营为南岸区聚集了大量人气,涌动的观光者带动了该区域其他相关设施的建设,餐厅、咖啡厅、商店如雨后春笋般涌现,浓厚的文化氛围和良好的环境特质还令许多伦敦市民慕名来此定居。如今,泰晤士河南岸已经成为伦敦最具活力和发展潜质的区域,从码头工业到文化产业的成功转型使其重获新生,而这其中,泰特现代美术馆所发挥的触媒作用不可小觑,决策者对美术馆选址的精心考虑值得借鉴。

2.环境特征影响姿态呈现

作为触媒要素介入到环境中的博物馆,它的作用与其他参与区域更新的普通要素不同。它在实现自身价值的同时还能提升其他要素的价值或品质,并协同它们一起加速更新的进程。因此,博物馆在区域环境中扮演着极为重要的角色,它应是所有环境要素中表

图3-1 烟囱成为景观标志

(图片来源:作者自摄)

现最为突出的那一个，这种突出性不仅仅体现在内部职能的发挥上，还应体现在它对外所呈现的姿态上。一般而言，在区域中承担"触媒"职责的特殊机构应该通过显性的语言向环境表明自己的身份，这种身份既包括对建筑类型、规模、功能等使用价值的说明，也包括它所携带的政治意图以及文化、经济野心。换言之，一座新博物馆被建立起来，首先应该让人们通过它在姿态上显现出的"气势"意识到它是一个有能力带领区域其他要素一同完成区域更新的重要角色，这种"气势"会协助博物馆尽快在环境中树立"威信"，扩大它的社会影响力，更好地发挥触媒作用。

需要说明的是，博物馆的这种"气势"虽然依靠外化特征来显现，但绝不等同于它在建筑形象上的强势与夸张。换言之，无论是以激进形态闻名于世的毕尔巴鄂古根海姆博物馆，还是以温和理念来保护工业遗存的伦敦泰特现代美术馆，它们在协助区域实现产业转型的过程中同样发挥了杰出作用。两座博物馆在审美风格、精神气质上各异其趣，但均在自身环境中树立起鲜明的标识性与强烈的认同感。作为设计师，必须认识到每个区域皆因自身特性和未来发展方向的差异而采取不同的文化发展策略和产业结构调整机制，作为"触媒因子"的博物馆若想最大限度地发挥作用，应首先深入分析环境特征，以环境因素为制约来构思博物馆的整体姿态。一旦博物馆建成后能够凭借其自身姿态在环境中尽快树立标识性和认同感，它才能进一步向外释放影响力，发挥触媒效应。

3.功能构成顺应产业需求

通常状况下，一个区域的核心产业结构决定了该区域的主要功能空间组成。例如工业产业区由工厂车间、厂房及附属设施组成，艺术产业区则由艺术家工作室、画廊、艺术品生产机构等相关设施组成。区域中的所有要素，都应与独特的产业需求相适应，而后才能通力合作以确保产业体系的良心运转。在这其中，触媒要素因其发挥的作用更为独特，在功能设置上也应与产业需求达成深层契合。以博物馆为例，正常情况下它的功能组成包括展藏空间、教育空间和休闲娱乐空间，一旦作为催化剂参与产业结构的优化与调整，则其功能应随产业结构特点作出灵活调整与补充，否则其发挥的效力将会十分有限。

位于深圳市龙岗村布吉镇的大芬村被誉为"中国油画第一村"，拥有数量庞大的手工油画作坊，每年1亿的销售总额使其成为文化产业市场化勃兴的奇迹。但由于该区域在生产、销售模式上没有经过良好筹划和管理，缺乏持久的生命力，使其成为一个并不完善的产业结构体系。深圳有关部门意图改善这种窘境，通过一定措施提升大芬村的社会形象和文化价值，并完善产业结构的构成机制，大芬村美术馆正是在这种需求下应运而生的。

环境是既定存在的，美术馆作为一个新要素介入其中，不仅要与现有的环境肌理实现接驳和融合，还要在最大程度上发挥出它对环境的良性引导并与其他要素形成积极互动。

（1）姿态　美术馆位于大芬村旧村的边缘地带，与新区也存在一定的交接和渗透（图3-2）。基地被旧村以及新村的社区和学校包围，各功能区在规划上各自为政，缺乏交流，导致整个区域空间肌理混乱，没有建立起统一的城市形象和区域特征。面对这种局面，设计师希望美术馆能以一个相对完整、独立且多方向的体块出现：完整独立的体量可以使美术馆与混杂的环境要素形成一种有效对抗，并尽快在环境背景中树立标识性和认同感；多方向则是出于美术馆要兼顾各功能区的使用需求，凭借自身凝聚力将无组织、无中心的周边区域联系为一个有机整体。

（2）功能　大芬村在空间肌理上具有自身特性，由单栋建筑构成的独立街区使建筑的底层空间大都被用作为油画作坊、展示、销售场，并向街道开放。在这里，日常生活区与艺术加工区并不被截然隔离，它们的界限暧昧而模糊。美术馆在功能设置上也尊重了这一特性，"设计策略是把美术馆、画廊、商业、可租用的工作室等等不同功能混合成一个整体，让几条步道穿越整座建筑物，使人们从周边的不同区域聚集于此，从而提供最大限度的交流机会。美术馆在垂直方向上被夹在商业和各种公共功能之间，并且允许在不同的使用功能之间有视觉和空间上的渗透。其结果是，展览、交易、绘画和居住等多种活动可以同时在这座建筑的不同部位发生（图3-3），各种不同的使用方式可以通过不断的渗透和交织诱发出新的使用方式，并以此编织成崭新的城市聚落形式。"[①]

图3-2　大芬美术馆

（图片来源：大芬美术馆，深圳，中国.世界建筑，2007（08）：38）

① 大芬美术馆，深圳，中国[J]. 世界建筑，2007（08）：39.

3.1.2 树立符号标识,培育创新潜力

20世纪末21世纪初,一些发达国家陆续提出了以创意立国的发展观念,"创意城市"的理论随之出现并得到了迅速发展。"创意城市"理论认为,在当今时代,创意是衡量一个国家或城市综合竞争力的核心标志,城市的创意氛围、创新意识和创新能力是城市拥有鲜活生命力的象征,维持城市永续发展的根本动力也不再依赖于传统意义上的自然资源或者生产力,而是更依赖于"脑力"和"创意"。

美国著名城市经济学家理查德·佛罗里达提出,创意城市必须具备3T要素,即技术(Technology)、人才(Talent)和包容(Tolerance)。"技术"可以定义为一个城市在高科技领域的创新研究和实践;"人才"即所说的"创意阶层",是指那些具有创新能力、品质优秀的人力资本;"包容"则是指城市社会环境的开放性、多样性以及对新创意的容纳和接受程度。

如今,城市中积极兴建的各项文化设施都在创新能力和创意领域上大显身手,积极地在城市迈向"创意之都"的路程上添砖加瓦、贡献力量,而这其中,博物馆所扮演的

a)穿越美术馆的廊道和屋面空间

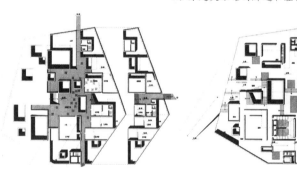

三层平面是艺术家工作室　　二层平面是展厅　　一层平面是营业画廊、洽谈室

b)各层平面

图3-3 不同功能的混合交融

(图片来源:大芬美术馆,深圳,中国[J].世界建筑,2007(08):45,46.)

角色十分特殊也十分重要。它往往被看作是评价一座城市创意指数高低的核心因素,这是因为,无论是作为城市文化的风向标还是向人们传达知识与信息的活跃媒介,这个时代最流行的文化意识形态、最前沿的审美趣味以及最先进的技术水平在博物馆中大都会有体现。纵观当代博物馆上百年的发展历史,博物馆一直紧跟时代前进的步伐,抑或体现出超越时代的预见性与创造性。与此同时,博物馆日渐大众化、开放化的特征使它成为城市中最具活力最具创意的"容器",不仅容纳着当今时代最伟大的艺术和科学创造,还容纳着各种丰富而广泛的事件和信息。可以说,博物馆在一定程度上表征了城市的文化创意能力水平,从一座城市所建设的博物馆在技术应用、运营策略以及设计理念等方面的创新程度,即能清晰地了解这个城市的发展现状及未来走向。

2006年,英国政府委托伦敦政治经济学院做了一份关于博物馆对社会经济及文化创意影响的研究报告,其中说道:"英国博物馆巩固了创造力的根基,为未来高价值的经济活动打造了创造力基础……博物馆不仅代表了过去,还代表未来,它更代表了一个国家和民族未来创造潜力的储备。"人们在参观博物馆时获得了灵感、得到了感悟,即接受并储存了文化创意的价值。这就使个人与社会的价值有所增加,只不过这种增值是隐性的,难以量化的,然而研究与事实同时表明,这种增值的潜力将在未来的经济活动中产生巨大的价值[①]。

1.创新技术的试验场

作为人类社会生活中最重要的一种公共建筑类型和信息文化传播机构,博物馆的发展一直与科学技术的演进息息相关。在博物馆中,科学技术不仅仅应用于建筑的实体建造层面,而且贯穿了采光设计、藏品展示、藏品维护以及安保设计等众多层面。1851年英国伦敦首届世博会中"水晶宫"的精彩亮相开创了以钢和玻璃为主要材料、现场预制安装的建造技术新领域;1978年巴黎蓬皮杜文化中心外露的彩色结构构架、楼梯、设备使之成为高技派的典

---

① 英国国家博物馆董事会访问精选[J]. 建筑与文化. 2010(01): 29.

型代表；2006年梅赛德斯-奔驰博物馆中复杂的三维立体结构对混凝土浇筑及脱模工艺的严格要求……可以毫不夸张地说，博物馆领域诞生的每一个杰作几乎都离不开科学技术的进步与创新，而每一座优秀的博物馆也当仁不让地成为其所在城市前沿科技的形象代言人，为城市的技术发展贡献力量。

如今，被称为"最能体现人类伟大想象力和创造力"的博物馆在形象、空间、展览方式上实践着各种奇思妙想，这些天马行空的想象最终多半要依赖技术的辅佐才能变为现实。从某种意义上说，人类社会中许多具有革命性和开创性的技术研究与实践都是最先出现在博物馆中，而后才在更大的领域得到推广。有人说博物馆是一道联系技术发展今天与明天的桥梁，它既是现有先进技术的试验田，又在不断探索中激发了更多创造性技术的诞生，甚至成为影响技术未来发展方向的助推器和风向标。

盖里设计的西雅图"音乐体验"博物馆以其大胆、炫丽、极富创意的建筑形象闻名于世。建筑采用彩色钛金属板围合而成许多不规则体量，据说建筑中没有任何两个构件是完全相同的，无论是前期设计还是后期建造都需经过精确定位，否则复杂的建筑形体根本无法建成（图3-4）。这一切正得益于法国达索航天公司为设计"幻影"喷气式战斗机而研发的特殊电脑软件CATIA，它可以对任何角度任何造型的曲面进行建模和数据分析，还能控制材料的实际切割与塑造。技术创新不仅仅体现在最终呈现的复杂的建筑形态上，更体现在整个建筑的设计过程中，设计过程最终还被录制成为详尽的介绍。抵达EMP的每位参观者都可租用一台微型手提电脑，参观时携带着它，只要将光标指在感兴趣的地方，就可以听到对这部分的详细介绍。

位于奥地利城市格拉茨的新艺术馆由英国建筑师彼得·库克设计，是"生物存在式建筑"的典型代表，其古怪、前卫的建筑造型被冠以"有鳃的巨兽""毛毛虫""友善的外星人"等多个称呼，诠释了表现主义高技建筑的内涵（图3-5）。

与西雅图"音乐体验"博物馆的建造策略相近，美术馆复杂有机的建造形态也必须借助一系列专门的计算机辅助设计软件（CAD-cam）经过精确的控制、定位才能完成，

图3-4　西雅图"音乐体验"博物馆

(图片来源：于水山.建构高技术的荒蛮——盖里新作"体验音乐工程"中的艺术与技术[J].世界建筑，2001（07）：73.)

其中RP技术负责将CAD模型驱动快速制造成复杂形状的三维零件，而CNC加工技术则利用数字化信号控制执行部件完成预定的零件成形过程。从中我们可以看出，对当代建筑图景中有机形态的处理，与其说是一场审美革命，不如说是一场技术革命，因为它挑战了这个产业，将其导向计算机操控的自动制导的形式，支持设计的唯一性，而不是重复地大规模生产一些普通设计。承建格拉茨艺术馆丙烯酸表皮的奥地利公司Zeiler为此项目专门投资了新的最高技术水平的生产线，这种变异暗示了建筑和整个建造行业都将不同于以往①（图3-6）。

2.创新经营的策源地

美国惠普集团CEO卡莉·费奥瑞纳女士这样对美国各州州长说："不用谈什么优惠税率和高速公路，哪里有高科技人才我们就去哪里。"②这句话道出了当代"人才"在城市发展中所起到的

图3-5　格拉茨新艺术馆

（图片来源：科林·傅里捏，诸晨炜、孙田译."解剖怪兽"——格拉茨新艺术馆之挑战[J].时代建筑，2005（01）：114，112.）

图3-6　艺术馆的媒体墙采用新技术实现了互动表皮

（图片来源：张帆，杨昌鸣，王嵩.不可避免的力量——解析格拉茨艺术馆[J].装饰，2010（05）：99.

科林·傅里捏，诸晨炜、孙田译."解剖怪兽"——格拉茨新艺术馆之挑战[J].时代建筑，2005（01）：119.）

---

① 科林·傅里捏，诸晨炜、孙田译."解剖怪兽"——格拉茨新艺术馆之挑战[J].时代建筑，2005（01）：115~116.
② http://www.tianya.cn/publicforum/Content/no01/1/93762.shtml

至关重要的作用。创意阶层一直被认为是当代最具升值空间和发展潜力的要素，有他们聚集的地方就有高效的生产力，就能够为城市带来良好的经济发展前景。理查德·佛罗里达也建议地方政府与其为了吸引企业投资而实行各种减税政策，不如多投入一些资金用于城市文化设施的建设和生活品质的完善，以此来吸引创意阶层的聚集。

一般而言，创意阶层通常具有较高的学历、良好的综合素养、不断进取的活力以及强烈的创新意识，这些特质使得他们对其生存的环境品质要求颇高，希望城市能拥有丰富深厚的文化资源、广泛便捷的信息交流以及时尚潮流的生活气息。他们从事的工作大多涉及科学、建筑、教育、音乐、艺术以及娱乐等领域，这些工作的共同性是对"创造性"的要求较高，鼓励各种新理念、新思维和新构想。创意阶层的年龄趋向于年轻化，他们有充沛的精力和激情去积极地参与各种文化休闲消费活动。

我国从事创意城市研究的学者周城雄认为，博物馆作为城市中重要的公共文化设施，它可以为创意阶层提供源源不断的精神食粮，扩大他们从事专业工作的眼界，丰富他们的生活内容，使创意阶层在潜移默化中提高自己的文化艺术品位，从根本上提高包括创意阶层在内的整个劳动者的素质[1]。

在我国众多城市中，北京的文化氛围浓厚，文化资源丰富多元，其中博物馆资源尤为充实，这也成为各类"创意阶层"热衷来此工作和生活的重要条件。截至2009年，全市注册博物馆的总量达到151座。城市的每个角落几乎都遍布着各式各样的博物馆、美术馆、科技馆。这些文化机构虽然在类型、规模上有所差异，但在经营策略上却都很自由、开放，除了常规职能外，更看重人们的多元需要，并不断丰富博物馆的服务层次，充实博物馆的社会角色内涵。以位于798艺术区的尤伦斯当代艺术中心为例，自2007年11月开业起，一直致力于通过各种文化交流、教育讲座、艺术表演、出版合作、艺术影院、独立杂志、研究项目、论坛会议等项目来传播分享当代艺术体验，打造极富创意的文化中心和互动平台。艺术中心的场地具有极大的

---

[1] 周城雄. 博物馆与创意城市下[J]. 世界发明，2007(03):66.

适应性和灵活性，能够为各种形式的活动提供合适的场地和空间。值得一提的还有这里的餐厅，它特别在周末时间安排了特选的美食、鸡尾酒，配以现场潮流的音乐演出，几乎成了北京创意人群最爱光顾的场所。

纽约现代艺术博物馆则是聚居纽约的年轻人最热衷光临的地方，博物馆的雕塑内庭和咖啡厅是他们的最爱，在一上午繁忙的工作过后，他们喜欢到这里休息片刻，微调思绪，放松身心，时间允许的话，还会顺便关注一下附设的试验电影院里正在播放的先锋导演作品，或者去展厅瞥两眼毕加索的《阿维尼翁少女》，说不准还会从中得到一些灵感，让他们下午的工作进行得更加顺利。

总而言之，博物馆对于城市中的"创意阶层"而言，其可开发利用的资源绝不仅仅局限在传统职能层面，如果肯在经营策略上多花费些心思，博物馆有能力也有资本成为区域中的活力中心和时尚潮流基地。人们在这里既可以感受到城市里已然涌动的创造激情和创意氛围，又被不自觉地引导成为另一些创意的制造者，源源不断的创造力是城市发展所需的核心资源，更为难得的是，这种资源还是可再生的，只要善于培育，就会永不枯竭。

3. 创新理念的孵化器

博物馆是凝结人类智慧的容器，这里不仅汇聚着历史和传统文化的精髓，也容纳了当下各种先进的文化思潮、时尚观念和艺术理论。可以毫不夸张地说，博物馆是当今社会所有文化设施中知识信息含量和创新创意指数最高的机构，因此也不难理解为何人类历史上最伟大、最具挑战性与创新性的思想和理念常常出现在博物馆的建设中。令人耳目一新的博物馆不仅为其所在城市树立了崭新的标志形象，更像是在向世界宣告该城市在文化上的多样性和包容性，以及城市在发展中不墨守成规，敢于求新求变的勇气和决心。

查尔斯·兰德利在《创意城市指南》中写道："当我们仔细地检视博物馆的特质时，会发现它是一处灵感源，让我们想起自己已然造就的视野、理想与抱负，并持续下去。"这说明博物馆不仅是传统文化的守护者，更肩负着为未来新文化的蓬勃发展集聚能量和指引方向的责任。相比任何耀眼光鲜的外表，贯穿于博物馆设计中的创意火花和创新理念才是体现城市文化底蕴的软实力，它具有持久的效力，像养料一般滋润着城市的文化土壤。

在旧金山德扬博物馆新馆的国际投标竞赛中，赫尔佐格和德梅隆的方案拔得头筹，然而这座看起来有些"特立独行"的建筑却一度引起社会诸多层面的反对言论，关键时刻，当地的建筑师群体组织了联名签署活动，一致支持新馆的建设，并认为这一全新的项目相对于1995年由马里奥·博塔设计的旧金山现代美术馆而言，更有震撼力和创造力，能够"给予城市令人振奋的一击"。新馆落成后，《旧金山》市报还特意撰写文章对这一大胆且富有想象力的方案做出了高度评价："由铜衣包裹的具有侵略性的现代主义德扬博物馆新馆响亮地强调了其与过去的决裂。从现在开始，它放肆地宣告，博物馆将

必然在这块自足的土地和大陆的尽头,而无愧于它的城市同样激进的名声。"①(图3-7)

丹佛艺术馆扩建工程由丹尼尔·里伯斯金主持设计,在项目设计之初,市长威林顿·韦伯就宣称,一旦工程结束,这座建筑将使丹佛成为世界一流的文化城市。事实证明,新馆在建成后以其锐利激进、鲜明独特的形象迅速震慑了公众的眼球,由此带来的内部空间的多样性、动态性也带给参观者完全不同于以往的艺术馆体验。艺术馆由此一举确立了丹佛市新兴文化区的核心,并带领其他文化机构一同创建了具有新锐意识的城市新形象和新精神(图3-8)。

3.1.3 聚焦场所认同,提升区域品质

博物馆对一座城市的改变作用可以以小见大。新建建筑可以通过自身的活性和魅力协助城市和区

图3-7 旧金山德扬博物馆新馆

(图片来源:张晓春.旧金山文化艺术的新焦点,德扬博物馆新馆设计[J].时代建筑,2006(06):83.)

图3-8 丹佛艺术馆新馆

(图片来源:丹佛美术新馆[J].城市环境设计,2014(03):89~91.)

① Susanne Schindler.新迪扬博物馆,旧金山[J].建筑世界,2006(19),23.

域重塑文化特色，为那些丧失活力的区域带来生机，或者有效地提升和改善所处区域环境的品质。从这层意义来看，博物馆作为嵌入区域中的活跃因子，它所能发挥的效力其实远远超越其原本的职能所限。建筑师如能在前期策划中将博物馆项目的建设与区域整体发展协同起来一起考虑，以长远之眼光看待博物馆在整体环境中扮演的角色，则博物馆可在自身正常运营的同时起到带动或加速区域更新演进的积极作用。

1.重塑文化特色

每座城市都诞生、成长于不同的历史、自然、文化背景之中，也因此呈现出各具特色的整体风貌和精神气质。然而，全球化浪潮的蔓延和侵袭却导致各个城市之间的特色差异在逐渐缩小，城市文化与城市风貌变得单一和趋同。千篇一律的建筑形象、城市规划结构、景观风貌是特色趋同的表层显现，深层影响则是由此导致人们在集体身份认同和文化根源寻踪的过程中渐失方向。

博物馆是针对不同区域传统文化遗产进行系统性保存、整理和传承的专门机构，它在维护和塑造城市特色方面具有先天的优势。博物馆在明确自身定位时应认识到，它不仅仅是在为城市保存文化资源，更是在为城市创造文化特色，它的物质姿态、精神气质都在向外传达一种信息，这种信息应是独一无二的，是一座城市区别于另一座城市的特质所在。这种特质最终会协助其所在的城市在全球文明错综复杂的演变进程中保持清醒，凭借特色优势在世界文化舞台上站稳脚跟。

近几年来，我国迎来了博物馆建设的热潮，各个城市都在积极兴建、扩建省级、市级博物馆。在全球化浪潮中，依赖文化资源的聚敛和重组来建立城市特色与认同、提升城市竞争力，成为城市进行自我更新的主要方向之一。然而，在这场城市文化的对垒之中，有些博物馆凭借自身的鲜明特点为城市赢得了赞许和掌声，有些博物馆却因定位不准使城市在特色构建上越走越远、迷失方向。究其原因，那些成功的博物馆大都十分珍惜城市独特的历史文脉，虽立足于当代，却以传统气韵来折射城市深厚的文化底蕴、自然特质和人文内涵，这些特质让人们认识到城市的"根基"和"源泉"所在，也让城市坚定了自身在未来文化发展中的信心。与之相反，那些不成功的博物馆却在传统与现代的碰撞中失去了判断，在瞻前顾后、左右徘徊之间既丢掉了传统文化的印记，又没能树立起新时代文化的标杆。

由建筑大师贝聿铭设计的苏州博物馆新馆是被人们谈论较多的以博物馆带动城市特色构建的佳例之一。苏州城距今已有近3000年的建城史，是江南文化的代表，其中尤以园林最为闻名，素有"江南园林甲天下，苏州园林甲江南"之美誉。新馆所处区域即为古城文化最为浓厚之地，拙政园和忠王府是典型的江南古典园林，宅园合一，以亭台楼阁、泉石花木的组合创造出"居闹市而近自然"的理想空间。园林在空间尺度上亲切宜人,建筑大都隐于环境之中,虽不张扬,却以极为丰富的空间层次和空间序列打造出诗情画意般的意境。对于新馆而言,如何营造出与传统文化有所关联的地域特色,并彰显时代性与创新性,成为设计的难点。

在建筑设计中,贝聿铭延承了传统园林的造园思想,在平面布局、空间组织、借景方式和意境塑造等方面均体现出精致细腻、意境幽远的文化内涵。首先,新馆以一个综合性的空间序列来组织观展流线,它打破了单一化行进路线的单调,引导游客在丰富的场景中穿行,并由此带来交错重叠的视象景观和可无穷延伸的想象空间。其次,新馆采用虚实相生的布局方式,使建筑实体与庭院、传统与现代、人文器物与自然景观相互交织、渗透,共同构成一个内容充实丰盈的空间体系(图3-9)。

a)整体鸟瞰

b)建筑与庭院虚实相生,和谐共存

图3-9 苏州博物馆新馆

(图片来源:作者自摄)

在这里，建筑并非环境中的主角，而是与环境和景观一起作为画面的构图元素出现，这也恰好与古典园林的造园目标相一致，即以整体意境取胜。此外，新馆在建筑风格上诠释了"中而新、苏而新"的深刻内涵，虽借鉴了传统建筑的色彩、符号特征，却经过抽象和提炼，似曾相识的感觉让人很容易就联想起新馆与传统文化的关联（图3-10）。

对于目标是建设一座"精神上很中国，形式上很现代的建筑"，贝先生交出了精彩的答卷，苏州博物馆新馆以其平和谦逊的姿态担负起承传地方文化的重任。如今，苏州博物馆已经成为苏州的标志，不仅吸引了众多国内游客慕名前来参观，而且也成为西方人认识中国江南园林和东方文化的桥梁。西方人认为，拙政园等传统园林只是一位东方美女，而苏州博物馆使得西方人对苏州的认识从古典走到了现代，并且也认识到苏州的传统美是可以延续的[①]。

2.激发城市活力

合理的建筑配备和高效的空间利用可以提高城市生活的活力。特别是在城市更新的过程中，博物馆可以作为"催化剂"，对周边地区起到一种"激发"的作用，通过其自身的活力为城市生活注入生机。通常状况下，能够激发城市活力的博物馆必

① 付蓉，陈开宇.博物馆与共生建筑[J].城市环境设计.2009（12）：13.

图3-10 经过抽象和简练的建筑屋顶、开窗、符号等
（图片来源：作者自摄）

须表现出相当的开放性与亲和力,而其自身也应具有一定的"活性"。

"活性"是一个内涵和指向均比"活力"更加丰富的概念,在此是指在特定的城市发展背景下,作为触媒要素的博物馆促进城市再生的能力和效用。具体而言,"活性"主要是立足于城市背景,研究城市中各个领域以及物质实体之间的影响和互动,实现综合调控。博物馆若想成为具有"活性"的催化剂,在整体区域中实现其职能的拓展,则不仅需要单纯考虑其自身的活力塑造,还应同时考虑到它与城市其他要素以及整体区域之间的作用和促动,站在宏观角度界定自己的身份和职能,通过催化"活性"对周边区域产生积极的影响。

席恩美术馆位于法兰克福中心市区,介于市政厅广场和大教堂之间,紧邻一处古罗马遗址。建筑以东西向的狭长布局呼应了市政广场与教堂之间隐含的脉络关系,水平延展的建筑界面也营造出如同法兰克福中世纪老城一般的传统街巷场景(图3-11)。美术馆底层面向室外环境设置了开敞的柱廊,建筑随地势高低起伏错落,以台阶的方式解决步行交通。由美术馆围合而成的庭院景色优美,氛围恬淡,人们经常聚集在这里休息、闲聊,将这里视作一处生动鲜活的城市公共空间(图3-12)。虽然身处历史环境这一敏

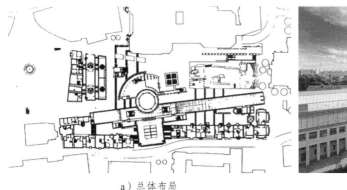

a)总体布局　　　　　　　　　　　　b)整体形态

图3-11　法兰克福席恩美术馆

(图片来源:王路.德国当代博物馆建筑[M].北京:清华大学出版社,2002: 105.)

a)隐喻传统街巷　　　　　　　　　　　b)美术馆庭院

图3-12　席恩美术馆与城市的关联

(图片来源:王路.德国当代博物馆建筑[M].北京:清华大学出版社,2002: 107.)

感区域，但美术馆没有采取内向封闭的方式来小心处理自身与城市文脉之间的关联，而是以开放的姿态和积极的面貌介入既有环境中，为历史区域注入了新的活力与生机。

赫尔佐格与德梅隆在西班牙的最新作品圣克鲁斯艺术博物馆规模庞大、功能丰富，包含了公共图书馆、现代艺术博物馆、特内里费岛摄影中心、商店、咖啡馆、餐厅以及其他一些公众设施。建筑师以一个三角形的广场切入其中，将博物馆分割成为若干几何体量。广场与城市空间形成交融渗透的关联，既能使博物馆自身的文化氛围向城市环境扩散，也能将城市中丰富多彩的景象和气息引入博物馆。建筑的立面上有1200个大小不一、形状各异的孔洞，这些孔洞可以使自然光线进入室内，又可以使博物馆在夜晚成为区域中神秘、震撼的核心景观。在博物馆的开幕式上，赫尔佐格称，这一建筑将改变特内里费的形象，并将该区域变成城市中的一个活力焦点。

3.改善环境品质

博物馆的设计过程是一个认识环境、利用环境、改造环境、创造环境的过程，这是因为博物馆与其所处环境之间有种微妙的关联。一方面，在既有环境中建造新的博物馆，环境特征及环境要素影响、制约着建筑的规划布局和形态呈现；另一方面，博物馆也在通过自身外部空间的营造为区域环境添加新特色和新景观，为城市整体环境品质的改善和提高作出贡献。建筑师应当在博物馆的选址和总体布局中有意识地思考博物馆与更大范围环境之间的关联，将博物馆作为触媒因子嵌入到既有环境中，通过巧妙合理的布局，将所在周边区域的功能、交通、文脉等要素紧密联系在一起，即一同共振、整合，形成了作用效用更强的新的触媒点。

明兴格拉德巴赫市是莱茵河畔的一座山城，地势北高南低，城北的山丘顶部是商业中心，城南坐落着城市新区。博物馆用地恰好位于商业中心与城市新区之间的核心地带，那里有一座修道院，教堂和教堂宅邸形成了城市中心和宗教中心，博物馆就建在紧邻原修道院花园的北侧山坡上。建筑在总体布局上与城市环境形成有机整体，一反将博物馆设计成单一体量的传统观念，根据环境特征采用多个体量组合成富有变化的建筑组群。这些打碎的体量和空间与城市环境形成更为融洽和亲密的关系，使该区域由于博物馆的介入增添了新的生机（图3-13）。

霍莱因利用地形高差将建筑主要部分埋在地下，同时利用屋顶为城市提供了一处步行平台。从山丘上的商业中心到达平台，要经过一条长长的步行天桥，步行平台又通过层层叠落的花台和自然弯曲的坡道与修道院的花园连在一起。天桥、平台、花台、坡道的有机组合，成为联系商业中心与城市新区的纽带，也为城市塑造了一处生动丰富的空间（图3-14）。

位于科隆市中心的科隆瓦拉夫·理查茨和路德维希博物馆毗邻著名的科隆大教堂而建。为了使教堂与莱茵河畔的公园在空间上保持渗透，博物馆在总体布局上向后退让，由此形成了一处别具特色的户外空间。丹尼·卡拉文利用基地高差对此场地进行了良好的规划，使其凭借优美的景色和丰富的层次成为市民和游客最喜爱的城市公共空间（图3-15）。

a)叠落花台　　　　　　　　　　　　　　b)屋顶花园

图3-13　明兴格拉德巴赫市博物馆与城市环境的有机融合

（图片来源：王路.德国当代博物馆建筑[M].北京：清华大学出版社，2002:47,48.）

入口广场层平面　　　　　　街道层平面　　　　　　花园层平面

图3-14　明兴格拉德巴赫市博物馆各层平面

（图片来源：王路.德国当代博物馆建筑[M].北京：清华大学出版社，2002:47，48.）

图3-15　科隆瓦拉夫·理查茨和路德维希博物馆

（图片来源：王路.德国当代博物馆建筑[M].北京：清华大学出版社，2002:114，117.）

3.2 叠加资本——协同式共生

协同在通常意义上来说是互相配合与共同发展，从汉字的组成来看，繁体字"協"是指众人同力做事，《现代汉语词典》对协同的解释是"各方互相 配合或者甲方协助乙方做某件事，如各军兵种协同作战"。协同就是指协调与合作，通过恰当的方式组织各子系统一同配合。就内涵而言，协同更强调事物的发展过程，更看重合作、配合与动态发展。作为叠加资本参与运作的博物馆实际上正是通过与其他社会资源的协同合作与关联互动让双方共享资源、共拓市场、共赢商机，从而实现"1+1＞2"的叠加效应。

在将博物馆定位为叠加资本时，需要首先针对叠加双方能够实现互惠互利的优势基础进行评判与分析，确保双方具有资源共享的可能性，而后再依据双方的特性寻找实现协同合作的有效途径。因为是基于叠加双方的利益来实施同步运作，博物馆在确立策划定位时应跳出仅从自身发展着眼的狭隘观念所限，从实际需求出发，随机、灵活地调整基地选址、功能设定、风格塑造等，以最大化地协助其他社会资源实现利益共赢。

3.2.1 社区与博物馆——文脉关联

自从国际博物馆协会将2001年博物馆日的主题确定为"博物馆与建设社区"，强调了博物馆应立足社区的服务面向后，博物馆与社区发展的互动成为近年来博物馆事业发展中备受关注的课题。

社区，是社会学领域的一个概念，指由若干社会群体（家族、氏族）或社会组织（机关、团体）聚集在某一地域里所形成的一个生活上相互关联的大集体。能构成一个社区的前提除了物质空间或行政区划上的限定，更重要的在于具有同样的利益、问题以及需求的社区成员形成共同的社区意识，即更强调其作为一个社会文化共同体而存在。从这个层面来说，社区在其发展过程中特别注重自身历史文脉和区域特色的传承，希望当地居民能够通过一种恰当的途径了解与认知他们所在区域的文化特性，找到自己的归属坐标，与社区建立深层的情感关联。基于情感网络的基础之上，若是居民能够以主动的姿态积极参与到社区建设中，找到可以发挥其自身价值的平台，二者之间的关联将会更加牢固，社区也会获得持续稳定、生机勃勃的发展。博物馆作为一个有效资本，与社区相结合，恰能将以上目标一一实现。

社区博物馆以展示、收藏该社区社会发展与自然演变历程中有价值的实物资源为主，保存与传承独特的社区文化。同时，社区博物馆在建设中也要征询社区居民的意见与需求，除了专家参与，当地民众也在机构的构建与运营管理中发挥主要作用。借用叠加效应的观点来看,社区与博物馆的结合属于典型的资源共享、互惠互利的关系。

对于博物馆而言,社区能够为其提供有形和无形两个层面的资源支持。有形资源包括社区在博物馆的前期建设中所能提供的政策支持、经济补充、现有配套设施和既定环境组成,建成之后稳定的观众来源及活动参与;无形资源则是指无形文化遗产,即由现有文化和传统历史所组成的一种文化形态。

对于社区来说,博物馆所能提供的价值主要体现在以下几个方面:对地方的文化形象有所提升;增加了一些社区就业的机会;提高了附近居民的经济收入;提高了周边房地产的价值;让地方人士感到光荣;让地方居民认识了地方文化;为地方树立了新的文化景观;让地方有了聚会交谊的场所以及增加人们接触文化活动的机会[①]。

明确了社区与博物馆相互依托的基础,二者便可在共同发展中各尽其职、互相借力,最大限度地发挥价值所在,叠加效应随之凸现。具体到博物馆的工作中,它应结合所在社区的文化背景和区域特色,制定更有针对性的规划方案,结合特定的服务群体组织开展更加丰富多元的社区服务。

1.调整功能构成

社区博物馆与普通博物馆在功能构成上的最大差异在于,普通博物馆以展藏功能为主,辅以一定的教育和休闲娱乐功能;而社区博物馆的功能构成相对灵活,因兼顾社区独特的面向需求,从内容涵盖上更加广泛,各功能空间所占比例也与常规设定有所不同。产生差异的主要原因在于社区博物馆服务对象的特殊性:一方面,博物馆所服务的社区居民构成相对稳定,短期之内不会频繁更换,展览内容以及相关活动必须时常进行动态更新,以维持参观体验的新鲜感。另一方面,社区居民对博物馆的角色期许与普通博物馆也有所不同。正因为博物馆扎根于社区,与社区有着天生的血缘关系,因此在各个层面上应当更加贴近社区居民的日常生活,即除了正常的展藏活动和教育活动

① 陈国宁.博物馆与社区的对话——台湾"地方文化馆计划"实施的研究分析[J].中国博物馆,2008(03):50~51.

之外，应根据居民的实际需求添加一些既有文化内涵又使他们乐在其中的多样化活动。

基于以上两方面的考虑，社区博物馆通常会在原始功能上做出一定的补充和调整，在常规功能之外再加入一些新的功能。这些功能一方面拓展了博物馆自身的发展空间和服务视野，另一方面也对社区的生活品质和凝聚力有极大的提升，两两相加带来的效果是双方各自从中受益，这就说明"社区+博物馆"的模式实现了叠加效应。

一般情况下，面向社区开展的活动内容主要包括居民定期组织的学术讲座、音乐和戏剧表演及社团聚会、节日庆祝活动等。长期设立的功能空间包括图书阅览室、资料检索室、儿童兴趣培养室、成人技能培训室、多功能表演室室等，有时还会包括一些可独立对外开放的休闲娱乐设施，如餐厅、咖啡厅、小型电影院等。针对这些功能，一种方式是在博物馆建设之初拟订详尽的任务书，通过居民的意见反馈和专家的筛选整理尽可能将所有合理的使用需求纳入其中；另一种方式是尽可能地使空间具有很大的灵活性，可根据实际需要承担不同的功能，适于居民从事丰富多样的社区活动。

西布朗维奇是英国中部的一个小镇，公共艺术中心作为一个自发建设的文化机构，已为小镇服务了25年，工作内容包括开办绘画工作室、举办培训课程等。新的公共艺术中心被要求是一个具有高度灵活性和适应性的建筑，以容纳多种类型的活动与体验（图3-16）。建筑师以社区居民的利益需求为出发点，在艺术中心设立了多种功能空间，如艺术工作室、美术馆、教室、剧院、酒吧、咖啡厅等。其中，美术馆被架设在二层空间，构成一层"街道空间"的屋面，动态活泼的空间景象为艺术中心营造出亲切宜人、趣味盎然的空间氛围，使这里成为社区居民最爱光顾的公共场所。

2. 传承场所精神

中国台湾地区学者张誉腾认为，社区是一个活生生的世界，拥有几个世代以来不曾断裂的文脉延续和地方传统。社区自身的文化特性、民族精神、社会习俗和生产生活习性等并非一段被封存的过往历史，而是一直存在于当下鲜活生动的社区生活中。因此，与普通博物馆相比，社区博物馆最重要的职责不仅仅是针对地方历史发展脉络的梳理与回顾，更重要的是对地区现实生活境况的维护与尊重。只要是能够见证社区文化动态演进历程的，不论是以往生活中的实物遗存，还是现实环境中的一草一木、一砖一瓦以及日常生活中的点滴情景，都是博物馆所应展现的文化内容。既然内容是活化的，具有生命特征的，那么社区博物馆就应该格外强化这种生命特征的表现，借助于一定手段有计划有目标地将社区真实的生活情境纳入博物馆的宏观体系中。换言之，从广义层面上来看，整个社区都是社区博物馆所要展现的一部分，为了能使社区文化形态不脱离其生存的背景和脉络，博物馆应突破传统实体建筑的形式束缚，从室内走向户外，从单体构建走向整个社区环境的激活。

对于博物馆而言，社区日常生活和真实环境的引入无疑是对博物馆自身特色构建和

080　博物馆之美：文化消费时代的博物馆设计

氛围营造的一种有益补充，相比那些传统博物馆中枯燥单调的文物展示，社区中每天发生着的生活就如同一部正在上演的情景剧，而观众就是参演其中的演员，这种感同身受的体验无疑能协助博物馆发挥最大价值。对于社区而言，博物馆又是促进社区和谐发展的有效途径，它不仅能够通过建筑实体和景观的建设，优化环境品质，带动区域价值的

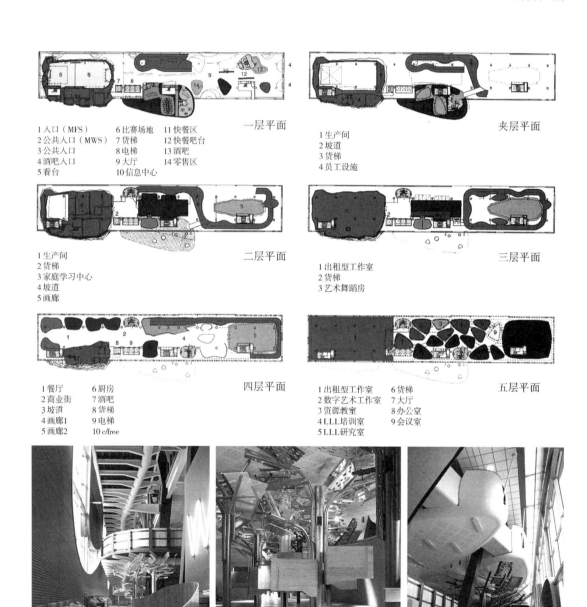

图3-16　西布朗维奇公共艺术中心

（图片来源：阿尔索普建筑师事务所.西布朗维奇公共艺术中心[J].城市建筑，2009（09）：38~40.）

提升，还能够通过生动的文化传播提高居民的整体素养，强化他们对社区的认同。二者通过资源共享，实现利益共赢。

济州艺术博物馆位于韩国济州岛，济州岛以优美的自然风光和舒适温暖的海洋性气候著称。博物馆规模不大，在形体处理上简洁理性，但济州岛天然的环境优势却为其注入了活力与灵性。西侧和北侧的柱廊成为内外空间的衔接和过渡，通透的玻璃界面更加深了建筑与自然之间的对话与交流。博物馆的主要入口区域被扩大成文化广场，开敞的空间可以用来举办室外展览或各种文化活动，人们通过形式丰富的传播途径了解当地的历史、文化、民俗民风，同时还能真切地感受到清新的空气和温润的海风。这座看似平实质朴的博物馆，正是借助环境之力，恰当地完成了对社区文化的展现和传承。

3. 建立区域坐标

社区在地理空间上归属统一区划，因此会在规划结构、建筑风格、环境景观等方面形成自身的鲜明特色。从这些显性的实体特征中，我们一方面可以寻觅出社区演进历史的清晰脉络，另一方面也可以整理归纳出实体特征背后所传达的区域精神。而社区博物馆作为传承地方文化的专门机构，应如何在物质形态的构建上延续和体现社区的历史文化底蕴和区域文化特性，是值得思考的问题。此外，从社区博物馆在区域中所体现的价值来看，它应成为该社区中的"核心坐标"，"坐标"发挥的作用是在视觉感知层面具有自身独特的标识性和象征性，在心理感知层面则应获得社区民众的情感认同。

一般而言，既然博物馆代表着一种文脉传承，则应尽量在形体塑造、符号隐喻、气质表达等层面渗透社区文化特性的痕迹，目的是使博物馆和社区中的其他建筑一样，成为一个特定文化体系中的组成部分，气韵互通，一脉相承。当然，博物馆也可将自身视野和心胸放宽，在容纳社区既有文化的同时跳脱它的束缚，尝试引入具有差异化的文化元素来表征更加宏观的时代特征和社会背景，则无疑会为社区注入新鲜的血液，同时使社区原有文化在新文化坐标的比照下凸显其独特性。

内尔曼（Nerman）当代艺术博物馆位于美国堪萨斯城郊外欧弗兰公园（Overland Park）的约翰逊社区大学校园中。作为社区大学的地标，这座博物馆是将校园生活与艺术紧密融合的一个重要途径，它为全社区34000名学生提供了20世纪80年代以后的艺术品展示与交流的场所。博物馆中除了展览空间，还布置了一个200座的礼堂、商店、咖啡馆和其他的教育空间。校园中已有的建筑多为红色砖石结构，而博物馆却采用白色石灰岩作为主要墙面材料，与玻璃共同塑造出一种简约、现代、有所差异的风格，但这并不影响博物馆在姿态上所表现出的亲和与开放。英国新沃尔索尔美术馆的建设则以城市整体改造为背景，希望通过新建博物馆来重塑该区域的凝聚力和归属感。它特意将形象设计成周围环境中最高的建筑，并在空间构成语汇、色彩、材质等方面与区域内原有建筑形成鲜明对比，以成为区域的标志物。

3.2.2　企业与博物馆——功能偶配

如今，越来越多的企业热衷于投资兴建博物馆，作为博物馆的一种新类型，企业博物馆应运而生并迅速蓬勃发展起来。企业博物馆，顾名思义，是指以企业为依托而建立的博物馆，其主要目的是保存和展示企业自身发展过程中所创造的物质、精神文化财富，宣传企业精神和品牌文化，提升企业在社会中的影响力和知名度。与普通博物馆相比，企业博物馆的特殊性在于它所生存的平台为其提供了一个纯粹且明确的主题，通常是某种有形的物质产品，如我们所熟知的德国维特拉家具博物馆、英国柯达博物馆、美国可口可乐博物馆等。同时，企业是博物馆的所有者和管理者，为博物馆提供基本建设、日常运作以及藏品更新换代的巨额经费，并依据博物馆的工作规律和企业自身的发展要求来决定博物馆的角色定位和运营机制。而博物馆的服务面向则既立足于企业自身，也向社会公众敞开，为社会的文化教育、经济发展等领域做出特殊的贡献。

以追求社会效益和经济利益为根本的企业与以保存和传播文化为职责的博物馆看似毫不相干，在功能配置和机构属性上更是相互对立。但事实上"企业+博物馆"的组合模式却具有天生的契合性，这种契合性来自于由不同功能和属性的偶配并置而激发出的能量对流与交换。换言之，文化与经济、艺术与消费表面看来是对立的，实际上却可以在功能上实现互补与促动，创造出多样化、富有活力的复合效益。

具体来说，企业是从事生产、流动、服务等活动的经济组织，但文化却是企业树立品牌形象和竞争实力的"灵魂"，它贯穿于企业发展的始终又体现在企业运作的方方面面。文化从本质上来说是无形的，但却需要借助有形的手段将其外化到具体可感的层面，博物馆恰好可以作为一个媒介来实现这个目标。与此同时，博物馆以传承文化为宗旨，而归属企业所有的博物馆相对于其他类型的博物馆来说，皆因企业所具有的经济、社会活力而被赋予了更加丰富的功能和更加生动鲜活的精神气质。近两年新建博物馆中有许多佳例，如梅赛德斯—奔驰博物馆、保时捷博物馆等都是这方面的杰出代表。由此可见，企业与博物馆之间是一个双向互动的关系，这种关系不但实现了博物馆作为文化传播机构的社会价值，还能为企业的长远发展带来丰厚的经济效益，从而实现"双赢"之目的。

1. 基地选址注重效益最大化

对于企业博物馆来说，选址的恰当与否直接关系到博物馆能否最大限度地发挥它的宣传作用和激活能力。之所以将选址的重要性放在第一位，是因为博物馆依托企业而存在，二者之间的关系在一定程度上决定了博物馆不能脱离企业完全独立地考虑选址问题，同时也不能将企业的约束作为选址的唯一考虑。

以往有许多企业将博物馆建设在厂区内部，原因之一是便于管理。此外，在使用上主要定位于收藏和陈列企业历史和文化的场所，大多只面向来厂区内部观摩参观的人群开放，对外部社会敞开的能力十分有限。这样一来，企业对博物馆无形之中构成了一种约束，虽然在单一层面上能够发挥效力，但针对社会的影响力和辐射力则相对较弱，到头来使得企业光顾揽镜自照，反而忽略了博物馆在更广泛的社会层面上的作用和意义。

企业博物馆既然强调其作为企业文化的载体和传播工具来扩充企业的社会辐射力和影响力，就应从城市或区域范畴来考量博物馆的建设选址和规划布局，不应受企业所处地段的制约，而应将企业和博物馆作为两个互有关联却又相互独立的因素计入到统筹规划中，借用各自的能量和效力集结成一个网络，在面向社会时既可单独发挥作用也可以相互依托发挥合力。此外，借鉴企业发展市场化原则的启示，现代企业在规划选址时，是从环境能否为其提供最优的生存条件和最大的外部发展空间着眼，尽可能实现企业与各种社会资源的最佳整合，从而获取最大化的经济效益。博物馆自然也要从宏观入手考虑其选址的合理性，将社会和企业作为其服务对象综合考虑，以市场运作为基础对其发展前景进行深入的分析，而后选取可以兼顾博物馆自身生存和企业需求的有利位置。

一般情况下，影响企业博物馆选址的主要因素包括以下几方面：博物馆是否能与企业在场所空间上建立一定的联系、参观人流到达基地的交通是否便利、周围环境是否有利于博物馆对外展示标志性形象、博物馆能否为周边区域居民的生活带来新活力等。企业在设立博物馆之初，应针对以上条件综合考察选址的优势及合理性，这样才能确保博物馆在运营之后逐渐步入永续发展的良性轨道。

斯图加特是德国西南重镇，誉满全球的奔驰汽车总部和保时捷汽车总部均设立在这里。奔驰厂区位于斯图加特市郊区，1961年厂区内建设了一座以奔驰汽车为主题的博物馆，人们需从奔驰公司门外搭乘专车进入厂区后才能参观。2006年，新梅赛德斯—奔驰博物馆建成开放。为了与厂区内部庞杂的建筑群体保持一定距离，尽快为自身树立清晰简明的形象标志，新的博物馆选址于厂区入口附近，与老厂区毗邻，在并置与对比中成为连接"传统"与"现代"之间的纽带。基地东南侧紧邻斯图加特B14高速公路，是进出斯图加特城区的必经之路，独特的建筑体量成为博物馆的最佳广告，从此经过的人群大都会被博物馆的鲜明特征所吸引，并可从城市道路系统顺畅地到达基地内部，进入这个伟大奇妙的汽车世界了解奔驰的悠久历史（图3-17）。

保时捷的生产基地位于斯图加特市楚豪森区域，该区域独特的规划结构和建筑规模显现了它作为汽车厂区的特殊身份，但却没能与城市空间形成紧密关联。保时捷博物馆作为连接厂区与城市的媒介，选址于一处独立环岛，与城市公共交通系统顺畅连接。标志性的形象使其迅速成为该区域的景观符号，向外传递有效信息，树立品牌的社会认同感。设计者认为，博物馆的建造就像是一个增效器，使楚豪森地区转变成新的区域，同时博物馆也为社会和城市的持续发展作出了积极的贡献（图3-18）。

图3-17　奔驰博物馆的区位和标志形象

（图片来源：新梅赛德斯奔驰博物馆，斯图加特，德国[J].世界建筑，2006（09）:55.
梅赛德斯-奔驰博物馆[J].城市环境设计，2009（12）：16.）

图3-18　保时捷博物馆的区位和标志形象

（图片来源：速度与激情，保时捷汽车博物馆[J].室内设计与装修，2009（05）：54.
保时捷博物馆，德国，斯图加特[J].世界建筑导报，2017（10）：87.）

2.展陈设计配合企业主题

在展陈设计方面，企业博物馆的形式可以更趋丰富。为了达到良好的宣传效果，企业的发展历史和主题展品不应像传统博物馆那样只被摆放在玻璃柜中供人参观，而应通过丰富多彩的布展形式和活动参与强化观众的真实体验。只有当观众在博物馆中收获难忘、愉悦、充实的体验，企业宣传自身积极形象的目标才能实现。有人将良好的展陈设计比喻为企业的软营销策略，当企业将品牌精神和经营理念外化为一种形象直观的方式陈列于观众面前，观众会通过这些途径全方位地了解到积极、有效的企业信息，由此对品牌建立起强大的认同感和信任感。

在美国好时巧克力博物馆，参观者可以亲手制作自己喜欢的巧克力；在日本丰田汽车博物馆，观众可以钻进汽车亲身体验驾驶的乐趣；美国亚特兰大新可口可乐博物馆耗资4500万美元修建了一条真实的生产线，为的就是让消费者有更真实更愉悦的体验。观众不仅可以观摩生产流程，还可以购买刚下生产线的可乐留作纪念。此外，新可口可乐博物馆中还设置了三座电影院、馆藏版生产流水线以及一个饮料吧。人们在饮料吧可以品尝到来自世界各地的70多种可口可乐饮品。可口可乐市场传讯高级副总裁马克·格里彻斯说："希望新可口可乐博物馆这个独特平台，可以让游客畅游各个品牌幻化的奇趣之旅。我们新增了更多的互动环节，希望能随时随地让游客耳目一新。"①

由此可见，主题式设计是企业博物馆展陈设计的主要方式。通常的策略是将博物馆划分为几个主题区域，分别以不同方式向参观者提供类型丰富的活动和体验。诸如互动体验区主要是通过各种科技设施和互动装置为人们提供与展品亲密交流的机会，多媒体放映区是以数媒影像的方式向人们展现品牌发展历程中有趣的故事，纪念品区则为人们准备了丰富多样的品牌纪念品，等等，观众可以根据自身需求自由地选择体验方式。

3.建筑特色彰显品牌精神

从表层意义来看，一个企业建立博物馆是为了彰显其悠久深厚的发展历史，提升品牌的文化内涵；从更深层的意义来看，企业是想通过博物馆在贡献社会、服务大众等方面发挥积极的作用来赚取口碑、提升人气，扩大社会影响力，最终目的是协助企业进行品牌的推广和宣传。对于企业而言，博物馆发挥的作用就如同一个使品牌活化的"广告"，向消费者传递产品信息，激发需求、开拓市场。既然是广告，就应讲求营销策略，"以创意取胜"则是一个优秀广告所应具备的关键特质。好的创意，就是要以巧妙的构思和新颖的视角针对产品的功能、品质、特性进行描述，使消费者迅速建立起对产品的信任和好感，同时也要在同行业品牌的竞争中树立鲜明个性，彰显品牌的独特之处。

博物馆作为企业有力的营销手段，其特色的建立同样十分重要。这种特色，虽不一定要标新立异，却应紧扣企业特有的历史传统和文化内涵，让人们透过博物馆尽快对企业形成清晰的认知。如何通过恰当的建筑手段将抽象的企业文化转译为可被社会大众理解的有形层面的物质符号，对于建筑师来说，具有一定的挑战性。

---

① http://news.sohu.com/20070531/n250321684.shtml

显性的符号表征通常是最易操作的设计手段，人们通过建筑形象上附带的某些信息便可辨识出企业的性质，如拉斯维加斯可口可乐博物馆用一个带有公司Logo的红色球体和一个巨大的可乐瓶让游客看一眼便知晓它的主题。不过这种方式并不适用于所有的企业博物馆，而且这些带有波普性质的建筑语汇有时会被认为是浅显的、无深度的以及娱乐化倾向过重的。较为适宜的做法应当是建筑师首先将蕴含于企业文化之中的深刻内涵提炼出来，经过梳理与概括形成有创意的设计理念。而后将该理念贯穿到建筑的形体设计和空间设计层面，以有形之物来影射无形的企业精神和品牌内涵。

2006年、2008年、2009年，在德国的慕尼黑和斯图加特，相继建成开放了三座汽车博物馆，分别由奔驰、宝马和保时捷三家世界闻名的汽车企业投资兴建，目的是宣传德国的汽车文化，促动以汽车文化为核心的城市旅游发展。三座博物馆分别聘请了世界知名建筑师操刀设计，在项目建设上耗费巨资，借助先进的建造技术和展示科技打造出一个个奇幻生动、充满未来感的汽车体验中心。

单从建筑形象的标志性来看，三座博物馆各有千秋，均彰显出一定的创新性和时代特色。在奔驰博物馆中，设计者将追求建筑形态的流动性与速度感作为表达汽车主题的创作途径，银灰色铝板与玻璃条带相互扭转、盘绕，形成了巨大的标志性体量，带有鲜明的工业色彩和现代气息。保时捷博物馆的设计初衷是打造一个具有雕塑感的整体结构，以白色为主要基调的建筑体量纯净、神秘并从地面缓缓升起，三个V形立柱支撑着悬浮在空中的展厅，体现出一种力量美学。宝马中心则由独具个性的双锥体结构支撑着飘浮张扬的巨大屋顶，用以标识博物馆的鲜明个性（图3-19）。

针对三座博物馆的创作理念，设计者无一例外地提到了是将公司独一无二的企业文化和品牌精神

a) 奔驰博物馆

b) 保时捷博物馆

c) 宝马中心

图3-19　三座汽车博物馆
（图片来源a)、c)作者自摄
b) 德鲁根梅斯尔联合设计事务所.保时捷汽车博物馆[J].城市建筑，2009(09): 50.）

第 3 章 基于资本运作的策划定位

融入建筑之中，意图通过可视、可触、可感的有形展现使参观者了解深藏于品牌背后的文化内涵。不过从实际操作层面来看，相同的设计出发点导引出的建筑效果却不尽相同。笔者认为，奔驰博物馆的设计最为成功，它从参观流线的设置、空间结构的组织、材料细节的考虑以及建筑形体的生成等众多方面均以企业文化为核心，通过建筑师富有深度的思考使博物馆与品牌合二为一，为企业树立了崭新的时代形象。

首先，在参观流线上，两条交错盘旋的曲线坡道分别串联着两大主题展区——"传奇空间"和"典藏之旅"，观众既可以选择沿一条路径参观，也可以在行进过程中随时转换轨道（图3-20）。设计者UN Studio的负责人本·范·贝克尔称其灵感来自于人类DNA的双螺旋结构，它恰好代表了奔驰品牌一贯的经营哲学：以不断的创新发明满足人类追求自由行动的梦想。

其次，建筑物的核心结构近似一株三叶草形状，这也被视为是奔驰标志"三叉星徽"的暗喻所在。不过，建筑师采用三叶草结构并非只是出于简单的形式考虑，而是意图通过三个圆形平面围绕类三角形中庭不断旋转上升、错动的手法，营造连续、流动且层次丰富的室内空间（图3-21）。为了实现复杂的空间结构，建筑师借助计算机建立了三维模型，模型在施工阶段经过近50次的修改，总共制作了35000张施工图，以确保项目施工的精确和完整。整个博物馆就像一部传奇的汽车，具有精湛的工艺水准并体现了设计者勇于创新的专业追求。

最后，博物馆独一无二的外部形象也不是单纯的形式游戏，其体量表现出的有机性和完整性正是得益于设计者对博物馆内部功能组织

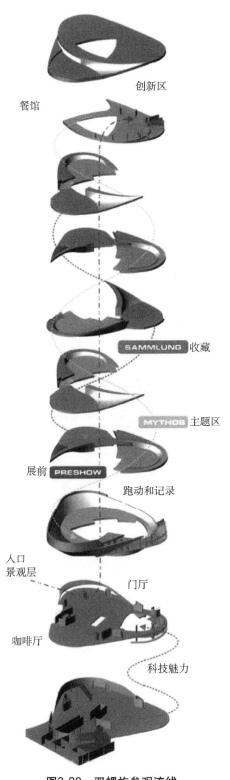

图3-20 双螺旋参观流线

（图片来源：梅赛德斯-奔驰博物馆[J].城市环境设计，2009(12): 16.）

的突破和创新。围护结构使用的银灰色铝板是奔驰公司非常认可的符合奔驰汽车象征的材料，由1 800块不同形状玻璃组成的通透界面环绕着整个博物馆，塑造出一个简明有力的标志性形象。驱车行驶在B14高速公路上，当矗立于高地的梅赛德斯-奔驰博物馆映入眼帘时，也许以梅赛德斯-奔驰公司的企业价值来评价这座建筑物再恰当不过，即"技术先进、智能，并且时尚"。作为一个企业博物馆，奔驰博物馆不仅仅是建筑史上一个令人叹为观止的里程碑式作品，更是属于奔驰汽车品牌的精神家园。建筑师以极为巧妙的构思和极富创意的设计理念去诠释企业文化的深层内涵，使博物馆融入整个品牌设计的精髓之中，成为品牌设计语言在另一个载体上的呈现。

3.2.3　旅游与博物馆——特色彰显

近年来，文化对经济发展和社会进步的巨大推动作用已被人们所认识。博物馆作为自然和人类社会发展的见证，其"文化窗口"形象为旅游业注入了活力。随着生活质量的提高，很多人已不满足游山玩水，而更多追求高层次的精神文化消费。在这种情况下，博物馆逐渐成为人们旅游休闲的新去处。博物馆提升了城市的人文价值，促进了城市旅游经济的发展[①]。

从功能角度来看，博物馆是一个专门的保存与展示机构，具有浓厚的文化气息和艺术氛围，它既可作为协助旅游产业收集、整理文化资源的一个有力工具，也可作为具有旅游潜力的文化资源的重要组成部分。从利益角度来看，目前博物馆往往缺乏收入来源，以致出现依靠财政拨款维持运转，难以进一步发展的困境。而博物馆旅游的运作能克服这些困难，反哺博物馆。从经营角度来看，旅游业的运作可以为博物馆提供市场信息和新的消费导向，而博物馆能为旅游业提供消费所依托的产品形式。因此，在针对各地

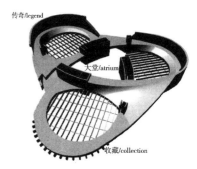
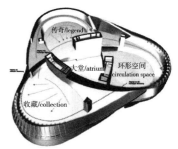

图3-21　三叶草形状的核心结构空间
（图片来源：梅赛德斯-奔驰博物馆，斯图加特，德国[J].建筑创作，2006（08）：53.）

① 王小润，李金桀.博物馆能否成为旅游经济新坐标[N].光明日报，2009-05-18.

特色文化资源的整体开发和策划中,将博物馆与旅游产业紧密结合、协同运作,通常能够实现利益双赢。博物馆对于旅游不仅有经济上的拉动与促进,还具有一种潜移默化的宣传作用,通过品牌价值的提升和精神核心的建立,实现对旅游产业的长远影响。

2009年,世界博物馆日的主题即为"博物馆与旅游",强调博物馆应以其特有的职能和优势引导游客深入了解各个地区的历史、文化、民俗民风,同时满足游客在教育性、休闲性、娱乐性等方面的多重需求,为旅游行业的蓬勃发展助一臂之力。

1.构建特色景观

对于以人文资源为核心价值的旅游来说,特色文化的挖掘及文化特色的展现是博物馆的核心职能。博物馆作为地方传统文化的载体和创新文化的孵化器,应通过鲜明的方式将其所处区域独特的文化特色展现于人们面前。因为内在属性的差异才是决定一个文化体系区别于另一个文化体系的最本质原因,如果能将这种差异与个性挖掘出来,重点诠释,博物馆便当仁不让地成为游客了解地方特色的最佳途径和窗口,其自身的价值和意义也将得以最大限度的实现。从这个层面来看,博物馆就如同地方文化的"形象代言人"或是"名片",它应通过自身特色的展现为地方树立标志性的景观。

西班牙毕尔巴鄂巴斯克政府采用文化政策来振兴衰落的经济以达成城市改造复兴的宏伟计划。在保护本地文化与创建新文化两种途径的对抗与比较中,政府选择了后者,大胆向美国文化开放,与古根海姆集团达成共识,将这一享有声誉的品牌博物馆引入复兴计划,意图为这座渐趋没落的工业城市注入新的血液和生机。巴斯克政府首长何塞巴在与古根海姆博物馆长克伦士商议时提出:"请不要疑虑大家对毕尔巴鄂的刻板印象,你只要告诉我盖一座像蓬皮杜中心或悉尼歌剧院一样的美术馆需要多少钱?"这句话透露了巴斯克政府不惜代价要改造毕尔巴鄂的决心与策略[①]。古根海姆与巴斯克政府达成合作的

---

① 翁佳玲. 以毕尔包分馆案例与台中分馆筹建案例解析古根海姆美术馆的国际分馆扩张模式[D].北京:中央美术学院硕士学位论文, 2007: 29.

条件十分苛刻,其中一亿美元的分馆兴建费无疑是最大的投资。但巴斯克政府却认定了"千万不能只把它看成一项花费,而要视它为对未来的投资"。如何利用好这一投资,打造一个"独具特色"的博物馆成为决定复兴计划能否成功的核心动因。

1997年10月19日,毕尔巴鄂古根海姆分馆开馆后立即成为世界瞩目的焦点,盖里设计的建筑如同一件巨大的艺术品,带给人们视觉和心灵的双重震撼。由钛金属包裹的不规则曲线形体量仿佛盛开在内维亚河畔的一朵巨大的金属花朵,呼应了毕尔巴鄂曾是造船中心及金属工业城的发展历史,也颠覆了之前人们对博物馆的所有认知和想象,并一举成为毕尔巴鄂崭新的文化标志景观(图3-22)。新建博物馆被媒体评价为"西班牙的新世界奇观"和"本世纪最好的建筑",慕名前来参观的观光客络绎不绝。

"分馆开幕后前半年就吸引了60万参观人潮,创造了巴斯克区28%观光人次的增长,原预估第一年参观人次为50万人,实际则达到140万人次。毕尔巴鄂分馆第一年所创造的相关经济效益,占巴斯克区国民生产净值(GNP)的0.47%,古根海姆所创的经济效益来自它带动的当地观光旅游业,不仅吸引本国旅客,更多的外国游客是专为参观毕尔巴鄂分馆而来的。据调查,自1997年分馆开业以来,毕尔巴鄂高级旅馆住房率高达85%,而一般旅馆住房率则为46.64%,由此可知,这些对艺术热衷的参观人群是具有高消费力的高收入阶层。2001年的调查显示,毕尔巴鄂当地的饭店、旅馆、购物中心、交通运输等产业,创造了高达1亿4694万美元的经济收益。保守估计,毕尔巴鄂分馆开馆3年左右就为毕尔巴鄂市带来超过5.6亿美元以上的经济活动,巴斯克政府收取的税收已超过当时投入的1.4亿美元经费。表3-2为巴斯克政府官方统计数字,在毕尔巴鄂古根海姆经济效益的年收入总和中,包括了博物馆访客的门票、旅馆、餐厅、交通等相关旅游消费,开馆四年来的经济收

图3-22 毕尔巴鄂古根海姆博物馆

(图片来源:作者自摄)

入高达7亿7000万欧元，而巴斯克政府也因此增加了将近1亿2000万欧元的税收。"①

2.整合特色资源

相对于其他博物馆而言，建于旅游区的博物馆具有与生俱来的优势，即该区域中本来就拥有丰富而深厚的实物资源——有形的物质文化遗产。这些资源真实存在，且独具特色，形式多样，应当被作为游客观光的主要兴趣点加以展示。因此，博物馆应在选址和建设之初，将既有资源作为其主要对象纳入展示系统，博物馆主要发挥一个衔接和桥梁的作用，负责将历史本来的信息传递给游客。博物馆的规划布局、空间架构和流线组织是影响信息传递清晰度和饱满度的关键所在，因此建筑师应在设计中加以特别关注。

新雅典卫城博物馆坐落于雅典卫城山脚下，与帕提农神庙仅数百米之遥，并建造于考古挖掘出的雅典古城遗址之上（图3-23）。选址在此，目的正是要促成博物馆与卫城的对话。设计者伯纳德·屈米认为，基地对面的帕提农神庙是古希腊建筑艺术的纪念碑，而雅典古城遗迹又是体验历史的重要组成部分，因此，新博物馆在构思中必须认真考虑如何通过恰当的建筑策略使这些宝贵的资源得到全面而深刻的呈现。

为了保护古城遗迹，建筑底层以百余根混凝土立柱小心翼翼地环绕遗址，游客可以通过立柱支撑的参观平台向下俯瞰。断壁残垣之美与博物

图3-23 新雅典卫城博物馆方位
（图片来源：伯纳德·屈米建筑师事务所.新雅典卫城博物馆[J].城市建筑，2009（09）：41.）

① 翁佳玲.以毕尔包分馆案例与台中分馆筹建案例解析古根海姆美术馆的国际分馆扩张模式[D].北京:中央美术学院硕士学位论文，2007:34~35.
② 翁佳玲.以毕尔包分馆案例与台中分馆筹建案例解析古根海姆美术馆的国际分馆扩张模式[D].北京:中央美术学院硕士学位论文，2007:35.

1998年至2001年毕尔包古根海姆博物馆社会效益统计② 表3-2

经济效益（百万欧元）	1998年	1999年	2000年	2001年	总计
所有年收入	190.40	202.80	191.90	149.72	775.40
公共年税收	27.56	29.36	26.95	26.95	117.53
增加就业人数	3906	4161	4415	4415	

馆的现代躯体产生强烈对比,不禁让人感慨历史的沧桑巨变。临近之处是博物馆的入口空间和临展空间,参观流线以遗址为起点,沿室内坡道进入博物馆的核心展区。

位于顶层的帕提农神庙展厅是整个参观历程中的高潮所在,它独立于其他空间并扭转了23°夹角,以形成与帕提农神庙遗址直接相对之态势。通透的玻璃界面不仅将周围环境的优美景致映衬其中,还可以使游客以360°全视景方式观赏到远处的雅典卫城和帕提农神庙,人们在此与历史直面相见,亲密交谈(图3-24)。

3.营造特色体验

有人将蓬勃发展的旅游业称之为体验经济时代的核心行业之一。人们选择不同的文化旅游地进行观光休闲,看重的就是通过亲身体验来获得身体层面和精神层面的愉悦享受。

传统博物馆以历史遗迹、文物的静态呈现作为与游客交流的主要途径,其他形式的活动十分有限,弊端是很难营造出一种惬意的空间氛围,自然也就无法带给游客美好的体验。事实上,对于游客而言,他们在旅游中更多的是寻求一种增广见闻、开阔视野、身心愉悦的通达性体验,而并非去接受单调枯燥的文化教育。因此,在竞争日益激烈的市场环境下,博物馆若想吸引更多的游客前来参观,则应以他们的需求为导向,打破单一层面的职能设置和空间构建,通过不同的途径为人们提供丰富多元的感官体验、思维体验与情感体验。同时,在氛围营造和服务提供等方面体现"以人为本"的设计原则,使游客在参观中倍感亲切与放松。在Plimoth 农场博物馆中,观众若想更好地了解当地的历史文化,就不能只当自己是陌生城镇中一日游的观光客,而应穿上传统服装,像那里的居民一样说话、行走,以真实"角色"的身份介入到博物馆中,去切实地感受那里的风土人情和文化习俗。

首先,要充分开发适应旅游者需求的博物馆各项功能,最大限度地实现博物馆的经

 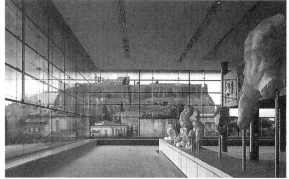

a)从展厅向下参观遗址　　　　　　　　b)从展厅与帕提农神庙遥相呼应

图3-24　新雅典卫城博物馆展厅空间

(图片来源:伯纳德·屈米建筑师事务所.新雅典卫城博物馆[J]. 城市建筑,2009(09):43.)

济与社会价值。旅游有六要素:"食、住、行、游、购、娱",其中与博物馆相关的主要是"游、购、娱"[①]。因此,在功能设置上,除了传统的展藏功能以外,博物馆应尽量补充完善其他能为游客带来多重服务和体验的功能空间,诸如相应提升休闲娱乐空间所占的比例,并在休闲娱乐功能中开发出独一无二的新特色。许多调研数据表明,在观众参观博物馆的行为后面,存在着一个巨大的消费市场,从餐饮、休闲、旅游纪念品到交通,各种不同的消费需求覆盖了许多方面,为博物馆增添了收入,也促进了旅游事业的发展。

其次,鉴于游客的体验需求日益丰富,许多博物馆都在向"主题公园"的模式发展,它不仅活化了自身的场景氛围,还经常与其他文化设施相结合,一同开展丰富多彩的参与性活动。这就需要博物馆在规划之初对其选址及周围环境的建设进行通盘考虑,善于整合利用环境中既有的自然、人文资源,同时注重其自身开放性与活跃性的塑造,营造充满活力与趣味的场所氛围,制造引人入胜的游历体验。

3.3 再生资本——整体式开发

传统的历史遗产保护基本上是针对其历史、美学、社会价值的维护与传承,较少涉及将其价值转化为资本参与市场运作或整体开发等经营层面。市场运作常常被置于保护和维护的对立面,保护工作基本上等同于对实体空间的修缮和改造,至于改造后的历史遗产能否重新焕发生机,真正地"活"起来,通常不作长远考虑。欧洲许多国家在历史遗产的保护与更新工作中,提出"文化投资"的新概念,即不仅针对历史遗产进行传统意义上的保护与更新,更针对保护之后的历史遗产进行资本评估及经济策划,将遗产中珍稀的历史文化价值开发为新的社会价值和经济价值。这一价值转化的过程实现了文化由资源属性变成资本属性的目标,使历史遗产在增进文化认同感的同时,形成新的文化生产力,为社会发展做出更大的贡献。

---

① 于平.新形势下博物馆事业与旅游产业的发展与创新[J].中国博物馆,2009(04):67.

历史遗产的保护实际上是一项极为复杂也相对长远的工作，对于那些具有宝贵价值的物质空间和精神文化来说，被完整地保存下来并不困难，难的是如何通过整体式开发和积极运作将其"盘活"，使这些历史遗产能够从静态资源转化成为具有活性和附加价值的资本。

通过了解国内外许多成功的改造案例，我们可以看到博物馆的介入在其中发挥了积极作用。无论是针对历史建筑的更新、历史区域的复兴，还是针对生态环境的维护，借助博物馆自身的功能优势和符号价值，不仅可以完成对物质文化遗产和精神文化遗产的双重保护与传承，更能在保护的基础上做到资源的二次开发利用，实现历史遗产的自我"造血"功能。

此处选取"再生"来定义博物馆在历史遗产保护中所发挥的作用，正是要强调其使命范畴并非仅限于对文化资源的简单保存与展现，而是通过恰当的途径为不再具有活性的历史遗产注入新鲜血液，使其凭借"血液"的循环流动成长为一个可持续发展并具有自我调节与更新性能的有机生命体。

3.3.1 历史建筑更新

城市的快速建设与历史建筑的保护似乎一直是种对抗关系，城市新陈代谢的速度越快，就意味着会有越多的历史建筑受到威胁。这些历史建筑一方面记录着人类文明发展的印记，是城市中珍贵的文物资源，如不加以妥善保护，将会造成历史的断裂，无法实现地域文化的"可持续发展"。另一方面，历史建筑的保护还与当下炙手可热的环境问题息息相关，城市更新进程中的大拆大建经常造成能源、材料的浪费，污染环境，影响自然生态的"可持续发展"。

然而，历史建筑在功能上无法适应现代需求的矛盾却一直存在。被保留下来的历史建筑不能像一个僵死的躯壳，占据有限的城市空间却又不能融入正常的城市发展进程中。1979年，《巴拉宪章》中首次提出了"改造性利用"策略，意指在保留某一历史建筑实体特征的基础上对其原有功能做出调整，通过寻找恰当的、与时代要求相符的用途，使其在传承历史文脉的同时发挥更大的社会价值，由内而外地焕发新生。

近年来世界各国均涌现出大量通过置换新功能对历史建筑进行有效改造的优秀项目，其中将旧建筑改造为博物馆可以说在一定意义上为历史遗产的保护与更新提供了最佳范本。博物馆承担的社会职责可以最大程度地实现历史遗产价值的保护与传承，同时，博物馆所能提供的各种服务和丰富体验又极大地拓展了历史建筑的社会价值。博物馆作为一种积极有效的"再生"途径为历史建筑重获新生创造了良好的机遇，也正因如此，不少设计师和建筑史学家坚信，几乎所有的多余建筑都能够通过改建翻新作为博物馆使用，因而被"保留"下来。

1. 功能空间的优化重组

将历史建筑改造为博物馆，这意味着要对旧建筑的功能进行置换和调整。无论之前是何种功能，新功能的介入总会为历史空间带来新的气息，新的面貌，有时甚至是颠覆性的更新与改变。从延续文脉的角度来看，功能虽然被重新置换，但历史建筑原有的艺术、文化内涵不应被遮盖；从再开发的角度来看，改造后的空间又要在保留历史特征的基础上形成自身鲜明的特点，否则将很难激发出历史建筑的新活力，且不利于后续整体开发计划的展开。

一般而言，针对历史建筑的空间改造分为两种模式，第一种模式是充分挖掘空间的原本优势与特点，保留的同时将其突显、放大，并结合博物馆功能转换成别具特色的展示空间，如798艺术区的时态空间展馆、法国奥赛博物馆等（图3-25）。它们的共性是改造幅度较小，尽量以简洁的处理手法还原空间的本来面貌，使博物馆的功能去适应现有的空间特质。空间在实体特征改造上不着痕迹，却更用心去营造一种"恰当的氛围"，即使博物馆的展览气氛与历史空间的意境合二为一，使新与旧、现代与传统之间达成深层的情感关联。

在德国著名的传统工业区鲁尔区，随处可见曾用于储存熔炉气体的瓦斯罐，奥伯豪森地区分布的储气罐尤其巨大，高118米，直径67米，建于1929年，直到1988年才停止使用。这些"庞然大物"虽然曾经在城市的工业化进程中发挥过重要作用，但在废弃后却被许多人视为环境中丑陋的"景观杀手"，因此面临着被拆除的窘境。建筑师却看中了罐体高耸开敞的内部空间，灵光一现将其保留下来并改造成另类的展馆。

储气罐体内部空间完整而庞大，四周被坚实的金属界面围合成封闭的空间体系，隐约闪现的人工光源将空间塑造得如同繁星闪耀的夜空，赋予其强

图3-25 法国奥赛博物馆
（图片来源：渊上正幸著，覃力、黄衍顺、徐慧、吴再兴译.现代建筑的交叉流，世界建筑师的思想和作品[M].中国建筑工业出版社，2000：25.）

烈的神秘感与科幻感。空间的巨型尺度为一些特殊性质的展览提供了最佳场所：2009年4月到2010年1月，这里举办了"世界之外——太阳系的奇迹"主题展，一个直径达82英尺的巨大月球雕塑以及太阳和其他行星的复制品一同被悬挂于室内空间，展厅广袤无垠的空间效果呼应了太空的浩瀚景象，营造出一种震撼人心的视觉效果。一座直通罐体顶部的电梯将参观者带到高处俯瞰罐内全景，令人仿佛置身于宇宙，这一切神奇的观展体验正是借由储气罐独特的空间尺度和空间形态才得以实现（图3-26）。改造后的储气罐既留存了工业时代完整的空间记忆，又变成一个极具特色的展示场所。慕名前来参观的观众络绎不绝，这里已成为奥伯豪森市新的活力之源。

第二种模式是针对历史建筑的空间体系进行较大尺度的改造和调整，改造不仅局限于空间形态、空间尺度和空间氛围，有时甚至还涉及对原有空间秩序的解构与重组。相对第一种模式而言，后一种模式通常有意强化新旧空间的鲜明对比，突显由此带来的文化对立与差异，以极富戏剧化的场景为参观者带来独一无二的空间体验。

德国纽伦堡的一处旧钢厂遗迹在20世纪初闲置并废弃，后将旧建筑的一部分改建成文献中心，容纳了展览空间、会议及教学讲堂等。建筑师在处理工业遗迹与新功能空间的关系时进行了"解构"意味的尝试。新建部分无论在材质或形态上都与原有建筑形成鲜明对比：多功能厅被金属表皮包裹，形态简练，它上面悬浮着一条狭长的玻璃和钢的构筑物，倾斜着插入老厂房原本规整平稳的空间体系，与砖墙的交接处理直白而锐利（图3-27）。看似与原有建筑的秩序毫无关联，实则制造差异，用以提示新与旧的反差。室内间或出现的斜墙和廊道共同暗示出另一种秩序的存在，历史与当下在设计者有意安排的空间中不断交叠、碰撞，传达深厚意蕴的同时亦使参观过程充满趣味和惊喜（图3-28）。

2.历史文脉的传承延续

任何历史建筑都产生于特定的时代背景，它们既是人类文明更新演变的见证，也

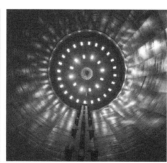

a）外观　　　　　　b）原内部空间　　　　　　c）改造后的主题展览

图3-26　储气罐改造而成的博物馆

（图片来源：a）b）华尹.基于城市工业遗产建筑活化视角下的筒仓展览创意空间模式研究[J].设计，2020（12）:51.
　　　　　b）张文卓，韩锋.工业遗产保护的博物馆模式——以德国鲁尔区为例[J].上海城市规划，2018（2）:106.）

第 3 章 基于资本运作的策划定位

是地域文化、民族精神的载体。当人们置身于历史建筑中,总会被某种强烈的场所精神所感染,这种蕴含于建筑之中的"场所精神"能够唤起人们对历史的记忆和情感,让人们通过表象了解到建筑生存背景中独特的历史、自然、文化信息。因此,针对历史建筑的保护不仅仅意味着对其物质实体的保护,更重要的是对其中场所精神和文脉特色的传承和延续。

建筑师马里奥·堪培曾经说过:"在一个充满着历史语境的现存建筑中尝试新的建造,是在进行着一种微妙且辩证的对话。"[①]因为历史遗产有其自身的特性和内在精神,在此之上进行新的功能置换意味着要将一种新的属性和秩序插入到原来的介质中,并会对其本已形成的稳定状态造成一定的影响和冲击。正如前文所说,这种影响要确保新事物的介入不造成原有历史文脉的消解和断裂,否则就无法实现真正意义上的文化的可持续发展。

图3-27 纽伦堡文献中心
(图片来源:京特·多梅尼格.文献中心,纽伦堡,德国[J].世界建筑,2006(09):72.)

原唐山面粉厂位于唐山市大城山山脚下,后工厂外迁到新址,原厂区遗留下四座日伪时期建造的旧库房以及两座20世纪80年代建造的粮仓。在改造工作中,建筑师将其规划为一组新的博物馆群落,用以展现唐山的城市规划建设。虽然旧建筑被赋予了与以往截然不同的新功能,但建筑师改造的出发点却是尽量保留旧建筑中留存下来的独特历史文脉,将此作为城市更新历程中的真实片断呈现于观众面前。

在外部姿态上,每座建筑在尽端山墙均增添出一个钢结构的门廊,一方面可以在趋于闭塞的原始形象上增加一些开放性和亲和力,另一方面也是建筑师在刻意表现历史建筑所蕴藏的工业文脉。在内部空间中,改造同样基于对工业建筑美学特征的最大化保留与展现,只针对原来的屋面形式加以重新改造,新形成的

a)庭院

b)内部空间

图3-28 新旧秩序的对比
(图片来源:京特·多梅尼格.文献中心,纽伦堡,德国[J].世界建筑,2006(09):73,76.)

① 刁炜.向卡洛·斯卡帕致敬——解读CPP事务所的Castello di Montebello博物馆改造[J].室内装饰与设计,2008(06):108.

高侧窗为室内展厅空间争取了良好的照度。结构体系直接暴露，钢构架与新添加的木质结构形成对比，凸显出新旧功能之间的差别（图3-29）。为了避免改造后的博物馆与既有环境相脱节，建筑之外的整体空间被规划为一个市民公园，与山体形成良好的景观呼应。因为有了公园，博物馆还设置了相应的服务功能，如咖啡馆、商店等，作为增添人气的辅助手段，使历史建筑在更新功能后尽快实现良性运转。

3.3.2 历史区域复兴

历史区域是城市经长期发展积淀而成的一片整体的物质空间环境，它包括以单体形式存在的历史建筑，也包括区域的规划结构、空间特性及景观要素等。历史区域是自然、地域、时代文化等诸多因素在空间上的投影，对于城市文脉的延续和地域文化的认同而言具有无可取代的重要地位。然而，随着城市发展步伐的加快，历史区域因其在规划、交通、功能等方面的局限导致它在发展速度上往往落后于其他区域，久而久之成为城市中的"问题区域"，在城市再开发中经常得不到应有的保护，动辄被拆毁重建，对历史文脉的延续造成极大破坏。这也促使人们开始重新审视历史区域保护与更新之间的深层关联。

总体来说，城市中历史区域的复兴不仅仅在于对文化的保护与传承，更需要成功的策划和运作来实现区域的整体更新和永续发展。因为历史区域是由众多因素集结而成的整体空间，它不同于单栋的历史建筑，它的改造更新需要着眼于更广泛的区域视野，需要解决宏观层面的问题才能顺应时代的发展需求。

在国内外许多优秀的案例中，我们会发现

a）整体形象

b）内部空间

图3-29 唐山市城市展览馆

（图片来源：唐山市城市展览馆[J]. 城市环境设计，2009（12）：43~45.）

"博物馆式"的改造与再开发通常与整个历史区域的再生计划都有极为密切的联系,而且往往是计划的核心组成部分。通过博物馆的嵌入,为历史区域增添活力,完善空间结构,调适区域功能,解决历史区域不适应当前时代发展需求的种种问题,为区域的整体复兴创造良好的契机和条件。

1.结构的织补与缝合

历史区域的规划结构和空间肌理通常是在漫长的历史发展进程中逐渐形成的,不同历史阶段的社会文化背景和城市发展水平有所差异,因此环境中总会有些区域在空间尺度、交通规划、景观品质上存在着一些弊端和问题。无论是针对区域中原有建筑的改造还是择地新建,博物馆都应针对自身所处历史区域的整体结构加以考虑,使其在总体布局上能够顺应原有的城市肌理,并能对空间结构中存在的问题加以调适和改善。

法国尼姆市的加里现代艺术中心位于著名的加里神庙对面。加里神庙具有极高的历史价值,却因不能满足现代生活需要而被迫废弃,致使该区域也成为无人问津的灰色地带。尼姆加里现代艺术中心的建设恰恰弥补了这个不足,它不仅促进了区域社会生活与经济的复兴,同时也使加里神庙恢复了曾经的活力,避免该区域走向衰落的命运。

为了使博物馆更好地融入区域环境,并与神庙在尺度上相互协调,九层高的博物馆将一半体量沉入地下,地上只保留五层(图3-30);原场地中的停车场被移走,并以新的铺装形式将整个广场统一起来;建筑面向广场设立了台阶、平台和一个高达5层的内庭及柱廊,这些要素均很好地呼应博物馆与加里神庙在空间脉络上的关联。博物馆的外界面采用开敞通透的玻璃幕墙,意图将对面的神庙映射其中,同时将博物馆内部生动的场景显现出来(图3-31)。

建成后的艺术中心以其特有的亲和力在短时间内即吸引了大量的公众聚集在此。闲暇之余,人们愿意在博物馆前开阔的广场上停留,或在屋顶平台小聚,而不远处的加里神庙和区域中独特的历史景观皆成为免费的"美景"供人欣赏和享用(图3-32)。

图3-30 法国尼姆加里现代艺术中心剖面

(图片来源:[德]维多里奥·马尼亚戈·兰普尼亚尼.世界博物馆建筑[M].赵欣,周莹译.
沈阳:辽宁科学技术出版社,2006: 34.)

2.功能的互补与关联

历史区域是城市经长期发展积淀而成的物质环境，它不仅在空间层面具有多元复合的特点，在功能层面往往也存在着一定的混合交融。历史区域中各地块之间、各地块内部均有可能因不同历史阶段的发展需求催生出不同的功能。有时这些功能看起来甚至有些对立和矛盾，但恰恰是这些功能的有趣并置与和谐共存，才体现了历史发展的原真性。对历史文脉的保护与传承应在最大限度上保存历史区域的独特特征，使嵌入其中的新要素既能发挥自身效用，又要兼顾到整体环境功能的调适与平衡。

与正常意义的功能区划不同，在历史区域的复兴过程中，存在着一条"偶配"定律，即新功能与旧功能之间越对立越对流。对立的功能往往能带给历史区域极大的活性，诸如历史文化设施与商业设施往往能在对立与矛盾中制造出有趣的文化碰撞，借由

图3-31　博物馆与区域的脉络关联

（图片来源：[德]维多里奥·马尼亚戈·兰普尼亚尼. 世界博物馆建筑[M]. 赵欣，周莹译. 沈阳：辽宁科学技术出版社，2006: 35.）

图3-32　向城市敞开的公共空间

（图片来源：[德]维多里奥·马尼亚戈·兰普尼亚尼. 世界博物馆建筑[M]. 赵欣，周莹译. 沈阳：辽宁科学技术出版社，2006: 35.）

二者的功能互补为对方带来额外的附加效益。在历史区域中建设博物馆，同样可利用功能的"偶配"定律，选择一些非文化区域插入新的文化要素，通常会与该区域其他功能形成有益的互补与关联，既为历史环境带来新的活力，又能实现对传统功能的二次激发，从而带动整个区域走向复兴。

圣·索菲亚教堂是哈尔滨著名的标志建筑（图3-33），后在城市发展过程中形成以教堂为中心颇具规模的索菲亚商圈，教堂四周被商业建筑包围，具有典型的功能复合性。由于该商圈形成时间较早，适应性较差，无法应对城市的快速发展从而凸显出许多弊端和问题，诸如区域建筑老化、环境质量下降、空间肌理杂乱、缺乏场所精神等。索菲亚教堂虽然作为环境中的标志建筑存在，但因教堂的宗教职能逐渐弱化，又缺乏其他功能的补充，历史建筑仅被作为一处文化遗产加以静态化的保存，难以为整个区域的发展更新带来活力。

1997年，哈尔滨市政府针对教堂及周边环境进行了综合性的整治改造，以教堂改造为契机，带动区域的整体复兴。教堂被改造为展现哈尔滨城市建设历史文脉的建筑艺术博物馆（图3-34），博物馆作为新的活力源，旨在为此区域中注入浓厚的文化艺术气息，并通过对教堂周围环境的整体改善来构建独特的场所精神。博物馆四周广场面积被一再扩充，并在功能设置上逐步充实，使其能够满足文化、商业、游览观光的多重需求。广场还作为联系博物馆与周边商业建筑的纽带，既在空间脉络上将二者整合为一体，又在二者的功能并置中起到一定的调适作用。与此同时，针对博物馆周边的商业设施进行同步更新，以购物休闲功能带动文化功能，同时利用历史文化作为卖点，

图3-33 圣·索菲亚教堂

（图片来源：作者自摄）

图3-34 索菲亚建筑艺术博物馆内景

（图片来源：赵晓龙，刘德明，卜冲. 城市文化资本运营与城市商业中心区改造——哈尔滨道里索菲亚广场改造设计解析[J]. 华中建筑，2008(08): 108）

激活商业空间,为其注入传统文脉与文化特色,使该商圈相比普通商圈而言更容易树立标识性和认同感(图3-35)。改造后的索菲亚建筑艺术博物馆及所处历史区域体现出文化性、商业性、休闲性、社会性多元复合的特征,实现了城市文化资本与商业效益双向增值的设计目标。如今,这里已经成为哈尔滨最具吸引力的场所,借由博物馆的积极参与和良性互动,传统商业中心重新焕发了生机与活力,城市文脉也在不断向前演进的过程中实现了可持续发展。

3.3.3 生态环境维护

法国人乔治·亨利·里维埃和弗朗索瓦·于贝尔在1971年巴黎召开的第九次国际博物馆会议上首次提出"生态博物馆"的概念。"生态"的含义既包括自然生态,也包括人文生态,相对于传统博物馆而言,它是对文化遗产进行就地保护的一种新博物馆理念。传统博物馆是将文物从其生存与发展的环境中带离出来放置于专门的建筑中进行收藏和展示,文物是静态的,与它所依附的真实环境关联微弱,博物馆对文化的保护和传承有其局限性。生态博物馆则强调将文化遗产的保存与地方环境的保护结合起来,即依附于文化遗产所在的原生态自然环境和人文环境建设一种没有围墙的"活体博物馆",既保存区域环境中的自然环境要素、建筑物、基础设施、生活用品、生产工具等有形文化遗产,也保存该区域独特的生产生活方式、民俗民风、语言等无形文化遗产。生态博物馆的优势在于保存与传承文化遗产的同时亦维持了文化环境的真实性、完整性和原生性,主张在不破坏既有环境发展规律和发展进程的前提下,实施动态保护与开发,其工作重

a)区域整体鸟瞰

b)商业建筑改造

图3-35 历史区域整体改造

(图片来源:赵晓龙,刘德明,卜冲.城市文化资本运营与城市商业中心区改造——哈尔滨道里索菲亚广场改造设计解析[J].华中建筑,2008(08):108.)

点是向人们展示一种"活态"的文化,将文化持续演进的"动态过程"作为其主要的展示对象,用以取代静态的文化物品。

瑞伍·里瓦德于1988年提出了生态博物馆与传统博物馆的对比公式,即传统博物馆＝建筑＋收藏＋专家＋观众,生态博物馆＝地域＋传统＋记忆＋居民。从中可以看出,前者对展示空间有明确的限定,后者则摆脱了建筑实体的制约,将保存文化的空间放大到更广阔的区域范围。从这一层面来说,生态博物馆的设计理念和设计策略与传统博物馆有着较大的差异:传统博物馆可以针对固定的展品和行为需求塑造特定的功能空间和场所氛围,生态博物馆则是针对一个开放的环境进行保护与展示,它的展示对象形式丰富、类型广泛,且展示内容的呈现是动态的而非静止的。因此,其设计范畴更多地涉及对区域环境的系统开发和整体规划。

1.重在生态保护

以"生态保护"为目标的生态博物馆多建立在一直处于稳步发展的进程中,因在自然生态或人文生态资源等方面独具特色从而有着巨大保护价值的环境或区域,如民族文化村寨、自然景观风貌区等。博物馆的职能是针对环境中原有的自然优势和人文优势进行系统的维护与管理,协调解决区域在进化进程中遇到的一些问题,避免由于盲目发展而造成的生态环境破坏,特别是要维护文化生态朝向健康、良性的方向发展。

具体而言,生态博物馆的整体规划涉及以下几个步骤:首先,以宏观区域为基础,选取特色鲜明、结构清晰、有着浓厚历史气息及地域文化氛围的局部区域或整体区域来划定明确的保护范围;其次,有针对性地设定保护目标及整体的开发计划,以此为指导,对区域原有资源如规划结构、空间特质、历史建筑、景观环境等进行一定的改造和完善,以确保其能够适应新的发展要求;最后,博物馆应针对区域的历史、自然文化特色组织开展一系列积极的活动,为区域环境注入新的生机与活力,维护生态的永续发展。

福建土楼是一种主要分布于我国福建省西部和南部山区的大型民居形式,被称为中国传统民居的瑰宝(图3-36)。2008年7月6日,第32届世界遗产大会将其正式列入《世

图3-36 福建土楼

(图片来源:作者自摄)

界遗产名录》,福建土楼作为独特的地域文化资源和民族文化载体,具有丰富的历史价值和艺术价值。然而近年来,土楼在保护与发展的双重需求下遭遇到一些问题,如旅游开发与遗产保护之间的矛盾、传统生活方式与现代社会发展之间的矛盾等,这些矛盾使土楼这一宝贵的文化资源面临着特色消解、文脉断裂、生态平衡遭到破坏等一系列窘境。文化遗产保护领域的学者和专家在经过了严密、系统的调研、分析后,提出要以建设生态博物馆的方式来促进土楼文化的保护与开发。

针对福建土楼自身的文化特色以及生存现状,规划方案确立了建设"土楼生态博物馆"的几项核心原则及工作重点:

(1)保持地域环境的真实性、完整性和原始性,尊重环境的自然态势和自然肌理,注重对人与自然和谐关系的维护与展现,格外重视保护区域环境的田园气息、自然野趣和优美风貌;拆除区域中的不和谐建筑,尽量不建或少建新的人造景观,以维护环境特色的统一完整。

(2)针对落后的建筑、景观、环境以及基础设施进行适当的修复和完善,使之更适合居民现代化的生活需求。因为良好的生活品质和便利的生活条件是使原住民留在土楼里继续生活的必要保证,若想保存活的文化,重点在于利用现有条件为居民创造舒适的生活环境,这样才能使文化伴随着生活一直延续下去并不断地进步和发展。

(3)开发具有特色的旅游活动,制定合理的参观路线,确保游客全面而深入地了解民族文化和地域文化的特色与内涵。针对旅游项目,结合当地的文化传统开展一系列丰富多彩的民间活动,让游客在参与之中加深对文化的深刻领悟,也让居民以活动组织者和发起者的身份参与其中,唤起他们对自身文化的民族自豪感。

2.重在生态复兴

以"生态复兴"为核心目标的生态博物馆多建立在一些由于历史原因而不再使用或被迫关闭的旧址,如矿区、钢厂等工业遗迹或其他闲置下来的功能区域,这些区域的特点是物质文化遗产大都被完好地保存下来,但其中原生态的生产、生活方式却因为功能的废弃和人员的迁离不再延续。所谓"生态复兴",是指依托于区域环境既有的物质资源优势,包括总体规划、建筑、设施、景观等要素,寻找合适的契机重新开发新的文化生态体系。正如前文所说,生态博物馆与传统博物馆的差异在于前者认为保护文化遗产不仅仅是将石化的文物带进博物馆,更重要的是通过"换血"的方式为其赋予新的生命体征,并促进它的自我"造血"功能,最大化地激活历史遗产所蕴藏的巨大价值,为它带来永续发展的可能。在具体策略上,博物馆的工作重心体现在如何依托已有的物质文化资源进行重新规划、改造、重组,使其适应新的文化生态体系。在新功能、新活动的组织开发上则注重对精神文化遗产的尊重和体现。

杜伊斯堡是德国西部鲁尔区重要的工业城市,城市北部一处230公顷的用地曾是有百年历史的AG·Thyssen钢铁厂。钢铁厂1985年停工，工厂内留存有大量的工业建筑和工业设施。作为记录德国工业发展史的一处重要遗产，因其在功能上已无法适应当前社会发展而身处窘境。对于这样一处整体环境的保护与传承，涉及的层面不仅包含了对旧工业建筑的改造再利用，也包含了对整个空间体系、景观生态系统的维护与更新。单体建筑的改造相对而言容易操作，但针对生态大环境的复兴却具有一定的难度，需要寻求合适的机遇，制定适宜的目标，使整个区域在更新后成为一个新的有机生命体，凭借新功能、新项目的介入重新"活"起来。

20世纪90年代，当地政府决定将230公顷的整个厂区改造成以工业文化为主题的景观公园（图3-37）。园区的总设计师彼德·拉兹在改造中尽可能地保留了厂区原有的工业特质和生态景观结构，淡化人工设计的痕迹，重点挖掘区域自身的规划结构特点、建筑及景观特色，以"适应性再利用"的原则在维护原有生态系统平衡的基础上加入新的功能，激活历史文脉，使其重新运转起来。

（1）针对厂区内废弃的各种工业设施，如建筑物、构筑物、生产设备等加以最大限度地保留，重点展现其具有的工业文化内涵及技术美学特征，同时依据不同建筑的空间特点置换新功能，使景观公园能够容纳参观游览、信息咨询、餐饮、体育运动、集会、表演、休闲娱乐等多项活动，丰富游客体验并争取最大的经济效益（表3-3）。

（2）尊重厂区原始的空间肌理和景观文脉，以此为基础重新设计公园的生态景观体系，并确立四个景观层次，分别为空中高架布道与攀爬系统、下沉休闲空间、以水渠和沉淀池构成的各类水体景观以及贯穿整个公园的步道系统及开放空间（表3-4）。通过对景观系统的灵活改造，使原厂区的自然生态环境得以全面保护，降低了遗产更新对生态系统的破坏，同时使蕴藏其中的工业文化得以最大限度的体现

图3-37 杜伊斯堡景观公园总平面

(图片来源：罗萍嘉，钱丽竹，井渌.后工业时代的风景——德国杜伊斯堡北部风景公园[J].装饰，2008(09): 67.)

传统工业设施的改造再利用[①]　　表3-3

传统工业建筑	改造后的新功能
5号高炉	改造为工业纪念碑，参观者可登至塔顶鸟瞰园区整体景观
燃气发电车间	多功能活动中心，可举办培训、展览等活动
综合鼓风车间	多功能表演厅，可举办音乐会、戏剧表演
铸造车间	露天剧场、影院，后加设可滑动屋顶
储气库	潜水乐园
老办公楼	德国青年旅社，可提供140个床位
新办公楼	园区内经营各项活动的社团办公室
储藏车间	陈列有关炼铁工艺的主题展厅

原始空间景观体系的改造再利用[②]　　表3-4

传统空间景观体系	改造后的新功能
工厂生产系统中的高架铁路	改造为空中步道，建立各功能区域之间的联系
高铁下部的下沉空间和巨大的混凝土料仓	下沉空间被改造为不同主题的休闲娱乐场地，混凝土料仓20米高的外墙被改造成攀岩训练基地
冷却池、沉淀池、废水排放槽等	通过排污处理和水质整治，改造成各类水体景观
厂区内原有的交通系统及广场、户外场地等空间节点	改造为步道系统，随地形高差自由变化，不同的开放空间用来组织丰富多彩的休闲娱乐活动

和延传。

历经四年时间，昔日的钢铁厂终于变身为一座综合性的休闲娱乐公园。在更新模式上，园区采用的正是"生态博物馆"式的整体改造，与其说它是一座公园，不如说它更像是一座具有工业文化科普教育意义的"巨型博物馆"。因为人们在此的经历不同于一般的公园体验，他们可以通过观摩和活动了解到该区域独特的工业历史文脉（图3-38）。将文脉传承与休闲活动结合起来一并考虑的开发策略，也从真正意义上实现了历史遗产的再生与生态环境的复兴。

①② 罗萍嘉，钱丽竹，井渌. 后工业时代的风景——德国杜伊斯堡北部风景公园[J]. 装饰，2008(09): 68.

a）中心动力站改造为多功能活动大厅　　　　b）铸造车间改造为露天电影院

c）冷却池、沉淀池改造为各种水体景观

d）高铁改造为空中步道

e）丰富的休闲娱乐活动　　　　f）料仓外墙改造为攀岩设施

图3-38　工业遗产生态博物馆的整体式开发

（图片来源：

a）、b）、d）刘抚英，邹涛，栗德祥.后工业景观公园的典范——德国鲁尔区北杜伊斯堡景观公园考察研究[J].华中建筑，2007（11）：80~83.

c）罗萍嘉，钱丽竹，井渌.后工业时代的风景——德国杜伊斯堡北部风景公园[J].装饰，2008（09）：69.

e）、f）许健.时空中的色彩变幻——北杜伊斯堡景观公园工业遗产改造[J].城市环境设计2007（05）：43，44.）

3.4 本章小结

一位博物馆学专家曾说过,没有博物馆的城市是贫乏的。而不在城市发展或城市变迁中发挥作用的博物馆又是单调的。我们可以将传统博物馆称之为"记忆的剧场""史实的货仓",但是针对文化消费背景下发展起来的当代博物馆,它的身份则转换为"城市发动机"和"活力策动源"。

当代博物馆虽然延承了传统博物馆保存、传播历史文化的职责,但在此之外,它还凭借其符号价值和资本属性衍生出许多新的社会职能,这些职能大都超越其原始职能范畴,涉及社会发展的各个层面。新职能拓宽了博物馆的服务视野,为其发展开辟了新的方向,也对博物馆的策划定位提出了新的要求。

首先,作为触媒资本的博物馆在城市环境中具有催化作用,即可以凭借自身优势加速城市整体环境的发展演变。设计时需要明确博物馆的角色定位,寻找有利于博物馆发挥触媒作用的综合条件,根据具体的目标设定进一步确定博物馆建筑的设计重心所在。

其次,作为叠加资本的博物馆在与其他社会资源整合共享的过程中能够相互借力,共同获益,协同发展。为确保叠加效应能够实现,博物馆需要了解其他社会资源与自身属性的关联与互补,取之所长,补之所短。在建筑设计层面予以相应的关照,即通过有针对性的建筑策略促进双方利益的最大化实现。

最后,作为再生资本的博物馆在针对历史遗存的保护和维护生态环境的永续发展中具有积极的作用。通过整体式开发将博物馆纳入到一个长远发展和动态规划中,以建设博物馆为切入点实现历史资源的更新与再生。

第 4 章
基于体验消费的空间营造

从"传授知识"到"分享体验"的职能转变为博物馆的发展带来新的机遇和挑战。体验,是一种由有形层面的展览、设施、空间以及无形层面的氛围、服务所共同给予参观者的综合感受和体会。良好的体验来自于博物馆对参观者物质需求和精神需求的双重关照,特别是在消费时代,一家拥有高品质环境和完善配套服务的博物馆显然要比一家仅仅拥有专业展品的博物馆更容易获取公众的青睐和欢心。博物馆必须懂得如何为人们提供丰富、生动、愉悦、充实的体验,才能更好地满足他们的参观心理和消费需求,而适宜的空间规划和氛围营造则是协助博物馆达成目标的重要手段。

一般而言,传统博物馆空间多依从形式构图和美学原则进行设计,即从空间的几何形态构成、尺度调配、秩序组织等层面出发,关注场景唯美画面感的呈现,却很少从人的心理需求和行为动机层面进行深入研究,去探讨何种空间结构更能激发观众的参与热情和求知欲望。基于体验消费的当代博物馆要求建筑师在空间营造中更多地关注"人"的需求,从纯粹的美学主义、象征主义手法中脱离出来,探讨一种能够照顾到观众实际体验的博物馆空间。

4.1 体验的开放性与自主性

文化消费潜移默化地影响了大众的思维方式和行为准则,一个显著的变化是"人们不再满足于他们的生活和思想被一种特殊有力的组织或单位所支配,他们越来越需要对自己所做事情的计划和结构发表意见,尤其是对他们消磨闲暇时间的方式发表意见"①。博物馆学者福尔克(Falk)和福德金(Dierking)认为,近年来社会民众热衷参观博物馆的核心原因就在于当代博物馆所提供的行为体验以自由选择为核心,即人们在博物馆中从事的行为是不受约束并注重个人动机的。

专家指出,当人们依据自身兴趣爱好的不同自由选择学习内容、学习方式、学习时间甚至学习环境时,往往能够收获最好的学习成效。博物馆与课堂、书本教育最大的

① [英]肯尼斯·赫德森. 博物馆拒绝停止不前[J]. 王今译. 中国博物馆. 1998(02):34.

差别就在于它有优势为这种自主式学习提供条件,博物馆为大众提供了广博的文化资源,但可以不限定具体的学习方式,参观者在面对这些文化资源时需要借助自己的文化背景、接受能力和学习习惯来有选择、有目的地利用资源,以实现自我价值的完善。

博物馆在规划其空间时,也应将人的自主需求和多元体验考虑在内,通过建筑实体的开放促成观众观念的开放,尊重他们的行为选择权,并鼓励自主性的参观体验。

4.1.1 空间体系的开放化设置

"禁欲者般的自制、简朴和严格才是与艺术品交流的唯一方式",这是针对早期博物馆典型参观行为的一种描述。那一时期,以"文化圣殿"姿态自居的博物馆大多拥有等级森严的空间、庄重肃穆的氛围以及秩序明晰的展陈布局。观众对展品通常抱有崇敬和膜拜心理,在距离展品数米远处小心翼翼地站定、全神贯注地观赏、如朝圣者般在一种近乎仪式化的过程中完成参观。之后,随着博物馆公共属性的增强,建筑空间的精英姿态和神圣氛围逐渐消退,观众与展品之间的交流不再体现出一种绝对的权威服从关系,但参观行为作为获取信息的主要途径,其正式性和严肃性一直延续下来。静谧的展厅中,观众的学习行为一般只局限于个人化的浏览与阅读,而争论、商讨、休憩等活动通常因其与展厅气氛格格不入而被拒之门外。最终,规范化的行为导致了空间氛围的单调、刻板。

如今,作为"文化消费场所"的博物馆其内部场景已渐渐发生了转变:公共空间挤满了聚会、闲谈的人群;不同类型的活动吸引着大家的广泛参与;展厅空间不再沉闷、压抑,观众与展品之间的关系也从"面面相觑"变成了"无话不谈"(图4-1)。丰富多样的行为建立于观众自身文化背景和思维习惯的差异之上,他们将自己的理解融入展品与环境,透过意义再造过程将博物馆物质性的公众场所转变为具有教育性、休闲性甚至娱乐性的私人空间。如果说传统博物馆中的参观活动是由严格的功能限定而生

图4-1 观众与展品的关系更加亲密

(图片来源:作者自摄)

的,那么当今博物馆中的自由情境则可被视为是由观众即兴演绎的生动"事件"。"事件"一词,借用伯纳德屈米的理解,既包含了传统的使用含义又强调了人的随机性、偶发性行为。博物馆中的每个观众作为具有独立意识的个体,在自主体验中所表现出的行为往往不可预测、花样频出。这些偶发性行为带有强烈的生活气息和人文情怀,与传统博物馆中教条、僵死的仪式化行为形成鲜明对比。消费时代的博物馆应该尊重这些行为,并为鼓励"事件"的发生创造条件。

1. 空间功能的模糊性

传统博物馆的空间组织是依据严格的功能分区展开的,各功能空间因其容纳的行为类型有所差异,在空间布局和结构设置上相互独立,不允许有功能含混的空间存在。如展厅有明确界面围合,伴有唯一性的入口和出口;休息空间被设置于展厅之外,临近中庭或与交通空间相结合;餐厅、咖啡厅、商店等附属空间的位置通常不与参观流线发生交叉;等等。

消费时代的博物馆体验是一项兼顾多种行为需求的综合体验。于空间而言,功能的确定性对应了行为的确定性,降低了即兴"事件"发生的概率,也忽略了参观需求的丰富多元。有效的设计应综合对现有约束和未来潜能的全面考虑,提供一种弹性的空间模式,可根据需求的改变适时地调整方向,尽可能地为各种行为的发生创造条件。

如今,公众期望的博物馆是允许自由行为的开放地:看展览累了可以坐下一边休息一边聊天;台阶和坡道除了联系交通还允许人们交流、鼓励人们相聚;喝咖啡的地方能欣赏到美妙的艺术……这些潜在需求都要被满足,博物馆的空间属性开始不做明确划分,而是以模糊性的功能导向打破僵化的分隔界线,使空间可同时满足多种使用需求。

在纽约现代艺术博物馆中,展厅面向中庭开放,其中既容纳了展品,也容纳了休息空间和联系其他功能区的交通空间;楼梯上方悬挂的直升机作为展品,吸引经过此处的观众驻足欣赏,交通空间又变身为展示空间(图4-2),

a)展厅容纳休息、交通功能

b)交通空间变为展示空间

图4-2 空间的模糊性,MOMA

(图片来源:作者自摄)

图4-3　博物馆建筑空间功能的模糊性
（图片来源：作者自摄）

类似的做法也出现在很多其他博物馆建筑空间中（图4-3）。这些空间均由正常意义的功能空间衍生而来，只是在功能设定上更具弹性和灵活性。观众可依据自身需求在空间内轻易找到适合停留的空间，无形之中拓展了空间的使用价值，也由此引发更多的"事件"在此发生。

2.空间逻辑的多义性

建筑具有很强的以空间逻辑解释自身的能力。有学者曾针对参观者的行为进行调查，多数参观者认为，如果博物馆自身具有十分严谨的空间逻辑，他们一般会在潜意识里接受空间指引，以"既定程序"为标准进行参观，放弃自主选择的权利。用德国心理学家勒温的公式"B=f（P.E）"来解释（B表示行为—Behavior，P表示个人—Person，E表示环境—Environment），人的行为是个人与其所处环境的函数，如果环境表现出足够"强势"的姿态，人在环境中会被引导产生与之相适应的行为。对此，有批评者认为，传统博物馆在布局安排上体现了一种等级制度，甚至是一种权力关系。对于参观者来说，博物馆故意安排了一个既定秩序给你观看，使你认同[1]。

基于此，我们主张当代博物馆在空间结构中应打破绝对理性的空间秩序，以多义性的构成法则取代精准唯一的空间组合关系，以复杂性、暧昧性的空间信息拓展场所的意义及内涵。具有"多义性"逻辑的空间是激发人们凭借想象力去制定自我体验计划的前提，它只针对参观者的活动范围设立基本的框架性约束，而不会对具

---

[1] http://www.gmw.cn/01ds/2004-03/03/content_3389.htm

体的行为造成粗暴干涉。从这层意义上来说,新的组织模式既包含了对空间灵活性和适应性的诠释,也为人们以何种方式体验博物馆开辟了新的视野。

作为当今建筑领域最具先锋思想的代表性人物,扎哈·哈迪德在她的博物馆作品中创造了一系列具有崭新"逻辑"的独特空间体系。这些空间与我们经常见到的"静态、惰性和自闭"的博物馆经典场景有所不同,它们活跃、激进、有些另类却又充满活力。最为重要的是,这些博物馆打破了传统设计观念对空间构成法则的束缚,以人的切身体验为基础重新组织和架构室内空间,为参观者提供了欣赏艺术的不同视角以及体验空间的不同途径。

辛辛那提当代艺术中心是一座六层高,拥有展示、办公、商业、剧场等综合功能的博物馆。哈迪德并没有按常规对建筑空间进行均匀的功能划分,而是将其视为一个整体,通过交错延展的层高排布和尺度各异的形体穿插将不同属性的空间串联在一起,使原本静态、明确的空间逻辑发生了颠覆性的改变。连接不同空间的"之"字形坡道从入口开始,即向上持续性地伸展、蔓延,偶尔径直穿越展厅,与展品"争奇斗艳"。观众顺沿坡道不断行进,并可随时感受到空间中信息、能量的流动与交换(图4-4)。

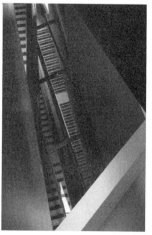

图4-4 辛辛那提当代艺术中心内部空间

(图片来源:陈岚,曾坚.拓展未来建筑设计的先锋领域——哈迪德与辛辛那提当代艺术中心[J].工业建筑,2009(09):140. Zaha Hadid Architects.辛辛那提罗森塔尔当代艺术中心[J].建筑创作,2016(12):158,159.)

图4-5　意大利罗马MAXXI艺术中心内部空间

(图片来源：作者自摄)

位于意大利罗马的MAXXI艺术中心同样改变了人们对传统博物馆的认知。哈迪德称，该博物馆"并不是一个容器，而是一个艺术品营地"。流动的混凝土墙体、悬浮交错的黑色楼梯、开敞的天花以及楼梯下的光带共同创造出一个充满活力的动感空间（图4-5）。空间的开放性设计使艺术与环境的关系变得更为复杂、多元，与此同时，人与展品、人与人之间的关系也被重新定义。

3. 空间语义的开放性

建筑空间的组织以其想要传达的理念和思想为前提，语言学家索绪尔将其概括为符号的"能指"与"所指"，即作为物质实体的建筑空间与其承载含义之间存在着——对应的关系。如今，当空间越来越多地与那些不被预知的"事件"联系起来，建筑已不再是既定功能与属性的载体，而是携带了更为模糊与复杂的意义。人们凭借空间的外显化语言，有时很难判断它要表达的思想以及它所指涉的内涵。但正是由于这些"不明确""不唯一"的空间语义，为人们的自我解读提供了无限的可能，建筑也因为不同的解读而拥有更加鲜活和持久的生命力。

人们传统印象中的博物馆就像一个文化使者，以高雅、纯净的环境品质潜移默化地培育情操，滋养心灵。建筑师凭借特定的空间氛围营造清晰的文化目标，以此完成对"文化圣殿"身份的塑造。与之相反，消费时代的博物馆是一个无所不包的容器，它汇集了各种信息流、能量流、新活动和新事物，它的文化目标广泛而丰富，促使空间场景中所蕴含的信息含义从单一趋向多元，主题情境也被扩充为无限可能。如今，漫步在博物馆中，眼前浮现的画面时常让我们误以为自己正身处高级餐馆或商业中心，这种身份与气质的"不确定性"不仅模糊了建筑类型的界限，也创造了自由开放的空间语义。屈米曾说："在火车站成为美术馆、教会成为保龄球馆的时代，形式同功能的互换性及现代主义公认的传统因果关系破裂之事成了家常便饭。形式与功能之间的关系因为偶然事件的存在与发展发生了断裂,于是两者之间线性存在的链条发生了断裂,各种混合与越界的逻辑促成了事件场所的更新再造。"①

鉴于此,当代博物馆不必再像传统博物馆那样遵照某个"范本"展开设计。在一个开放语义的空间中,你无法通过场景的似曾相识去寻找约定俗成的指代,因为"能指"与"所指"早就不受限于一种必然的"因果关系"。当程式化的空间模式被打破,规范化的行为同样会暂时失效,博物馆开始鼓励观众跟随此时此地的即兴体验与身体的本能反应去融入情境,并提倡人们将个人化的诠释和理解带入空间,由此演绎各种丰富而不期预料的"事件"。

4.1.2 情节叙事的非线性演绎

博物馆的一大倾向是其显著的叙事性特征。叙事性的需求主要来自于两方面,一方面是布展规律的需要,另一方面是观众体验的需要。

对于前者,大多数博物馆以"历史、风格、主义"为标准,遵循时间或空间的发展脉络,使展品呈线性规律排布。传统观念在分析历史时,认为历史是"稳定的,不可推翻的,以线性推进的",有学者将此定义为"不动历史"。随着后现代思潮的崛起,"不动历史"逐渐被另一种"有效历史"所代替。后者认为,历史本身是"断裂的""非持续性的",人们对于历史的认知不依赖于绝对的、一条路径的连贯性发展,更不会一味地追求事物的起源以及事物与事物间的关联。

对于后者,叙事性的生发源自于设计者意图通过空间序列与情节发展脉络的有意切合来强化观众对展示主题的体验。大多数传统博物馆都会设置明确的参观流线和叙事线索,引导观众追随空间秩序与节奏的转换,接受信息并由此感知历史脉络的发展。由博物馆专家、布展人员和建筑师预先设定的"展示文本"在场景中依次展开,序幕、发展、高潮、尾声等节点要素严格控制着人们的游历路径,也决定了观展情绪的起伏变化。人们一旦走进博物

---

① [日]渊上正幸. 世界建筑师的思想和作品[M]. 覃力,黄衍顺,徐慧,吴再兴译. 北京:中国建筑工业出版社, 2000:182.

馆，就如同被一双"无形的手"推动前进，如果将他们的参观路径还原，将会得到一条具有清晰指向的、连续不断的、不重复往返、不交叠穿插的单一性流线（图4-6）。

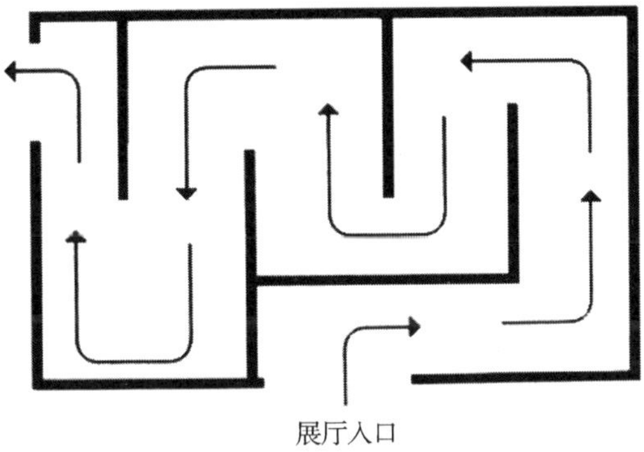

据此理解，博物馆空间的叙事手法和路径规划越明确，观众对展示主题的理解就越深入。然而大量研究表明，随着观众自主式学习欲望的不断增强，他们的观展行为会遵照自身兴趣及理解自由展开，不会盲目接受确定化的线性叙事引导。明尼苏达历史协会的董事助理莫林·奥特维尔在接受采访时谈道："观众不会简单地按照单一路线进行参观。观众们的想法并不一样，他们更希望获知历史事件之间的因果关系（而不仅仅是年代上的先后顺序），他们更渴望以故事的方式把历史联系起来，并进行个人的联想和评价。"[①]台湾学者谢英宗也曾针对台湾博物馆一间展厅中的观众参观流线做过统计，结果表明，即使是在导向性十分明确的展示设计中，仍然有许多观众并不按照设计师预先规划好的布展顺序和叙事脉络进行参观（图4-7）。

由此可见，若以观众的真实体验需求为出发点，建筑师应在博物馆的空间设计中打破线性叙事的束缚，鼓励人们通过自身的开放化视角去解读历史拥有的无穷可能。

1. 参观流线的多路径选择

实现空间"非线性叙事"的首要

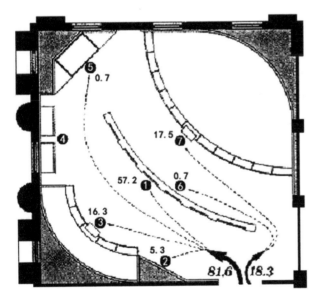

图4-6 严格有序的单一性参观流线
（图片来源：作者自绘）

图4-7 观众的参观流线统计图（黑圈数字表示规划的参观顺序，箭头表示观众参观流线，数字表示百分比）
（图片来源：谢英宗.台湾博物馆"台湾犀化石"观众行为初探[J].博物馆学季刊，2001(07): 96.）

---

① 尼尔·科特勒，菲利普·科特勒.博物馆战略与市场营销[M].北京：北京燕山出版社，2006: 123.

原则是避免参观流线的强制性设计,特别是路线的不可逆性。应打破情节预设的局限,鼓励参观路径及文本阅读的多种可能以及由此带来的多元化的空间体验,通过自由通畅的空间架构,营造一种无限定、无约束、无固定指向的空间氛围。观众在博物馆中不会接受特定的方向指引,而是可以将任何一处作为自己游历路程的起点,追随个人动机自由地安排参观体验。

屈米曾指出:"建筑的叙事从来不能以一种线性方式进行,正如我们感觉或体验建筑,体验的片断使每个人以不同的方式重新安排建筑。所以没单一的、线性的路径,即使建筑最得意的组织方式是线性的,其感知和体验仍然是非线性的单一故事中不能构成叙事的结构,而只有通过多个故事或者不同的故事和不同的人才会产生。建筑从来不会仅仅传达一个故事。"[1]这一观点充分阐明了人作为体验的主体,其感知方式并不会受到强制性的主观约束而发生改变。相反,当多元化的路径选择确保参观者的运动摆脱了任何单一路线时,各种因自行"阅读"生发的丰富情节才有可能呈现。

慕尼黑古绘画馆、新绘画馆和现代艺术绘画陈列馆是一个"三代同堂"的博物馆群落。三馆相互毗邻,坐落于慕尼黑旧城中心西北侧。古绘画馆在空间布局上遵从严谨的古典秩序,7间展厅串联布置,流线呈"一"字形展开;新绘画馆则以一条"8"字形环状流线组织参观路径。虽然新馆在空间序列比老馆更趋丰富,路径规划也做了刻意安排,但从本质上讲,两者都没能摆脱"线性叙事"之列,以具有明确导向的排布方式控制着观众的参观体验。

2000年建成的慕尼黑现代艺术绘画陈列馆终于打破了这条僵化的界限,以全新的面貌迎来了新世纪的参观者。从平面上看,现代艺术馆以对角线为基准呈对称式布局,所有展厅环绕分布于中央圆厅四周,并朝向圆厅开敞。设计者为观众设置了丰富的路径选择,来自城市各个方向的人群通过对角方位的不同入口进入艺术馆,在中央圆厅汇聚后经由多处台阶和通道可到达不同高度、不同区域的空间。如果将地面层可通往各展区的路径汇总计算,

---

[1] 赵榕.当代西方建筑形式设计策略研究[D].南京:东南大学博士学位论文,2005:123.

有多达八种选择,而这些不同的路径最后又经由设计师的巧妙安排交汇重叠(图4-8、图4-9)。现代艺术馆为观众提供的是一种开放化、多元化的艺术氛围,是一种真正意义上的开放胸怀、广纳百川。人们畅游其间,不必费神于该从何处看起何处结束,只管随心所欲地感受艺术氛围的熏染。

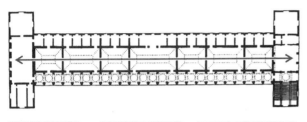

a)慕尼黑古绘画馆(1836)

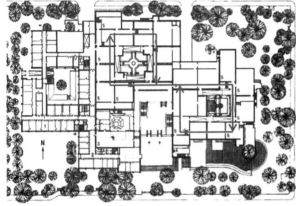

b)慕尼黑新绘画馆(1981)

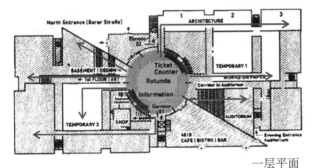

c)慕尼黑现代艺术绘画陈列馆(2000)

图4-8 三座博物馆的流线设计比较

(图片来源:作者根据收集图片自绘)

图4-9　丰富多样的路径选择

（图片来源：作者自摄）

2.主题叙事的多线索并置

两个或多个线性空间序列的邻接、并置是空间情节发展关系中较为个性化的形式。它允许每一个空间序列按照自身的视角和观点来设定不同的情节发展，但不同的序列之间会通过一定的共性塑造而得以相互关联，使之最终成为一个整体，将建筑所欲表达的主题完整呈现。这就如同有的电影会从两个不同的人物角度出发，以双重线索的方式分别表述故事的情节，而在每一条线索中突出各自不同的重点，最终以互补的方式将情节叙述完整。

我们在博物馆建筑中同样可以利用空间序列的并置关系组织情节的展开，以几条叙事线索的交叉并置来丰富观众的感知途径，从不同角度切入故事情节，在反复叙述中强化观众的认知。特别是对于主题唯一的博物馆而言,构成线索的空间要素一般会被解构成不同片段,使有关博物馆主题的"宏大"叙事结构转换为观众自我认知背景下即时性、随机性和差异化的个人体验。

柏林犹太人博物馆是针对同一主题进行多线索叙事的典范。建筑师在博物馆中并行设置了三条流线,观众可以选择任意一条进行参观(图4-10)。三条线索分别象征了20世纪犹太人经历的三种悲惨命运,每条都有着不同的终结:第一条是65米长的"延续轴线",通往楼上的展厅;第二条是"毁灭轴线",通往"大屠杀纪念塔";第三条则是"流亡轴线",通往霍夫曼花园。三条流线在具体的空间结构设置、空间语法构成、空间氛围营造等方面不尽相同,但却以各自的方式展现了与大屠杀事件相关的悲苦、压抑与绝望,点明主题的同时更深化了观众的身心体验(图4-11)。

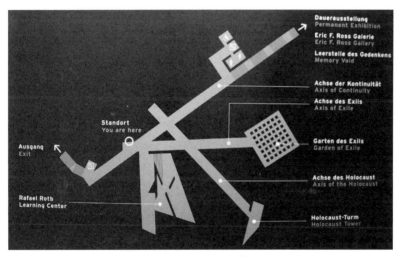

图4-10 三条流线

(图片来源:作者自摄)

a)延续轴线—展厅　　b)毁灭轴线—大屠杀纪念塔　　　　c)流亡轴线—霍夫曼花园

图4-11 三种体验

(图片来源:作者自摄)

3.情节铺陈的多景框营造

"多景框营造"是绘画作品和电影作品中常用的表现手法和技巧,它的目的与多线索叙事类似,都是针对同一主题进行多角度叙述和全面展现,使之呈现出丰富但不紊乱、多彩但不黏腻的影像。多景框叙事的好处在于,它在意义表达上多半呈现出一定的复杂性和不确定性,建筑空间情节的多景框营造同样会激发观众的非逻辑性思考,通过看似复杂性的形态打破——对应的价值观,容纳并鼓励人与建筑的多重对话,扩大二者之间信息能量的交换。

在中国电影博物馆的设计中,建筑师从电影拍摄手法"蒙太奇"中获取灵感,通过大量构件和元素的穿插、交错、解构、重组,塑造出丰富绚丽、饶有趣味的空间景象。蒙太奇是影片中常用的一种叙事方法,它的特征是以交代情节、展示事件为主旨,按照情节发展的时间流程、因果关系来分切组合镜头、场面和段落,从而引导观众理解剧情[1]。这一点与博物馆中的叙事特征十分相像。但蒙太奇的重点在于它并不是沿着一条完整的主线来陈述故事,而是通过局部组合成整体的方式先将故事分解成不同片段,然后再以平行、交叉、重复的方式将所有片段剪接在一起,从而在节奏、气氛上产生鲜明对比,以此来表达一个单独画面所不能涵盖的内容和情感。同样,在电影博物馆中,建筑师将一个大的空间体系分解成若干空间片段,这些空间片段在博物馆中散布各处,互相交叠、拼贴,看似随意,实则是在刻意营造一种丰富而复杂的空间情结。无论观众身在何处,环顾四周,眼中的景象均不重复:穿插的体量、飞跃的廊桥、倾斜的墙面、盘旋的环道……所有要素共同组成一个个活跃的空间场景(图4-12)。众多场景虽在审美特征上不尽相同,却无一例外地处于形式构图、色彩搭配与虚幻光影的统领之下,而这些设计法则又恰恰取材于电影艺术中的表现手法。建筑师在空间创造上极尽能事,无非是想将观众的体验导向"电影"这一最终主题,并借由建筑手法与电影手法的相同点,唤起人们的联想,引领他们走进艺术的世界。

---

[1] 赵榕.当代西方建筑形式设计策略研究[D].南京:东南大学博士学位论文,2005: 123.

图4-12　以不同片断表现同一主题，中国电影博物馆

（图片来源：作者自摄）

4.1.3　文本意义的敞开式塑造

博物馆文本不是僵死的，静止的，而应跟随参观者的不同演绎呈现不同的意义。博物馆中的展览，因参观者的存在与互动而产生不同的生命故事。参观者作为环境中的一个积极分子，与展览、建筑空间共同构成一个"有效"的场域，台湾学者刘婉珍将其比喻成"剧场"。英国戏剧大师彼得·布鲁克说过，"当一个人穿越一个空间，剧场就已经成立了"，这足以说明"人"在构建场所意义中的重要性。

传统博物馆习惯以展品与空间的二元张力来维持空间的稳定性，参观者对于空间而言是可有可无的因素，环境中的场景、摆设、氛围不会因为参观者的介入而有所改变。在消费时代，物的最终价值由人的消费行为来决定。将此概念移植到博物馆中，即展览本身并无意义，展品携带的信息要通过参观者与它的沟通互动才能被无限扩充。此时观众也从单纯的"文化消费者"转变成"文化生产者"，与展品和环境共同构建积极的场所意义。这种转变促使博物馆深刻反思并重新定义了观众与展览以及观众与建筑环境之间的关系。"怎样的场景设置能促成观众与展览间交流的畅通?""观众的行为模式又如何影响到场所精神的塑造?"……这些都是建筑师应该考虑的问题。

1. 开放式结局

博物馆作为人类文明的守护者,一直以来大都以权威机构的身份对这些文明进行"专业"诠释。传统博物馆中,在馆藏研究人员、布展设计师和建筑师的控制下,展品连同环境共同构建了文本意义的终极性与统一性,这是一种业已"完成"的状态,对展示主题及内涵是一种明确的、结论性的呈现。面对这种"封闭式结局",观众丧失了表达主观意愿的话语权,更无法参与文本的创建过程,即使对"结论"本身有所质疑,也只能充当被动的接受者。

消费时代的社会文化具有多元、发散、消解中心、复归民主等特点,当越来越多的观众以自身不同价值观出发对统一问题表达不同意见时,博物馆构建文本的方式和标准也必须做出调整和改变。展览本身应以一种中立、开放的姿态呈现,不存在单一性、结论性的诠释,而是调动观众自身的解读欲望和热情。这类似于电影中设立的"开放式结局",不设唯一答案的做法恰恰为观众提供了参与创作的自由和空间,引导观众在充满无限可能的解题过程中以自身视角出发,构建具有个人价值和意义的多元化结局。

德国柏林有两座以犹太人屠杀事件为主题的博物馆,分别是由丹尼尔·里伯斯金设计,1999年建成的犹太人博物馆,和由彼得·艾森曼设计,2005年建成的犹太人纪念碑及地下纪念馆。以下笔者想通过实际的参观经历来阐述由建筑创作理念差异带来的迥然不同的感受和体验。

犹太人博物馆被人称为"浓缩着生命痛苦和烦恼的稀世作品"。作为大屠杀事件间接受害者的里伯斯金曾在创作之前进行了深刻的哲学省思,质问自己"如何让已经逝去的犹太文化发声,却又不先假设了替他们代言的可能?如何连接历史伤口的裂痕而不去以神圣的国家救赎意义来修补它?如何将此巨大的历史矛盾与对立置放于单一形式的建筑空间中?"但从建成效果来看,我们还是不难发现建筑所表现出的强烈的、颇具主观色彩的情感语言。里伯斯金以独创性的空间语汇将犹太人惨遭迫害的悲惨命运以一种近乎"写实"的方式展现于观众面前。反复出现的锐角空间、倾斜的墙体、断裂无序的线性光带、忽明忽暗的气氛转换,使得整个参观历程笼罩着压抑、恐惧、无助与苦闷。

从笔者实际的参观经历来看,建筑师刻意营造的空间氛围的确为这一纪念性质的博物馆赋予了强烈的叙事特征和象征意义,但同时建筑所携带的过于明显的感情色彩几乎以一种不容反抗的强势姿态侵占了观众的整个参观体验。想安静地观展,却又时时刻刻被纷繁无序的空间背景扰乱心智;想详细了解历史的来龙去脉,却又要担心脚下的路线是否已经走过一遍(图4-13)……到处充斥的紧张氛围将观众置于一种躁动之中,他

a）空间背景纷繁杂乱，对观展造成一定影响

b）协助观众确定空间方位的地面标识和指示牌

图4-13　丹尼尔·里伯斯金设计的犹太人博物馆室内空间
（图片来源：作者自摄）

们被迫接受这样的情绪指引，有时像被困住的动物一样在无序的空间中四处乱撞，甚至无法调整自己的步伐，以平静地心情去完成整个参观。难怪有人评价犹太人博物馆是一个不需要展品的独立建筑，没有展品时，建筑自说自话的表达方式已经足够，一旦有了展品，建筑反而成了展品的对立者，不但不能协助展品讲述故事，反而阻碍了信息的有效传递。此外，一个纪念性博物馆的存在意义究竟为何？是为了让其承载历史记忆的包袱，或者为了让人们仪式性地悼念过去，还是应该超越单纯的救赎和对"不动历史"的唯一呈现，将观众带入对历史的深思和反省？这本身就值得思考。在没有一个定论之前，我们不妨再来了解一下彼得·艾森曼设计的犹太人纪念碑和地下纪念馆。

犹太人纪念碑与德国勃兰登堡门相毗邻，占据一处约2万平方米的露天广场。地面由2711根高低不等的水泥立柱组成，最高的立柱可达4.7米，最低的立柱则与地由持平。在阳光的照耀下，摇摆起伏的柱林仿佛一片微风掠过的麦田，人们并不会感受到传统纪念碑的肃穆压抑，而是带着平和的心情与之接近，听之诉说。埃森曼的设计与其说是纪念碑,不如说它更像是城市中心的一处公共景观(图4-14)。"艾森曼的设计是完全违反纪念碑的传统形式的,没有任何象征性的标志,没有禁区,到处可以通行,包括低矮的水泥碑,都是可以随意倚坐的。他意在让人们可以随意从四面八方择路走进和走出。说教已经太多,这里应该是人们静思的地方,应该是个人以个人的方式去感受的地方。只有设在东南角的'地下信息中心',才把犹太人20世纪初的苦难经历、苦难之地具体化,突显了纪念碑的纪念意义。"①

地下纪念馆面积不大且秩序规整,共分为四个主题展室。每间展室的环境都简单质朴,除了陈列的展品和一些基本设施,并没有在空间形式上多作"手脚"。这样的环境却使得人们更加专注于展览内容本身,大家在安静的氛围中井然有序地观看展览,了解历史,并体味其中所蕴藏的深刻内涵(图4-15)。

犹太人纪念碑和地下纪念馆体现了一种平和开放的设计观,它没有过多地陷入对历史事件的刻意追溯和还原中,而是通过抽象简练的方式表达了一个意义无限的概念。甚至当人们对2711这个数字有着诸多猜想,以为它一定代表了某些与大屠杀有关的具体事件意义时,艾森曼却回应说它只是个数字而已,没有任何明确指代。

两个博物馆,一个历史事件,设计着眼点的差异带给我们截然不同的空间体验。如果说我们在里伯斯金设计的犹太人博物馆中体会到了什么是压抑、绝望和恐惧,那么艾森曼设计的犹太人纪念碑则更多地让我们感受到和平、安宁和希望。面对生活,我们需要正视历史创伤的勇气,但更需要通过省思寻找未来的方向;博物馆的意义也不仅仅在

图4-14 欧洲被害犹太人纪念碑

(图片来源:作者自摄)

① http://www.chinaqw.com/news/2005/1107/68/4685.shtml

于保存历史记忆,而应告诫人们要以史为鉴,珍惜和平。

2. 场所意义的空白

"空白"一词从词面上理解,是指一种"空着""没有填满"的状态。艺术领域中的"空白",通常具有更深刻的意义和内涵。比如中国古代绘画作品中的"空白",是一幅画最重要的构图手段,它的存在往往能使有限的画面延伸出无限的空间感,引发观者的广泛联想。同样,影视作品、文学作品的创作者也经常利用"空白"来制造情节的悬念,诱导观众通过自身的主观能动性,参与故事情节的再创造。

"空白"这一概念嫁接到博物馆建筑中,是指在不影响博物馆主题演绎和情节铺陈的前提下,在场所意义塑造上刻意停顿、省略或呈现"空缺"的意义表达,目的是为多元化的活动设置及行为体验预留空间。在没有观众介入的情况下,博物馆是一个不完整的文本,但它又热切地期盼观众能够发挥主观情思,积极地参与到填补"空白"、塑造完整文本意义的过程中。"空白"看似是一种"缺失",实则是诱导观众进行创造性意义构建的驱动力。德国著名接受美学家沃尔夫冈·伊瑟尔将此定义为接受美学中的"召唤结构",他认为作品的意义不确定性和意义空白促使读者去寻找作品的意义,从而赋予他参与作品意义构成的权利。

去过泰特现代艺术馆的观众一定会对那个尺度巨大的涡轮大厅印象深刻。建筑师在改造旧发电厂时,特意保留了涡轮大厅的结构骨架和空间原貌。在建成开放的博物馆中,涡轮大厅从入口层一直贯通至顶层,整个空间开敞通畅,没有人为地设置任何明确的功能

图4-15 地下展厅

(图片来源:作者自摄)

内涵,也没有刻意塑造成任何一种氛围倾向(图4-16)。但就是这样一个看起来"貌不惊人"的大厅,却被许多人认为是当代博物馆建筑中"最具魅力"的公共空间,其原因即在于它在场所意义上的空白处理。

许多建筑师在营造博物馆空间时,唯恐室内景象不够精彩,热衷于以各种功能设施和活动内容将其填满,初衷是想通过丰富的内容和信息提高人们参与的积极性。但事实上,空间与它所容纳之物二者之间存在着极为微妙的关系,内容过少容易导致体验的枯燥与乏味,内容过多则限制了空间使用的灵活性。场所意义一旦被限定无法轻易改变,对于渴望获得新鲜体验与多重感受的观众来说,其魅力必然不会维持太长的时间。

相比之下,泰特现代艺术馆的涡轮大厅好似具有一种"魔力",它像一个纯洁无瑕的玻璃盒子,本身并不发光,却因其中盛装了不同颜色的介质而映射出绚烂多彩的光芒。这里有比利时艺术家卡斯登·胡勒的装置艺术《试验基地》,好奇的孩子攀爬到管状物顶端,像乘坐滑梯一样被管道运送到地面;这里有冰岛艺术家奥拉弗·埃里尔森用200余盏路灯灯泡悬挂而成的人造太阳,人们悠然自得地躺在地面上,感受着由它带来的温暖和舒畅。我们还会看到观众在一组由14000个蜡封白色纸盒组成的名为《堤防》的大尺度模型中来回穿行,又或者会被热烈的气氛引导,参与到几百人的彼得·利弗西德《桥》大合唱中(图4-17)。在2008年5月23日至26日的四天中,泰特现代艺术馆举办了"The Long Weekend"主题活动。第一天晚上,观众可以在涡轮大厅观看两部由吉布里尔·迪奥普·曼贝蒂(Djibril Diop Mambéty)执导的电影;第二天到第四天的

图4-16 泰特现代艺术馆的涡轮大厅

(图片来源:作者自摄)

a)、b) 涡轮大厅中的装置艺术　　　　c) 涡轮大厅中的活动

图4-17　具有多元功能和多重意义的涡轮大厅

（图片来源：a）．b）刘涤宇.博物馆的神圣性及消解尝试.城市环境设计[J]，2011（06）：78. c）张羽洁.当代艺术馆、公众和城市转型:泰特现代美术馆馆长弗朗西斯?莫里斯访谈[J].公共艺术，2018（09）：83.）

不同时段，观众可以欣赏到小型音乐会，与艺术家进行面对面的交流，甚至还能参与各种竞技游戏和足球比赛。如此丰富的用途正是凭借涡轮大厅实体空间与文本意义的双重"空白"才得以实现的。

从2000年建成开放至今，泰特现代艺术馆一直保持着每年400万人次的参观数量。究竟是什么让这座看似平常的博物馆迸发出如此巨大的能量？研究人员在调查中发现，伦敦当地游客是博物馆的主要参观人群，他们已经习惯将那里当成他们日常生活的一个重要场所，间隔几天就要来看看大厅里又展出了哪些稀奇古怪的艺术品？或者馆方又想出了什么"新点子"去组织一些有趣的活动？一座博物馆之所以能够历经时间考验，对观众一直保持吸引力和新鲜感，恰恰得益于它在场所营造中所秉承的"空白"设计观。赫尔佐格和德梅隆保留下来的不仅是开敞的大厅，更是想象与思维自由驰骋的广阔天地。面对未来世界发展的不可预知，我们需要的是拥有这样能力的博物馆，它能容纳不同类型的艺术，也能容纳不同规模的活动；在面对艺术、公众与生活时，它所承担的职责不是被动地适应，而是主动地创造。

4.2　体验的闲适性与愉悦性

如今，越来越多的社会公众将博物馆视为一处消磨闲暇时光的休闲场所，观念的革新促使公众在参观动机、参观心理和参观行为模式等方面也较之以往发生了一定的转变。1972年，当时美国版*Vogue*的总编维兰德出任纽约大都会艺术馆服装馆的特别顾问时就曾说过："我不想要被教育，我只想沉浸于美之中。"蓬皮杜中心第一任馆长于尔丹也认为："博物馆不是用来解释说明的地方，而是引发梦想和令人兴奋的场所。"这些话语从某种程度上代表了消费时代观众体验需求的新方向。

打破传统博物馆刻板严肃的施教氛围，在空间中注入更多轻松的意味和快乐的气息，成为当今博物馆工作调整的主要目标。而博物馆建筑也应努力创造一种良好的空间氛围，使之不仅产生非凡的视觉效果，还应带给观众闲适、舒畅、无压力的美好享受，同时激发他们对展示内容的参与热情和探索欲望。

4.2.1 闲逛者与游历型空间

对于消费时代博物馆中涌动的参观人群，借用法国诗人波德莱尔笔下的"闲逛者"来描述其整体面貌和行为特征十分贴切。"闲逛者"在法语的词汇中用"Flaneur"来表示，从词源学考察，"Flaneur"一词原意是指生活艺术的漫不经心，有着闲散、晃荡、漫游、慵懒等意涵。有调查显示，在当今时代，光顾博物馆的人群中，超过半数的观众明确表示他们没有设立明确的参观计划，而是根据当下条件机动、灵活地安排行程，这些人构成了庞大的"闲逛者"群体（图4-18）。他们一般在博物馆中随机地四处徘徊，对吸引目光的任何东西作自发性的回应，同时根据自身意愿和理解去使用、诠释博物馆中的各种空间。这种典型的博物馆行为被德国博物馆学专家特芮南定义为"主动的闲散"和"文化逛街"[①]。

如果我们将现在的"闲逛者"与传统的"参观者"相对比，会发现二者在许多方面存在着较大差异。传统的参观行为具有明确目的性，人们在整个过程中全神贯注地观赏展览，接受教育，展品是其关注的主要对象，有时甚至会投入其中而忽略物质空间的存在。"闲逛者"的活动却具有极大的随意性，能引发他们兴致的除了展品，还包括场景中的各种设施和活动。博物馆空间中的所有事物都有可能成为他们关注的焦点。相比参观展览的单一过程而

图4-18　博物馆中的"闲逛者"
（图片来源：作者自摄）

① 段祥贵，陈建. 本雅明"闲逛者"在当代消费文化语境中的意义[J]. 广州大学学报，2009(05): 93.

言，他们更在乎的是由空间氛围、整体情境所带来的美好享受和身心体验。

1.连续空间与不间断体验

"闲逛者"的行为特征有很大一部分包含在"逛"中，他们的行为具有流动性，表现为一种连贯的状态。在闲逛的途中，他们会接连不断地发现一个又一个的兴趣点，正是这些兴趣点将其热情调动起来，使他们乐于在博物馆中一直游历、观看。具有连续性特征的空间通常会为观众提供一种无障碍、无压力的心理感受，指引他们不断前行的是自然而然的身体行为和陆续呈现的精彩画面。所谓"不间断体验"，即相对传统博物馆中的静态体验而言，更具动态性的体验过程。它鼓励观众在一种闲适轻松的漫游过程中进行参观，人在环境中由惯性驱使，跟随自己身体知觉的本能反应，边行进、边观看、边体验。

从狭义上理解，"不间断体验"是指游历路径与空间体系的"无缝式"接合，即博物馆中交通空间与展厅空间不做区隔，观众在博物馆中的体验随着不间断的行走保持连续性，不存在刻意的停顿和阻碍。通俗的解释是打破参观流线与展示空间之间的实体界线，让二者保持空间贯通和视线贯通，最具代表性的是纽约古根海姆博物馆。赖特认为，当时博物馆总是以一间套一间的常规布展方式呈现，观众的参观体验单调枯燥，毫无乐趣。因此，他在纽约古根海姆博物馆中创造性地铺设了一条总长430米，由地上六层一直环绕圆形中庭到达地面层的螺旋形流线。艺术品自上而下依次悬挂在坡道一侧的墙壁上，观众从六层开始参观，随坡道持续行进，行至入口层的同时即完成了全部参观（图4-19）。

图4-19　纽约古根海姆博物馆

（图片来源：作者自摄）

时隔47年后，位于德国斯图加特的梅赛德斯—奔驰博物馆建成开放。与纽约古根海姆博物馆类似，奔驰博物馆也采用螺旋坡道来组织观展体验，只是相比纽约古根海姆博物馆而言，奔驰博物馆的空间构成更加复杂，三个圆形围绕一个类三角形中庭不断旋转、上升并发生错动，构成双螺旋曲线。观众可以选择任意一条路径，也可以在行进过程中随时进行轨道转换（图4-20）。在处理行进与展览二者关系时，设计者吸取了纽约古根海姆博物馆的教训，将常设展区布置在环形坡道围绕的平缓区域，即三个圆的中心，以避免动态行进给观展带来不便（图4-21）。

广义上理解，"不间断体验"需要在一种具有流通属性的空间中展开。流通空间强调室内场景的开阔通畅，通常不在功能区之间做硬性分隔，而是将其连为一个整体，参观者的体验也会随不同空间的交流渗透发生有趣的转换。这种整体化、不间断的体验能够使参观者一直保持良好的积极性和参与感。

图4-20 奔驰博物馆的室内空间

（图片来源：作者自摄）

图4-21 奔驰博物馆动态流线与静态布展

（图片来源：作者自摄）

第4章 基于体验消费的空间营造　133

　　德国沃尔夫斯堡的费诺科学中心，哈迪德将位于二层的展区设计成为一个开敞贯通的大空间。1.2万平方米的巨大空间内几乎不做任何墙体分隔，仅依靠地面起伏变化的高差来限定基本的功能区域。一部分展厅的地面向上隆起形成能俯瞰展厅全部的"高地平台"，一部分地面则凹下成为的"盆地"。整个展览厅没有明确和限定的展览路线（图4-22）。开放式的空间鼓励人们自己决定参观路径，自由地游历在这片人工地景里。探险的旅程可以从展厅任何一点开始，参观者可以时刻观察到别处的状况，并任凭好奇心的驱使去探索和操作散布在展览厅内的250个被称作"实验站"的互动教育展览装置[①]。

① 郭振江. 德国沃尔夫斯堡费诺科学中心[J]. 时代建筑, 2006(05): 117.

图4-22　德国沃尔夫斯堡费诺科学中心

（图片来源：扎哈·哈迪德，迈尔·贝尔勒·费尔建筑事务所.沃尔夫斯堡费诺科学中心，沃尔夫斯堡，德国[J].世界建筑，2006（04）：74，77.）

2. 消除空间的等级结构

仪式化和象征性的要求，传统博物馆大都会强调其空间的等级结构区分（图4-23），这种空间结构设置通常也会将人的行为导向一定的等级分化和类型分化。对于"闲逛者"来说，"逛"的乐趣在于由随机性行为带来的偶发事件和多种感受。在他们的观念中，无论是观展、休闲，抑或漫无目的地随处看看，都是有趣且充实的体验。这些体验在重要性、等级性上本无高低之分，如果非要在空间结构上加以区分表现，无异于在观众的行为之上附加一定的约束和控制，降低了他们自由游历的可能性。反之，消除空间的等级结构则会为贯穿建筑的活动轨迹提供多样化的方向和秩序，它能够促使闲逛者在行进中与各类"事件"自然相遇，扩大体验的广度与宽度。

在金泽21世纪美术馆中，巨大的圆形平面中散布着各式各样的功能空间。这些空间虽在平面位置、空间尺度和形态上稍有差异，但并无明显的结构中心和等级区分（图4-24）。SANNA在空间架构上将所有功能要素简化为"房间"和"通道"两种，除了联系空间的交通路径，其他功能用房在空间等级上保持一致，刻意消除功能之间的属性差异，并打破传统博物馆中严格的区域划分和等级设定，以匀质方式将它们布置在同一层平面中。

我们可以看到展厅、研究室、多媒体放映室、书店等不同属性的空间均以平等、独立的姿态共处于同一空间体系。空间界面延续了SANAA惯用的通透式处理，使不同空间在面向通道开放时显现出同样的外向化、亲切

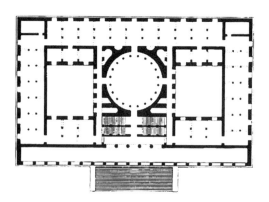

图4-23　柏林老博物馆平面图
（图片来源：Suzanne Greub, Thierry Greub. 21世纪博物馆——概念 项目 建筑[M]. 大连理工大学出版社，2008:9.）

a）总体形象

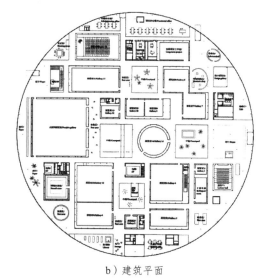

b）建筑平面

图4-24　金泽21世纪美术馆
（图片来源：尚晋.金泽21世纪美术馆,石川,日本[J]. 世界建筑，2017(12): 84,86.）

化特性（图4-25）。在这里，空间的均质排布非但没有造成空间氛围的单调、乏味，而且因其消解了传统博物馆的等级秩序而激发出观众行为的自由度和灵活性。

有人将金泽21世纪美术馆形容为"公园式"的美术馆，美术馆中不同的功能用房即是"公园"中丰富的景观要素。人们在馆中穿行，就如同在公园中闲逛，不必遵循严格的路径设定，也没有唯一的目标作为指引，一切行为都是依照参观个体对不同要素的喜爱和选择来完成的。

4.2.2 探索者与发现型空间

苏联著名教育实践家和教育理论家苏霍姆林斯基曾经说过："人的心灵深处，总有一种把自己看作发现者、研究者和探索者的固有需要，该种需要在儿童的精神世界中尤其强烈。"教育专家认为，探索是一种生动的学习过程，它源于一种自然本性，人在无拘无束的自由状态中能释放心情、开阔胸怀，大大拓展自身的认知能力。探索还能激发人们的想象力并调动他们的身体能动性，促使他们积极主动地去参与知识的创造和信息的获取。

作为"文化消费场所"的博物馆在空间氛围上日渐开放、积极、活跃，这在一定程度上为人们解除了思维束缚，使更多的观众放松身心、无所顾忌，回归到儿童一般的状态，喜欢在博物馆中四处探索，找寻令他们感兴趣的展品、环境和相关活动。与传统参观者相比，以"探索者"身份出现的博物馆观众对建筑空间的层次性、生动性和趣味性要求更高，他们希望所处之地如同一个充满

图4-25 匀质、无等级的室内空间
（图片来源：尚晋.金泽21世纪美术馆，石川，日本[J].世界建筑，2017（12）：87~89.）

宝藏的神奇王国,而即将踏上的参观旅程又如同一段刺激有趣的探险经历,指引着他们去将王国里的众多秘密一一解开。基于此,当代博物馆应重点营造具有新奇感、未知性的展示氛围和空间布局,引导观众变身为艺术世界的"探索者",积极学习、主动体验。

1. 启发性的空间结构

好奇心是一切学习的驱动力。有人认为,一个好问题比一份陈述好。学习是一个环形过程,在开头问一个激发性的问题,将开启这个互动环,驱使人们更努力地看,更深入地读。这个具有激发性的问题,不能仅依赖于展厅序厅背景墙上的叙述文字来实现,而应该通过一个巧妙设置的空间结构来传达相同的信息。空间是一个从三维角度去清晰阐释某种设计思想的载体,空间有约束行为的功能,当然也有启发行为、预设悬念的潜力。

人们说博物馆是在针对一个主题讲述故事,同样的故事情节,讲述方式不同,达到的效果也不尽相同。平铺直叙的空间结构会使故事情节显得苍白、乏味、缺少吸引力,很难唤起观众持续的参观热情和强烈的探索兴趣。具有"启发性"的空间结构却恰恰相反,它注重运用主题表达的技巧性策略,不会将故事情节"毫不遮掩"地全盘呈现在观众面前,而是通过对信息的适当性隐藏为故事情节注入一些神秘感,观众会被好奇心牵引自然而然地走入故事情境。借用第斯多惠的名言"一个坏的教师奉送真理,一个好的教师则教人发现真理"来说明,启发性的空间结构应该像一本书的序言一样,向读者传达与内容有关的概况介绍,又不会透漏最为关键的信息;为读者介绍有效的阅读方式,又不干预他们个人化的阅读习惯和阅读行为。

英国伦敦自然历史博物馆是世界上规模最大也最负盛名的自然历史博物馆之一,分为"生命"与"地球"两大主题展示馆,收藏了数以千万的动植物和岩石矿物标本。引领人们踏上参观旅程的入口大厅蔚为壮观。狭长的空间被拱形玻璃屋顶覆盖,大厅两侧的墙壁上以灯光投射的方式展现了太阳系九大行星图和星座图,空间中心依次摆放着神话故事中开天辟地的众神雕像,绚烂的色彩和奇幻的光效共同营造出生动的场景画面。最引人注目的是空间尽端悬置的由铁锌铜片制成的巨大地球模型,一条自动扶梯"刺穿"模型,将人们送达建筑二层的主要展厅,仿佛暗示着人们即将进入地球内部去探索它的奥秘(图4-26)。对于进入博物馆的观众而言,这一精心设置的场景序列恰到好处地渲染了一种氛围,这种氛围能将观众的情绪调动起来,指引他们开始一场丰富奇妙的科学探险之旅。

2. 多维化的空间层次

空间本身具有三维属性,能够凭借其体量感和纵深感为观众制造丰富的观赏层次。建筑师对此应有所认知,在设计中避免空间层次过于简单直白,以造成博物馆体验的枯燥乏味。从观众热衷"探索"的角度出发，我们发现，能够引发兴趣的博物馆通常具有立体化的空间结构和多维化的空间层次，即无论人们身处何地，都不能一眼窥探出空间中蕴藏的全部玄机。在"猎奇"心理的带动下，观众才会迫不及待地穿越一层空间，到下一层空间去一探究竟。基于此，建筑师在博物馆设计中可从主题信息出发，将建筑空间依据故事情节的排布划分成不同层次，每个层次只携带一部分有效信息，最终通过空间层次的有序叠加将所有分离的信息整合在一起。

史蒂文·霍尔作为一名美国建筑师，一直对中国园林有着特殊的喜爱。他认为园林布局的奇妙之处在于其凭借丰富的空间层次制造出一种透视叠加的视觉效果，人在一处站立时环顾四周，看到的风景层层交融，这会指引他继续前行并在移动过程中不断发现更多的景物变化。在纳尔逊·阿特金斯艺术馆新馆中，霍尔从馆藏的中国山水画中受到启发，将人们在馆中的空间体验比喻成欣赏一幅中国山水画的长卷。"当你展开长卷时，视角由于绘画者的叙事及非固定视点的运用而一直在转变。"[①]

艺术馆所处基地呈南北向狭长布局，霍尔用一条折来折去的线性通道将五个他称之为"透镜"的不规则半透明玻璃盒子联系为一个独特的空间序列，线性通道随地势的起伏或高或低，间或有狭长的楼梯或蜿蜒的坡道将观众引向不同楼层（图4-27）。建筑的围护结构——各种厚度和不同表面处理的槽形玻璃构造——能够将室外自然光线聚集、漫射、折射成为具有梦幻色彩的室内景致。一天中的不同时段，当人们穿梭在建筑中，

图4-26　伦敦自然历史博物馆
（图片来源：作者自摄）

[①] 李苏萍.移置的意境 纳尔逊·阿特金斯艺术馆扩建[J].室内设计与装修，2008(10):57.

138 博物馆之美：文化消费时代的博物馆设计

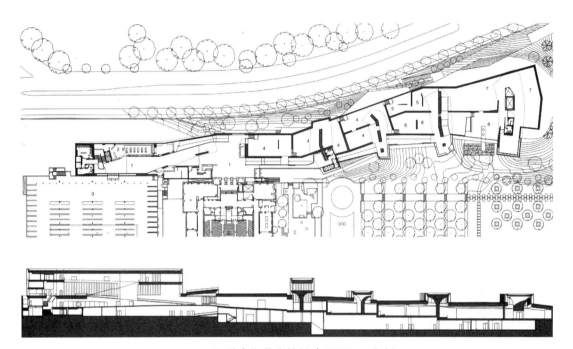

图4-27 阿特金斯艺术馆扩建项目平面和剖面

（图片来源：史蒂文·霍尔建筑师事务所.纳尔逊·阿特金斯艺术博物馆新馆[J].城市建筑，2008（04）：49.）

所能感受到的是一幅空间与时间相互交织成的生动画面，丰富交叠的景观层次也随着行进过程的变化一一呈现，赋予参观者接连不断的新鲜感。无论身在何处，人们想要在短时间内清楚了解艺术馆的结构层次都是颇有难度的，因为通畅无阻的视线穿透在这里根本无法实现。

正如霍尔所言，与以往只关注静态场景塑造的博物馆相比，阿特金斯艺术馆为人们提供的是一种立体的、多维的、可以持续探寻的空间体验。获得全面认知的唯一方式就是"从中走过"，在不断行进的游览路径中，亲自用眼睛和心灵去体会它的空间能量。

3.戏剧化的场景设置

由于观众在博物馆中要经历漫长的空间体验，而且在集中时间内接受大量的信息输入，容易产生视觉及心理上的惰性，表现为注意力涣散、兴趣降低、情绪低落等，我们称之为"博物馆疲劳"。当博物馆建筑的实体环境较为单一，场景设置不够生动，无法给观众带来愉悦享受时，"博物馆疲劳"现象就会加剧。若想降低疲劳现象的发生频率，使学习热情一直保持高涨，就应使空间场景充满戏剧性和新鲜感。戏剧化的空间能够通过刺激人的视觉感知系统使他们变得更加兴奋，而兴奋是激发观众"探索"欲望的重要前提。与此同时，由兴奋引发的高涨热情还会使观众在体力和脑力方面较之以往更加旺盛，从而能够适当地延长参观时间并在参观中摄取更多的有效信息。

毕尔巴鄂古根海姆博物馆入口处的中庭设计，被盖里称为"将帽子扔向空中的一声欢呼"（图4-28）。空间的审美意象无法用传统的美学准则来定义和衡量：水平方向与垂直方向上均由不规则曲线围合而成的空间体量是中庭的主角；连接各功能空间的廊道高低错落，穿插交叠；天窗洒下的自然光线在墙面上投射出生动的落影，丰富但不凌乱。如此诡异复杂的空间形态，带给人的直接感官刺激是一种难以名状的震撼……在此中庭下，人们被调动起全部参与艺术狂欢的心理准备，踏上与庸常经验告别的渡口[①]。

在曼彻斯特帝国战争博物馆中，拙朴的墙体与各式军用设施、装备并置一处，创造出激动人心的空间效果。屋面交错的光带、跨越空间的廊道、悬置空中的战斗机……这些要素共同构成博物馆内极具冲击力的场面。受到空间氛围的熏陶，许多参观者对博物馆的"战争"主题有了更加深刻的理解（图4-29）。

4.2.3　游戏者与参与型空间

消费时代人们接触事物的方式趋向简单而直接，这种直接往往来自于一种感官层面的刺激和身体直觉的体验。在此影响下，传统博物馆那种涓涓细流、润物无声的教育方式已经逐渐淡出了人们的视野，取而代之的是通过类型丰富的互动设施以及热闹非凡的各项活动吸引人们与博物馆进行直接的对话和身体力行的参与，博物馆的氛围由此变得更加欢快、轻松和有趣。丹佛自然历史博物馆邀请参观者以各种游戏的方式"娱乐你的大脑"，诉诸于学习的乐趣和冒险性；卡耐基科学中心则采用口号"指尖的乐趣"来强调

图4-28　戏剧化的室内空间，毕尔巴鄂古根海姆博物馆

（图片来源：WGRS，张云龙.古根海姆博物馆，设计师的神来之笔[J].工业设计，2011（03）：51.）

[①] WGRS，张云龙.古根海姆博物馆，设计师的神来之笔[J].工业设计，2011(03):50.

图4-29　戏剧化的空间，曼彻斯特帝国战争博物馆
（图片来源：作者自摄）

它的互动性、参与性以及实际真实的体验[①]；这些现象都反映了当今博物馆在"寓教于乐"层面所做出的尝试和改变。

　　走进今天的博物馆，我们会发现观众与展品进行亲密接触的机会日渐增多。无论是孩子或是成人，他们都被允许并鼓励在鲜活生动的环境中"动手动脚"、尽情嬉戏，参观过程也因此成为一种集视觉观赏与身体互动、静态展示与动态传播、游戏与学习为一体的综合体验（图4-30）。考虑到博物馆观众因变身"游戏者"所导致的行为模式转变，建筑师需要重新思考博物馆场所与参观体验之间的关联，从行为模式和心理需求出发，突破传统

[①] 尼尔·科特勒, 菲利普·科特勒.博物馆战略与市场营销[M].北京: 北京燕山出版社, 2006: 143.

a）澳大利亚博物馆　　　　b）布里斯班博物馆

c）新南威尔士州美术馆

图4-30　游戏与学习融为一体的博物馆体验
（图片来源：作者自摄）

环境设置的保守局限，开发充满趣味与活力的新型空间。

1.互动情境

研究发现，学习者的记忆多寡与其学习及参与方式之不同而有所差异。一般人能记住所"阅读"的10%，能记住所"听到"的20%，能记住所"听到及看到"的50%，能记住所"说过"的70%，能记住所"说过并做过"的90%[①]。由此可见，博物馆若仅仅依赖视觉展示来传播信

---

① 谢文和.博物馆成人学习之研究：建构主义观点——以台湾史前文化博物馆为例[D].台北：台湾师范大学博士学位论文，2003:57.

息,其沟通效果将大受限制。近年来博物馆中广泛兴起的互动性展览,即是以视觉观赏与身体行为相结合的方式来促成更有成效的学习体验。

博物馆中的互动体验有两层含义。狭义上的互动是指博物馆借助各种多媒体和科技展演设施,丰富展示主题的传播途径,为观众提供与展品直接交流的机会,以信息技术的特有优势提高人们的兴趣和参与度。广义上的互动则是泛指博物馆中观众与任何形式展品之间存在的一种较为亲密和个人化的对话行为。无论何种形式,互动式体验的关键之处在于它通过邀请观众亲手操作、主动参与,将传统博物馆中注重结果的精神行为转化为享受过程的身体行为,鼓励人们在一种知觉体验和即刻体验中完成学习。

科技信息类的互动体验最早发端于科技类博物馆,因为以"科技"为主题的展览往往需要借助各种设备演示和场景模拟对其展品进行生动说明。这类博物馆一般具有如下特征:生动丰富的空间形态、绚烂缤纷的视像效果、人性化的细节处理以及充满未来感和科技感的空间氛围等。互动情境强调空间环境与展示主题的一体化设计,即凭借灯光、色彩、音响等多媒体技术的配合来营造一种引人入胜的空间氛围。在设计手法上常常趋向大胆创新、简洁明朗,建筑空间在结构、形式、材质、装饰等方面一气呵成,使主题内容与情境氛围融为一体。

法国巴黎科学工业城是世界上规模最大的科技类博物馆,展示主题涉及宇宙、生命、通信等众多方面,共设有地球馆、宇航馆、机器人馆、医学馆、能源馆等20余个分展馆,拥有丰富多样的互动设施。博物馆的共享中庭热闹非凡,巨大的金属桁架、穿插交错的扶梯、色彩鲜艳的屋面结构和高高悬挂的汽车模型共同赋予空间一种强大的感染力,每一个走近博物馆的观众都不由自主地被这种气氛所带动,迫不及待地参与到周围的展览和活动中。不同的展厅在空间塑造上都从自身的主题出发,或高敞明亮或奇幻深邃,既追求特色表达又保持了科技博物馆整体氛围的和谐。

广义上的互动体验存在于任何主题、任何形式的博物馆中。早在1962年,荷兰阿姆斯特丹市立美术馆的馆长桑德伯格就策划了题为"动态迷宫"的展览。展览旨在重新定义观众与展品之间的关系,采用具有空间感的装置艺术取代平面化的二维艺术,邀请观众参与其中,提供交流与游玩的机会。如今,艺术的创作视野日趋开阔,博物馆展品在类型、规模、形态上也呈现出多元化的面貌。当展品不再受制于展柜的束缚,以一种开放姿态出现时,便促使观众与展品之间的互动逐渐频繁起来。如何通过一种恰当的空间设计向身处其中的观众传达信息,即博物馆欢迎人们的参与,并愿意邀请他们与艺术一同对话、一同游戏,在互动中实现信息接收的最大化,是建筑师应该考虑的问题。

实践证明,在博物馆中,如果人们所处的空间尺度相对宽敞,则空间对观众的约束和压迫也较弱,这使他们能以较为轻松的心情去接收信息,并乐于跟展品进行交流和对话。相反,如果空间尺度狭小拥挤,带来的将不仅仅是物理空间的局促,还容易在观众的心理空间上形成屏障，使他们无法在思维上完全放开，更不会轻易找到与展品"游戏"的感觉。此外，从空间氛围来看，布景风格的简约、活泼较之繁琐、庄重而言更容易创造一种"亲近"的感觉，当人们发现艺术品脱去了"光韵"的束缚，就那样自然从容地待在他们身旁时，便会产生与之对话和交流的愿望。

2. 表演情境

在博物馆中，许多观众都有参与场景意义塑造的热情和进行表演的欲望，一旦建筑师为他们提供了合适的舞台，人人都有可能成为杰出的"演员"（图4-31）。但传统博物馆严肃刻板的空间氛围压制了人们发挥主观能动性的自由，具有消费精神的当代博物馆则应尽可能地创造一种积极、开放、活跃的空间氛围，通过有目的的空间设计和丰满的情境塑造邀请观众变身为舞台上的"角色"，协助他们投入感情去参与、创造博物馆剧场的精彩演出。更进一步，假如展示策划中对观众参与的角色有明确的设定，他们在心理和生理上的热情都会被全部激活，对信息的接收也更加迅速和有效。

20世纪80年代，美国印第安那波里斯儿童博物馆就针对儿童游戏与玩乐的天性，在馆中固定空间设立小型舞台，催生了"百合剧场"。台北市立美术馆于2002年9月1日成立了"资源教室"，也叫艺术体验空间，此空间位于美术馆地下一层，两侧木质台阶环绕中心，将空间营造出圆弧形剧场效果，表演区和观众区的位置、大小和高低都可以弹性调整，场所的陈设、

a）新加坡金沙艺术科学博物馆

b）韩国济州岛民俗及自然历史博物馆

图4-31 博物馆中的"表演者"

（图片来源：作者自摄）

灯光和墙面皆依主题的不同而更换设计[①]（图4-32）。无论是儿童还是成人，当他们感到自己融入展览之中时，会被激发出最大的学习热情和真实的情感体验，这样的体验会加深他们对于参观内容的印象，同时也可以借由个人化的理解和想象将单一的展示信息消化成为具有多重内涵的学习内容。

在空间情境的塑造上，过于复杂的场景会抑制观众的想象力，太过简单苍白又很难激发人们的交流欲望。只有适度的情境设置和氛围渲染才能调动起参观者的积极性和参与热情，建筑师需要在现实环境和场景的信息饱和度之间建立良好的平衡，营造出适合参与的空间氛围，将观众引领至博物馆剧场上正在上演的剧目情境。

新加坡国家博物馆专门为儿童设立了"为莫扎特颁奖"的主题展览，建筑师则配合策展人共同创造了生动有趣的空间。孩子们可以在这里体验18世纪维也纳的生活，他们穿上传统服装，端坐在模拟建造的歌剧院中；或者懒洋洋地躺在华贵的床上，倾听周围播放的莫扎特音乐；还可以在化妆品柜台区域被点上痣，戴上假发，装扮成莫扎特的样子。这些针对儿童理解能力而特别设计的参与性活动和空间，主旨就是为了让孩子们在游戏中更轻松地收获信息。

3.故事情境

如果说表演情境的塑造旨在通过空间的设置激发观众的"表演"潜能，那么故事情境的塑造则是指通过场景设置将博物

图4-32 艺术体验空间，台北市立美术馆
（图片来源：艺术体验空间，台湾美术馆
图片来源：刘婉珍.博物馆就是剧场[M].Top出版社，2007:54.）

① 刘婉珍.博物馆就是剧场[M].Top 出版社，2007: 54.

馆主题以一种写实主义的方式还原，让文物活化，时光倒流，使观众进入到真实的历史和自然文化的情境中。

从观众的角度出发，消费背景下文化的传播途径日新月异，如果能在生动的氛围中获取信息，谁都不愿在乏味的环境中接受教育。传统博物馆的典型情景却是"展品'躺'在玻璃罩子里灰头灰脸、到处都悬有'请勿触摸'和'请勿拍照'的铭牌、解说词晦涩难懂……"，这一切显然无法满足当代观众的体验需求。从展品的角度出发，每一件历史器物或艺术作品都记录着人类文明的发展历程，它们产生于独特的文化背景，如今被存放于统一模式的展柜中，反而丧失了个性特质，变成僵化的"标本"，难以向外传递真实的信息。基于此，当代博物馆开始探索一种新的布展理念，即通过情景模拟将展品从展柜中解放出来，还原到历史场景或日常生活中，不依赖文字说明，而是让博物馆空间自己开口"讲故事"，让观众从生动有趣的故事情节中收获信息。

将展示主题演绎为直观的图式语言，这类似于电影拍摄中的人工布景，即借助一定的虚拟场景来刻画更具真实感的历史、人文情境。以自然历史博物馆为例，传统博物馆通常是用展柜来放置动植物的标本，今天的博物馆则更倾向于以带有现实主义色彩的立体布景为观众展示一个更加真实和生动的自然环境（图4-33）。

江户东京博物馆是一座展示日本江户时期历史文化的博物馆。这座博物馆采用了故事情境的布展方式，以真实比例还原当时的城市景观和居民生活，为观众呈现

图4-33 博物馆里的立体布景

（图片来源：作者自摄）

出真实的历史画面。在参观路线的指引下，人们穿越了东京四百年来的时空变换，了解到东京曾历经战争、地震、工业革命和西方文明洗礼的发展历程。整个展览好像一部活化的历史教科书，让观众在栩栩如生的场景中收获了知识（图4-34）。台湾学者刘惠媛称它创造了一个好的"接触点"，以一座真实比例的"江户桥"，展开整个"历史散步"的动线。

梅赛德斯—奔驰博物馆在参观流线接近尾声处设置了赛车展区，利用建筑环形空间结构打造了一条立体化、情景化的赛车跑道。倾斜的"赛车道"上布置有各式赛车，与车道相对的另一侧则模拟设置了观看坐席，观众可以坐下休息并通过座位前面的电子屏幕了解更为详尽的赛车信息（图4-35）。展区内引擎声轰鸣，为临场体验又增添了一份真实感。即便是从未看过赛车比赛的观众，经由展示气氛的渲染也仿佛置身于赛道旁，跟随紧张的节奏体验比赛中的速度和激情。

图4-34　江户东京博物馆

（图片来源：刘惠媛.博物馆的美学经济[M].北京：生活·读书·新知三联书店，2007:107，112.）

图4-35　奔驰博物馆中的模拟赛车道和观看坐席

（图片来源：作者自摄）

4.3 体验的通达性与完整性

文化消费催生了"休闲教育"的观念，并由此拓展了教育概念的内涵。美国学者查尔斯·K.布赖特比尔认为，休闲教育是让人们正式或非正式地学习利用可自由支配的时间来获取自我满足，提升整体的生活质量，它的主要目的是让人们培养出伟大的人格，而并非单纯地学习知识。

在此背景下，今天的博物馆将其教育职能定义为一种"整体性"的博物馆经验。能给观众带来收获的不只是展览，还包括馆中优雅的环境、有趣的空间、人性化的服务以及难忘的休闲购物经验。这些经验的相互补充和叠加最终会构筑出一个完整的博物馆形象，使其在各个层面、各个环节都能积极运作，发挥出最大的价值和潜力。台湾学者李静芳针对新时代博物馆领域的变化做了深入研究，并提出"应跨越博物馆传统上局限于以展品或典藏品为核心的单一教育面向，为观众提供一个全面性思考博物馆教育的新角度"。她认为"有关博物馆的一切都是具有教育性的，博物馆就像是一个符号库，充满各式各样的符号，有待观众去解码，当不同的观众透过各种角度去诠释博物馆符号的时候，这些符号就可能发挥教育意义"[1]。

由此，我们可以将当代博物馆中的学习体验定义为一种"宽广化"的学习，即真正的学习并不局限于对具体知识或信息的获取，而是一种广义的对环境和周遭事物的感悟和体验。它特别强调自由的情境和开阔的视野，善于利用所有资源营造一种积极的氛围，使观众的身心得到全面发展。

4.3.1 以开阔的场所感拓宽认知视野

博物馆是一个庞大的信息载体，馆中任何场景都蕴藏着积极丰富的教育意义，应通过恰当的结构设置将信息全部释放出来。这些来自四面八方的信息最终会集结成一个立体多维的信息网络，强化观众对博物馆的综合认知与体验。

---

[1] 李静芳. 跨越传统认知的界面——从博物馆的整体性探究其教育的新面向[J]. 博物馆学季刊, 2005（10）: 55.

传统博物馆在空间设置上过分强调各个功能单元的独立性。观众处于不同的独立场域，接收到的信息和能量仅限区域内部循环流动，由此导致人们的视野带有一定的局限性，体验事物的思维方式也必然受到一定的束缚和制约。相反，如果场所感足够开阔，则便于营造一种外向通畅、积极活跃的氛围，这种氛围不仅有利于信息的传播和交流，还能促成人们放松的心态和宽广的视野。更能使他们认识到博物馆的价值绝不仅仅聚焦于展厅或其他某一处固定地点，而应将周围的所有景象都纳入进来，以博大的胸怀去体味博物馆"教育意义"更为全面的内涵所在。

1. 空间态势的开敞流通

如今，越来越多的实例表明，空间态势的开敞流通已经成为当代博物馆建筑的一大主要特征。无论何种规模、类型，博物馆都可被打造成一个多维、立体、开放的容器，用来容纳展品、人流和丰富的事件。空间不仅在同一标高处打破了各个区域的界限，实现了空间能量的水平流通，还在垂直方向上营造了用以沟通和交流的中介空间。观众站立一处，便可通过开敞的视野迅速搜寻到来自其他方向的有效信息，传统博物馆所无法提供的丰富景象尽在眼前。

2006，由让·努维尔设计的巴黎盖布朗利博物馆建成开放。在这座规模庞大的综合体中，建筑师将展示区域设计成一个长达200米的巨大条状空间。数以千计的展品并没有遵照传统方式"中规中矩"地依次排布，而是以一种相对自由的方式被放置于开放通畅的环境之中，与热闹拥挤的参观者共同构成一幅异常壮观的空间景象。一些棕色皮革包裹的被称作"蛇形家具"的墙壁顺延空间蜿蜒展开，对展区加以区隔，并形成不同高度的夹层空间（图4-36）。盖布朗利博物馆打破了传统博物馆的空间组织模式，创造出开敞的空间感和场所感，赋予参观者极大的使用自由度，也使他们在有限的时间和空间中获取了更加丰富的信息和更加充实的体验。

2. 空间层次的交融渗透

通常情况下，建筑中不同的空间之间均包含有衔接、过渡、交融和渗透等多种类型的关系，空间的关系越多元，空间层次就越丰富。传统博物馆的空间系统呈现闭塞化倾向，空间与空间大都被隔离开来，有明确的场域划分，彼此之间交流甚少。如今，这些空间却开始突破各自的场所界限，与其他空间呈现交融渗透之趋势：展示空间与交通空间彼此连通，服务空间与主要空间相互渗透……（图4-37）种种现象表明，当代博物馆提倡开放、注重各种交流，包括人与空间的交流、空间与艺术的交流、人与艺术的交流以及人与人的交流。有了鼓励交流的氛围，人们才更愿意来到这个开放自由的艺术天地，在一种无压力、无约束的状态下获取知识，同时也分享着自己不同的经验和感受。

保时捷博物馆的空间系统是多维、立体、动态的，由三层展厅围绕参观路径依次展

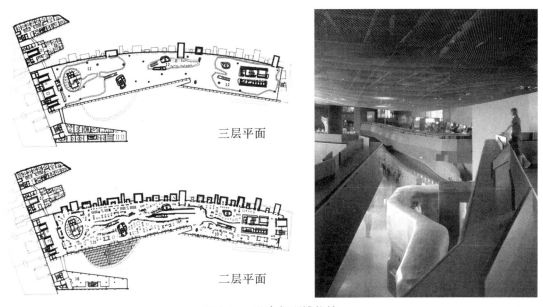

图4-36　盖布朗利博物馆
（图片来源：Sebastian Redecke. 盖布朗利博物馆，巴黎[J]. 建筑世界，2006:35, 37, 38.）

图4-37　空间层次的交融渗透，纽约现代艺术博物馆
（图片来源：作者自摄）

开。有别于传统博物馆线性、平面化的展陈布局，这里的展示空间与公共空间和交通空间不再被截然划分，而是形成连续穿插、相互渗透的空间效果（图4-38）。

3.空间界面的弱化消隐

空间的围合或开敞都要依靠界面来塑造，一旦空间的状态发生改变，界面的形式就会随之发生变化。今天的观众不希望通过博物馆中的平面示意图或门牌指示才能找到他们想要前往的各种空间，他们希望空间能够凭借其内部场景和活动的对外渗透来直接传达信息，并指引行动路线。此外，环境若想吸引人的参与，应该表现出一种欢迎的姿态，使界面尽量开放化，而封闭的界面处理稍显冷漠，像一道屏障将人与空间的关系隔离疏远。若能使博物馆中各个功能区域的界面以通透、流动、弱化甚至消隐的方式呈现，则会无形之中拉近观众的距离，并进一步扩大环境中能量和信息的外延，使每一处空间的价值得以最大化的体现（图4-39）。

慕尼黑现代绘画艺术陈列馆的陈展主题涉及现代艺术、版画、建筑和工业设计四个方面。斯蒂芬·布劳费尔斯巧妙利用开放性的结构设置，将展示主题各不相同的空间界面弱化消隐，使这些功能不同、标高不同、形态尺度各异的空间保持着一种相互渗透又若即若离的微妙关系。得益于此，展厅墙壁上悬挂的装置作品、楼梯尽端的电子屏幕、商店里琳琅满目的货物以及咖啡厅里悠闲谈天的人群……这些不同的事物神奇般地在空间中共同出现，并相互碰撞、交流（图4-40）。观众没有视线阻挡，无论在何处驻足，都可瞥见或远或近的丰富景象。而空间中的所有展品也在流动的氛围中参与创造了一幅五彩缤纷的拼贴画，人们偶尔还会在不同种类艺术的对立与冲突中收获意想不到的启发。

4.3.2 挖掘辅助功能空间的教育潜力

现代教学模式中有一种以认知灵活性理论为基础的教学模式叫作"通达式教学"，它是指在教学中针对同一学习内容，在不同时间、不同情境以及不同视角下进行多次传播，从多种维度来表现知识，从而实现学习者对知识内容全面而深刻的认识。而这种多次传播，并不是对知识教授实施的简单重复，每一

图4-38 保时捷博物馆

（图片来源：王振军,赵翀玺.速度与激情在空间上的平衡——保时捷汽车博物馆[J].建筑与文化，2012(12)：24.）

图4-39 德国宝马博物馆

（图片来源：作者自摄）

次传播途径都会有差异，期望达到的目的也有所不同。借鉴到博物馆的教育计划中，即应当整合所有可利用资源，作为强化展示主题的手段和途径，持续向观众输入信息，使他们的体验更加充实完整。

多元化的消费需求促使当代博物馆的功能构成日趋丰富，除了传统的展藏空间以外，各种活动室、报告厅、培训教室、图书室、商店、餐厅、咖啡吧等附属设施在整个空间体系中占据了越来越多的比重。这些功能空间不仅为观众体验的舒适性与愉悦性提供了保障，也是完善博物馆自身文化传播功能的有效途径。以"通达式教学"的视角来看，如果对这些辅助设施加以合理地规划和塑造，它们将会超越自身的功能所限，在宏观教育层面上发挥重要作用。

1.渲染休闲空间的文化意境

一般而言，博物馆的有效信息主要在展厅中传播完成，其他休闲娱乐设施如商店、餐厅等通常会作为一种对观众参观行为的有益补充而存在。至于补充的目标，多半是为了让人们在学习之余得到放松的享受，并无其他内涵。但近年来，通过对观众休闲娱乐行为的研究，有关学者发现，其实休闲娱乐空间是一处很好地为观众提供"补偿信息"的环境，如果加以有效利用，将会大大提升博物馆的吸引力和影响力，对教育效果起到画龙点睛的作用。以商店为例，台湾学者李俊明就曾指出，光顾商店是了解博物馆展示主题的一个巧妙途

图4-40　慕尼黑现代艺术陈列馆

（图片来源：作者自摄）

径。面对博物馆中数量庞大的藏品，许多观众一时难以理出头绪，但是只要走进商店，即使事先没做功课，快速扫描一遍架上的明信片，或是纪念T恤上印着什么图案，马克杯上压着什么花纹，就知道应该看什么是"镇馆之宝"了[①]。

如今，当越来越多的商店、餐厅、咖啡吧等休闲设施涌入博物馆，我们应当在观念上认识到它们的存在并非是博物馆中可有可无的次要角色，也并非纯粹的经济营销手段。实际上，这类空间应立足于让自身成为辅助性信息传播的有效工具，协助博物馆一同完善和丰富观众的认知体验。作为建筑师，如能在设计中对其位置排布和氛围营造稍加用心，就会促使休闲空间更好地发挥教育职能，让人们的休闲活动更具深刻内涵。

（1）空间排布与参观流线的关照　在许多传统博物馆中，商店或餐厅等空间通常会被安排在隐蔽的一角，环境单调、规模局促，唯恐其商业气息亵渎了博物馆的神圣使命。由此带来的弊端是观众光顾的机会有限，空间利用率十分低下，不得不设却又常常无人问津，造成资源浪费。

为了迎合消费需求，今天的博物馆大都将这类空间布置在引人注目的"黄金地段"，目的是作为一种有效的营销手段，吸引观众的频繁光顾，并传递亲切、轻松的氛围。诸如商店如能与主要出入口临近，或者分布于展厅附近，其利用率将会大大提升；而餐厅、咖啡吧等空间如能处在观众轻易看到并方便到达之地，也将会给他们的使用带来更大便捷（图4-41）。

（2）空间品质与整体环境的契合　有调查显示，美国博物馆的参观者在馆内商店、餐厅中花费的时间与其在展厅中停留的时间相当甚至更多，这也意味着在当今时代，博物馆中的休闲空间与陈展空间的关系已由原来的绝对附属转变为相辅相成。如果一座拥有高品质展示环境的博物馆在休闲空间的配置上缺乏品位和特色，将会在观众的整体印象中大打折扣，更无法在完善教育职能方面发挥积极的作用。因此，建筑师在设计休闲空间时，应主动将其纳入到博物馆整体环境的基调中，在陈展空间中花费多大

---

① 李俊明.我不在家，就在去博物馆的路上[M].北京：生活 读书 新知三联书店，2005:61.

心思,在休闲空间中也应给予相应的重视,确保这些空间在各自的位置上物尽其用,并一同协作以维持博物馆宏观体系的良性运转。

一般而言,休闲空间的空间规模、空间形态和空间氛围共同决定了该场所的综合品质。2010年刚刚开业的The Wright特色餐厅位于纽约古根海姆博物馆的圆形大厅一侧。设计者从赖特对几何形式和材质的运用中获取灵感,以动态造型来组织餐厅的室内设计主题。曲线形层叠交织的天花板回应了博物馆的螺旋空间,白色主基调也是为了与博物馆取得视觉上的关联。这种整体性的空间体验有助于观众对博物馆形成更加统一、深刻的印象,不仅丰富了观众的体验层次,对于提升博物馆的吸引力而言同样具有积极的作用。

在许多博物馆的餐厅或咖啡厅中,观众可以坐在某位名家设计的椅子上,用获得红点设计大奖的杯子喝一杯饮料,或者盯着餐巾上的印象派绘画发呆。而在观众脚下、头上和身边,布满了当代艺术家的艺术作品。这些本应放在展厅中的艺术作品延伸至此,无非是想让人们在休闲的同时也能继续沉浸在艺术的氛围中,并在一种亲切、轻松、毫无压力的方式下接收有关展示主题的"补偿信息"(图4-42)。

a)日本国立新美术馆中的咖啡厅和商店

b)大英博物馆中的餐厅

图4-41 博物馆中各种易于抵达的休闲空间
(图片来源:作者自摄)

图4-42 韩国三星leeum美术馆餐厅
(图片来源:作者自摄)

2.挖掘辅助教育空间的活力

辅助教育空间,顾名思义,是指除去陈展空间之外,为博物馆观众提供讲座、科研、技能培训、实验操作等补充性教育活动的辅助功能空间，包括报告厅、图书室、多功能厅、培训教室、儿童活动室等（图4-43）。这些空间本应作为博物馆教育体系的一个重要分支而存在，但是在传统博物馆中一直没有受到足够重视，导致无论在空间设置还是活动策划中都缺乏鲜明的特色和吸引力，在与其他功能空间争取观众上处于劣势，根本无法发挥辅助性的教育职能。

如今，博物馆为了更新和扩充人们的参观经验，频繁开展各种辅助教育活动，有目的地向观众传播主题信息，并逐渐获得人们的认同。华盛顿科克兰艺术馆的公共项目负责人杰内特·索林戈根据观众调查的信息反馈整理出了对人们具有吸引力，并可使他们从中获益的各项活动的排列组合，包括室内音乐会、戏剧表演、诗朗诵、名人讲座、继续教育、学习旅游、签名售书活动、品尝食物和社交招待[①]。这些活动成为他们进一步了解历史、艺术、科学的契机，也促使承办这些活动的辅助教育空间重新变得活跃起来。

（1）面积比重的调配平衡　辅助教育空间在整个空间系统中所占比例呈日益增长之态势，这充分表明了今天的博物馆已不再是简单的文物展藏机构，而是一个具有多重使命、多种文化教育职能的综合中心。比如纽约现代艺术博物馆在第四次改建中，针对艺术教育资源进行了巨大的扩充。不仅增加了图书馆、档案室、阅览室、讲堂、剧场的面积，还专门为艺术爱好者新增了一系列用于馆内艺术品研究的专业研究中心，使他们能够享受到更多的学习机会。

旧金山现代艺术博物馆在首层布置了280座用于报告、座谈、放映的礼堂和两个

a）工作室，布里斯班博物馆

b）教育中心，澳大利亚博物馆

c）报告厅，日本根津美术馆

图4-43　多样化的教育空间
（图片来源：作者自摄）

① 尼尔·科特勒，菲利普·科特勒.博物馆战略与市场营销[M].北京：北京燕山出版社，2006：43.

大工作室,在地下层布置了一个100座的教室、一座可容纳65000本书刊的图书馆和照相与艺术主题研究室。美利坚合众国大灾难纪念馆中包含了1500平方米的图书档案研究中心,400平方米的教育会议中心,330平方米的学习厅以及414座的剧院和178座的影院。辅助教育空间的面积占到总建筑面积的34.87%(图4-44)。

(2)空间类型的多元显现　辅助教育空间的类型近年来有逐渐丰富、扩充之趋势。研究者发现,传统类型的教育空间已经远远不能满足消费时代观众的充沛精力和多元化需求,他们总是希望博物馆尽可能提供更多的学习资源,开展更多的学术活动。因此,新建博物馆应该针对观众的需求充分利用馆内文化资源,灵活设置不同类型的教育场所,扩充学习体验。

美国许多博物馆的特展区均附设教育场所,有的称"教室""学习室"或者"艺术信息室""互动学习站"。一般会布置桌椅、放置图录,或者播放录像以及互动多媒体等。台湾自然科学博物馆设有六间"剧场教室",每间教室由一位教师带领参与者进行

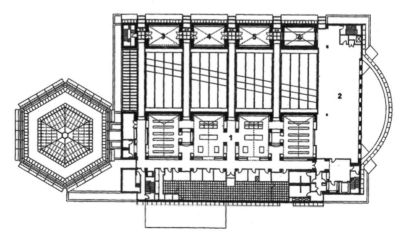

图4-44　美利坚合众国大灾难纪念馆平面

(图片来源:亚瑟·罗森布拉特.博物馆建筑[M].北京:中国建筑工业出版社,2004:166~169.)

主题探索，空间设计则因主题的不同而有所差异。2002年开幕的韩国首尔历史博物馆（The Seoul Museum of History，SMH），在馆内为成人设置"体验教室"，为青少年设置"传统文化体验教室"，为儿童设立"儿童历史探险教室"，甚至为外国低年级小学生设置"首尔历史文化体验教室"[①]。

大埃及博物馆中不仅设有图书馆、报告厅，还针对专业人士及普通观众的不同需求设置了一系列教育研究空间，包括会议中心、教育中心、手工艺中心以及实验室等。其中，用于文物保护修复研究的专业实验室像公共展厅一样可对观众进行"视觉开放"，人们可以通过这一途径更清晰地了解到博物馆的幕后工作是如何展开的。也正是得益于建筑师对教育空间的精心规划，这些在传统博物馆中无法收获的特殊体验才得以实现。

4.3.3 强化博物馆与现实世界的关联

在博物馆诞生之初，用以展示文物珍品的场所多半设置在私人宫殿、府邸或城堡，虽不正规，却带有强烈的日常气息，人们如同在自己家里欣赏艺术一样进行参观。当博物馆逐渐发展成为专业的收藏机构并对社会开放后，展示环境开始趋向正式、庄重，并刻意与现实世界拉开距离。对此的解释是，只有当展品与它原本生存的环境分离开来，才能制造阅读和观看的距离，而这一距离正是审美发生的基本条件。此外，"与世隔绝"的空间还被认为能使观众与他们的日常意识相分离，协助他们去除杂念，投入纯粹的审美体验。

将博物馆与现实世界隔离开来的做法随着1965年墨西哥人类学博物馆中全封闭"黑暗展厅"的出现达到顶峰，之后又被推广到全世界。尽管在十年后，由于能耗过大、心理感受压抑等原因，"黑暗展厅"逐渐淡出人们的视野，但这一观念却对那段时期的博物馆创作有着极大影响。大量建筑师热衷于以内向型、封闭性的展厅在现实世界之外另造天地，直到20世纪八九十年代，这一现象才得

---

① 刘婉珍.博物馆就是剧场[M].Top 出版社，2007: 70~71.

第4章 基于体验消费的空间营造 157

a）斯图加特国立美术馆新馆

b）慕尼黑新绘画馆

图4-45 博物馆中的庭院
（图片来源：作者自摄）

以缓解。一些博物馆开始不满足于在一个绝对抽象和孤立的世界中自说自话，而是渐渐与日常生活恢复关联。例如在斯图加特国立美术馆新馆和慕尼黑新绘画馆中，建筑师均设计了由展厅所围绕的内部庭院（图4-45）；而在美籍华人建筑师贝聿铭的华盛顿国家美术馆东馆中，建筑的三角形中庭也以开敞通透的空间氛围、清新自然的景观设置以及变化丰富的光影效果，为参观者提供了轻松闲适的观展体验（图4-46）。

如今，作为"文化消费场所"的博物馆已经从象牙塔回归到现实世界，博物馆与生活之间的关系也逐渐由对立变为和谐。在此影响下，博物馆建筑普遍的发展趋势是不再刻意回避自身与外在的关联，并竭尽所能制造机会加强内部空间与现实世界的渗透交融。与传统博物馆相比，当代博物馆所扮演的角色其实更像是一个外向型的媒介，将历史与当下、神圣与世俗紧密相连。在此情境下的学习应当被理解成一种积极的生活方式和看待世界的观点，因为博物馆的价值并不在于单纯地收藏和保存，更重要的是利用所藏之物启迪心灵、开拓视野，让人们在与历史的对话中为现在和未来汲取灵感。

1. 自然环境的投射

建筑与自然之间一直存在着一种奇妙的关联，这种关联类似于人工之力与自然之手之间的矛盾在经过巧妙化解后变为一种默契的相互依存。传统博物馆为了维护展示环境的"纯粹性"，一度忽略甚至阻断了自身与自然世界的关联。当我们身处这样的空间，感受到的是一种绝然静止和凝固的氛围，虽然这种氛围屏蔽了日常生活

图4-46 华盛顿国家美术馆东馆
（图片来源：作者自摄）

的纷繁芜杂，但被一起屏蔽的还有来自于周遭环境的生动景象和自然气息。而自然环境，恰是此时此地的真实存在，它传达着一种最为质朴却又感人的气息，如能将其以一种恰当的方式引入博物馆，非但不会干扰人们观展，还会赋予空间额外的生机与活力（图4-47）。自然世界中的光影变幻、绿树红花、碧水蓝天，这些活性真实的场景是任何人工化装饰所不能比拟的。更重要的是，它能让人们感受到一种生命的脉动，当生命脉动与静止固化的展品交融在一起，展品仿佛也被注入了新的活力，跟随自然一同呼吸。

日本建筑师设计的许多美术馆和博物馆善于从选址、规划到空间组织等方面体现建筑与自然环境之间亲密的对话关系。这种对话不是简单的交谈，而是通过一定的建筑手段有计划、有目的地将自然要素从外部世界抽象出来形成建筑中的特定画面，这些画面充分显现了自然环境的存在，但又不破坏建筑的整体基调（图4-48）。

德扬博物馆新馆位于金门大桥公园，园内自然风光优美，博物馆作为嵌入环境中的新要素，在空间规划中实现了自身与环境的交融共生。建筑师巧妙利用建筑形体的切空与延

图4-47　中国成都鹿野苑石刻博物馆

（图片来源：作者自摄）

图4-48　日本根津美术馆

（图片来源：作者自摄）

展将自然景观"编织"到一座庞大体量的博物馆内部空间。"平面上三条狭长的带状体块与两条绿带相交替,在某些部位如同相互交叉的手指,让绿色流入其中(图4-49)。若干具有强烈透视感的楔形空间不仅形成强烈的导向性,而且延展了人们对这些绿色的感知,让观众觉得在参观过程中它们无处不在,甚至勾起人们走进博物馆之前享受公园自然景色的美妙记忆。建筑物不再是绿色容器中的一件物品,相反,它本身成为包容绿色的容器"[①]。

2.区域特征的延伸

建筑无法脱离其所处场所而单独生存,场所具有的实

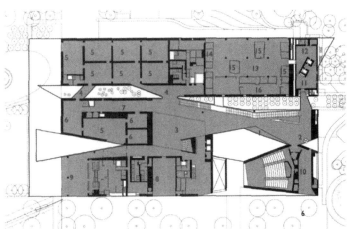

图4-49 自然景观引入室内,德扬艺术馆新馆
(图片来源:张晓春.旧金山文化艺术的新焦点,德扬博物馆新馆设计[J].时代建筑,2006(11):85,87.)

---

① 李苏萍,田阳.艺术、自然与时间的感知机器,旧金山德扬艺术馆新馆[J].室内设计与装修,2007(06):15.

160　博物馆之美：文化消费时代的博物馆设计

体特征与精神内涵总会在建筑中以或显或隐的方式展现出来。博物馆在大多数情况下是一个地域的文明象征，它与生俱来地携带着那个区域的历史信息、民族符号和文化特点，只是这些特征在设计中多被外化成建筑形象要素，在内部空间中却少有体现。一旦人们从外面进入博物馆，所有的区域性关联也随之消失，室内千篇一律的布景设置又将参观者带入一种似曾相识的情境之中，甚至使人难以对所处环境建立一种清晰的辨识度和认同感。

针对这种情况，许多建筑师开始有意识地将博物馆所处环境的区域特征渗透进来，让参观者在建筑内部也能明显地感受到他们所处之地与整体区域环境之间的关联。这种关联的展现有助于观众全面和真实地了解博物馆中展品生存及演变的历史、自然和人文背景，也将促使人们在艺术与生活的相互关照中对现实世界有更加深刻的感悟和体会。约翰·波普-亨尼西在描述大都会博物馆时曾呼吁："我希望，参观者离开陈列室时，同样也会有那种我整理出来的感受，即现实世界从莫奈、马奈和雷诺阿那样的享乐主义者的立场看的话，比人们想象的还要有乐趣。"①

如今，越来越多的博物馆敞开怀抱，热烈又真诚地拥抱它们周遭的环境和事物。诸如有些博物馆在展厅空间或公共空间的一侧设置了通透的界面，使参观者可以随时眺望窗外的自然、城市景观；有些博物馆则干脆设置了专门的、用于欣赏区域风貌的休息空间（图4-50）；还有些博物馆是借用整个建筑的空间规划来阐释博物馆与所处区域之间的独特关系，通过一幢建筑

a）泰特现代艺术馆

b）昆士兰现代美术馆

c）澳大利亚博物馆

图4-50　用于欣赏自然景观和城市风貌的特定空间

（图片来源：作者自摄）

① 大卫·卡里尔.博物馆怀疑论——公共美术馆中的艺术展览史[M].南京：江苏美术出版社，2009:175.

教会人们应该如何以新的方式看待艺术、理解城市。迈耶设计的盖蒂中心就是其一。

盖蒂中心建在从洛杉矶到圣地亚哥高速公路旁的小山顶上,向下能俯瞰洛杉矶的整个城市景观。博物馆的空间组织平淡无奇,甚至有许多建筑评论家认为它过于保守,缺乏创意,但迈耶对此有着自己的理解。他认为,盖蒂博物馆中的绘画和雕塑不应孤单地存在,它们被放在洛杉矶的语境中,就应该与加州美好的风景联系在一起。与展品一样具有艺术价值的,还有洛杉矶的海光山色及城市风光,博物馆应将这独特的地域特征融入建筑中。因此,博物馆被处理成一个用以观赏外在的"透镜",它在组织自身的空间序列时并没有刻意营造一个鲜明独立的新场景,而是尽其所能将建筑所处环境的区域特征引入进来。参观者在室内通过通透的落地窗或者室外虚空的廊道、开敞的平台,都能欣赏到被建筑框定的城市景观(图4-51)。美国著名艺术理论家大卫·卡里尔描述道:"一幅风景画是对外在世界的映照,可以装点我们室内世界的墙壁。盖蒂博物馆则是将其景观转化成一种以窗户为画框的后历史风景画。永久藏品陈列室组成了一个3/4的圆形,因而,人们在注视下面的城市时才看完所有的收藏。由此,迈耶是主动鼓励观者往外看的,并且把风景看作是又一艺术品⋯⋯盖蒂中心把洛杉矶变成了一件艺术品,将这座当代城市融入了收藏之中。造价昂贵的博物馆把城市变成了一种景观。"[①]

3.世俗情趣的还原

传统博物馆一直将艺术与日常生活视为对立关系,艺术是高尚神圣的,日常生活

图4-51 被建筑框定的自然景观和城市景观
(图片来源:作者自摄)

① 大卫·卡里尔.博物馆怀疑论——公共美术馆中的艺术展览史[M].南京:江苏美术出版社,2009:173.

却带有世俗气息，因此，展示空间不应流露出日常生活的痕迹，否则不利于艺术氛围的缔造和审美信息的传递。然而，"艺术源于生活"恰恰阐明了伟大的艺术总是以生活为创作契机，美好的生活能够为艺术创作和艺术欣赏带来灵感，艺术与生活本来就相辅相成、不可分离。

文化消费背景之下，日常生活的审美化逐渐模糊了艺术与生活之间的界限，促使生活具有了更多的审美意味，艺术也更加平民化，不再像过去那样停留在神秘抽象的哲学层面，而是变得人人能懂。艺术的神圣感消解了，容纳艺术的空间自然也就不必再像从前那样故作神秘和高雅，更何况于参观者的心理体验而言，与现实生活太过脱离的"真空"环境会在无形之中将人们置于一种由陌生感而引发的紧张情绪中，而具有生活气息的环境却能够滋生出亲切、熟悉、无压力的氛围，这种氛围显然更有利于信息的摄取和吸收。

基于此，设计者在博物馆的空间塑造中不妨适当地引入一些世俗情趣，所谓"世俗情趣"，并非是将日常生活场景全盘真实化地呈现，而是相对于空间的绝对高雅与纯净而言，允许博物馆中有轻松、活泼的日常氛围出现，这种氛围能够很好地拉近人与艺术之间的距离，促使博物馆完成从"精英文化圣殿"到"大众文化平台"的身份转变。

纽约现代艺术博物馆著名的艾比·艾德瑞其·洛克斐勒雕塑花园是一个诠释"世俗情趣"的最佳地点。雕塑花园位于新旧建筑之间，是一个由两层平台组成的户外休闲及雕塑作品展示空间。与其说它是一个雕塑展示空间，不如说它更像是喧嚣都市中一片宁静的绿洲，人们可以在这里安静地晒太阳、休息、阅读和沉思。它在视线上与博物馆内部空间相互延伸，使人们可以在建筑的不同楼层均可清晰地看到花园中生动鲜活的场景，而后被吸引着来此小坐片刻，感受一份难得的舒畅和恬淡。紧邻花园一侧设置了博物馆餐厅，花园中还有著名的Il Laboratorio Del Gelato冰淇淋售卖，人们在观展之余可以在此一边欣赏美景一边休息或用餐（图4-52）。

图4-52　MOMA中的雕塑花园

（图片来源：作者自摄）

4.4 本章小结

以大众体验需求为出发点重新构思博物馆建筑的空间构建，通过了解大众在消费时代参观动机、行为和心理等因素发生的深刻转变，对传统博物馆陈旧落后的空间设计观念进行有针对性的调整与完善。

首先，营造与开放性和自主性体验相适应的空间。注重对不同个体行为开放性与自主性的尊重，认同多元化的思想、价值观以及多元化的行为和体验。主张以包容性、多义性和灵活性的建筑空间取代传统博物馆的中过于严谨理性、清晰明确的空间布局，鼓励观众追随个人意愿自由地使用空间、主动理解空间的情节叙事、解读展示文本的不同内涵。

其次，营造与闲适性和愉悦性体验相适应的空间。注重由消费需求带来的博物馆整体氛围和施教方式的改变，兼顾空间知性意境与趣味性氛围的双重营造，创造与"闲逛"行为相适应的游历型空间，与"探索"行为相适应的发现型空间，以及与"游戏"行为相适应的参与型空间。

最后，营造与通达性和完整性体验相适应的空间。注重其空间体系的开阔性、整体性以及与现实世界的关联。设置开放通畅的空间结构，为观众提供丰富的信息及开阔的视野；强化辅助功能空间的空间品质与氛围营造，充实观众的博物馆体验；强化博物馆与现实世界之间的关联，让观众在审阅历史中为现在与未来的生活汲取灵感。

第5章
基于审美营销的形象塑造

视觉文化的繁荣带动了审美消费的勃兴。在这场愈演愈烈的全球博物馆兴建热潮中，社会与公众对建筑形象的关注上升至前所未有的高度。博物馆为了更好地营销自身，创立品牌效应，在形象建设上投入巨大，以新颖奇特、风格鲜明的造型来扩充社会影响力，成为当今博物馆发展战略中的关键一步。对此，美国博物馆界从事博物馆营销的著名学者尼尔·考特勒（Neil Kotler）博士认为："今日，博物馆本身的建筑与设计，对大多数的博物馆观众而言，其显著的地位已经与过去人们对收藏品与展览的看重程度并驾齐驱。"[1]建筑形象之所以可以撼动藏品成为决定博物馆社会影响力的核心要素，其根本原因在于建筑可以凭借其自身独特的审美表现力在最短的时间内制造话题，吸引媒体关注，并为博物馆赢取大量的观光人潮。

在消费时代，良好的建筑形象就如同精美的商品包装，可以对外传递积极的信息，更是博取观众好感的有效途径。从这一层面来看，将建筑形象塑造视为博物馆进行自我"审美营销"的工具是合理的。然而营销什么，怎样营销才是关键所在。一般观念中以表层奇观景象来争夺眼球的做法也许具有一定的效用，但假如形象自身的表现力只停留于单纯的美学层面和视觉效果，其效用的持久性将是十分有限的。基于此，本书提倡当代博物馆应在其形象中构建一种具有"厚度感"的审美。所谓"厚度"，是与"为美而美"的平面化、无深度相对的一个概念，它是指建筑师不仅应将形式表层的绚丽华美作为博物馆形象构建的目标，还应努力挖掘形式背后所蕴藏的深刻内涵，使每一种审美形式都连接着不同的设计思想、建造背景以及具体的物质、精神需求。透过这些建筑表象的审美特征，人们能够接收一定的信息，获取一定的感受，从而对博物馆有更加深刻和全面的了解，这才是"营销"真正的目的所在。

5.1 多元趣味的呈现

当代博物馆建筑在审美营销中呈现的最为显著的特征即是对多元趣味的营造与展现。消费时代是建筑审美获得

---

[1] 何春寰. 古根汉全球化经营营销策略发酵：扩张主义与认同危机[J]. 博物馆学季刊 2004（04）：10.

空前解放的时代,大众对审美接受程度的开放性与多元性促成了更趋自由和宽松的创作环境,各种思潮、流派、主义悉数登场、竞相争艳。博物馆在形式上更新的频率和程度尤其之频繁和剧烈,不同审美风格、形式特征的建筑形象充斥着人们的眼球,为大众带来一场视觉狂欢的盛宴。

热闹纷繁的建筑美景一方面将博物馆推至当今时代审美表演的中心舞台,另一方面却不可避免地引发了新的困惑与迷乱。多元化的审美倾向彻底瓦解了经典美学标准,但又没能建立起取代它的新标准。不再有约束的建筑师开始毫无章法地肆意妄为,"仿佛世界已没有也无须一个衡量是非优劣的标准,其结果是,在所谓'多元化'的场景背后,不是百家争鸣的繁荣,而是各行其是的芜杂"[1]。许多建筑师不再关心博物馆形式表现与文化内涵之间的必然关联,盲目追求多元趣味的展现,有时甚至为了实现具有"震撼力"的美学效果不惜牺牲建筑功能及经济的合理性,致使博物馆的使用价值无法得到充分发挥,成为"徒有虚表"的失败作品。

美国学者卡斯腾·哈里斯曾指出:"建筑不能仅仅降格为只是具有美学价值或技术价值,应是对我们时代而言是可取的生活方式的诠释,应帮助表达出某种共同的精神风貌。"[2]以抛弃内容为代价的纯粹的形式探索只能成就审美狂欢的假象和转瞬即逝的快感体验,毕竟博物馆是一种内蕴丰富的文化机构,它的形象不应只作为供人们消遣娱乐的工具,多元化的审美趣味说到底应该为人们提供具有多元属性和多元价值的积极的审美体验。

5.1.1 与博物馆的文化立场相契合

每座博物馆都是一个相对独立的个体,虽然它们的共同职责均是为人类保存与传承文明,为大众提供知识信息与各种体验,但它们的发展目标和运营机制却不尽相同。具体来说,在藏品范围及类型的选取、展览主题的策划、教育活动的组织开展、相关服务的设置等方面,不同的博物馆之间通常会存在较大的差异。比如史密森尼研究院所属博物馆一直坚持为观众提供高品质的艺术、文化展览以

---

[1] 孟云. 浅论当今多元化建筑文化的发展[J]. 知识经济,2009(10):128.

[2] Karsten Harries. The Ethical Function of Architecture. The MIT Press,1998:391.

及专业化的教育体验；古根海姆博物馆则热衷于举办各种突破惯常形式的商业大展，追求经济收益和社会收益的双赢。这些博物馆在工作方式和目标设定上的差异本质上是缘于它们所秉承的文化价值观有所差异。所谓文化价值观，是指不同博物馆在面对复杂、多样性的社会环境时，会依据自身的文化特点、现实利益以及所预实现的未来目标而确立的一种基本的文化态度和价值观念。这一价值观念直接影响着博物馆的办馆宗旨、经营理念，进而决定了它的具体工作内容和工作方式，以及它所面向的服务群体和社会领域。

传统时代博物馆的文化价值观是专制和统一的，即维护其文化殿堂身份的神圣不可侵犯以及文化教育机构的纯粹性。消费时代则鼓励多元价值观的和谐共存，体现在博物馆上，即不论以何种方式经营和发展，只要能够获取公众的认同，在社会生活中发挥积极效用，其存在就具有合理性。如今，我们可以看到拥有不同价值观的各式博物馆和谐有序地共同生存、相互博弈。不同的文化价值观就好像不同的企业文化一样，代表了每一座博物馆的精神文化诉求，是博物馆的灵魂，也是推动博物馆健康发展的根本动力。但文化价值观毕竟是一种隐藏于机构内部的意识形态层面的思想和观念，通常情况下，它需要人们深入博物馆内部，在切身体验中逐渐获得有效的感受与认知。

对于博物馆来说，其原本的营销策略是将办馆宗旨和经营理念印在博物馆的宣传图册或是登在网站上，但这样的做法显然是被动的，它所能释放的影响力也十分有限。而建筑形象却是一种具体可见的图示化语言，不同的建筑形象能够通过审美趣味的差异向人们传达不同的文化精神，从而让人们透过外表了解到博物馆品牌的内蕴所在。这便促使许多机构管理者认识到，若想让更多的人便捷、直观地了解博物馆的文化价值观，最有效的方法莫过于借助博物馆建筑的形象构建。具有内涵的建筑形象就类似于"言之有物"的广告，它向所有看到它的人传递有效信息并发出邀请，同时激发他们参与的热情和兴趣。而这种品牌形象一旦被确立，伴随而来的将是消费者们对其一系列积极的想象（包括质量、可靠性、信任度以及对其品质的期待等）[1]。

---

[1] 尼尔·科特勒，菲利普·科特勒.博物馆战略与市场营销[M].北京：北京燕山出版社，2006: 225.

以古根海姆博物馆为例，与传统博物馆不同，古根海姆基金会一直强调立足于服务与时代背景紧密相关的大众文化，并大胆尝试具有商业导向的经营模式，以使博物馆在面对国际化及激烈竞争的社会中，通过行之有效的策略实现自给自足和永续发展。1988年上任的基金会执行长克莱士将商业世界的操作手法引入到博物馆的运营机制中，一手策划了古根海姆全球扩张的宏伟蓝图。

克莱士自知博物馆建筑本身的独特性是使古根海姆跻身国际行列的重要因素，因此在一系列扩张计划中，利用新建筑来制造"轰动效应"成为博物馆营销自身的得力工具。"在最短的时间内给你看最前卫的建筑和最好的艺术品"是古根海姆的宣传口号，前卫建筑已经被明确定义为树立古根海姆品牌形象的最佳广告。基金会也总是热衷于启用当下最具先锋意识、最有影响力，甚至也颇具争议的建筑师为博物馆注入激情、活力和无穷的创意。而每一个不同凡响的建筑形象都好似一张印有古根海姆标识的名片，向人们传递着古根海姆勇于突破、大胆创新的意志和决心（表5-1）。

古根海姆博物馆各地分馆　　　　　　　　　　　表5-1

时间/地点/建筑师	建筑形象	时间/地点/建筑师	建筑形象
1959 美国纽约 弗兰克·劳埃德·赖特		1997 西班牙 毕尔巴鄂 弗兰克·盖里	
2001 美国 拉斯维加斯 莱姆·库哈斯		2004（方案） 中国台湾 扎哈·哈迪德	
2008（中标） 立陶宛 维尔纽斯 扎哈·哈迪德		2018建成 阿联酋 阿布扎比 弗兰克·盖里	

（资料来源：作者根据资料整理）

由此可见，一座好的博物馆一定会有自身坚守的文化立场，而一座优秀的博物馆建筑也应该拥有属于自己的独特的审美表达方式。尤为重要的是，这种审美表达不能仅仅建立在单纯地对表层形式美的追求上，外化的审美特征应是深层文化观念的表征与体现。英国学者肯尼斯·赫德森曾说过："一个真正成功的博物馆建筑应该反映该博物馆的中心思想，如果一个博物馆没有中心思想，其结果只能是成为一座糟糕的建筑。"[1]建筑师在设计之初必须对博物馆的文化立场有所了解，知晓它所服务的博物馆在对待文化资源以及社会公众等方面所秉承的态度和原则，以此为依据所进行的构思和创作才会是恰当的、适宜的，与博物馆的内在精神紧密贴合的。也只有这样，博物馆独特的审美形态才能超越单纯的形式层面，建立起一种思想的厚度和意义的深度，以便于人们在其中解读出有效的信息，迅速对博物馆建立直观的认知和了解。

位于洛杉矶的盖蒂中心是一组庞大的建筑群落（图5-1），由美术馆、艺术史与人文研究所、艺术教育机构等综合部门组成。这座由私人资助兴建的艺术中心不想以"艺术殿堂"的姿态示人，而是结合加州"游戏"与"娱乐"取向的文化生态，意图为游人打造一座以"艺术教育"为圆心的主题乐园[2]（图5-2）。设计者理查德·迈耶将其擅长的现代主义风格融入其中，以清新脱俗的材质搭配与活泼灵动的语汇构成展现建筑与自然和艺术之间的融洽关系。建筑的形体变化十分丰富，以通透轻盈的玻璃界面和斑驳的光影来消除传统博物馆所惯有的厚重感和封闭感。波浪形状的观景平台、绵延伸展的联系廊道与庭院中的喷泉水池、树木花草、遮阳伞、休闲座椅以及涌动的人群共同构成鲜活生动的场景和画面。

图5-1　盖蒂中心鸟瞰

（图片来源：杨凯雯，江滨.理查德·迈耶——"白色派"建筑大师[J].中国勘察设计，2016（11）：65.）

---

[1] Kenneth Hudson. Museums for the 1980's: A Survey of World Trends.Holmes & Meier Pub, 1978:55.
[2] 刘惠媛.博物馆的美学经济[M].北京：生活·读书·新知三联书店，2007: 158.

a）建筑与景观之间的和谐关系

b）生动活泼的建筑风格

图5-2 "主题乐园"模式的盖蒂中心

（图片来源：作者自摄）

如果以纯粹的美学造诣来衡量，这座历时14年才全部建造完成的综合性艺术中心也许无法与同年开幕的毕尔巴鄂古根海姆博物馆相抗衡，但就其自身的特色和定位而言，整个艺术中心却营造出一种自然轻松、惬意舒畅的感觉。迈耶准确地把握住了美术馆所意欲传达的艺术精神和文化内涵，以自然清新、朴实无华的美学特征为人们创造了"一个生活化的美术馆，一个人人都可以亲近的空间，即使面对艺术也不再有前去殿堂朝圣的距离感"[①]。

5.1.2 与时代的审美旨趣相协调

清华大学教授陈志华认为，每个时代都有自己的审美趣味，贯穿在美术、工艺、戏剧、服装和建筑中，彼此协调。总体来说，消费时代博物馆建筑的审美取向较之以往的确有了很大的不同，主要体现在审美旨趣从"宏大叙事向日常摹写"的转变，即建筑形象不再与神圣、崇高、永恒的精神表征相挂钩，而是更倾向于对大众文化和世俗情

[①] 刘惠媛. 博物馆的美学经济[M]. 北京：生活•读书•新知三联书店，2007:158.

趣的弘扬和表现。究其原因,这与整个消费时代审美活动的日常化与平民化有着紧密的联系。

在过去,审美活动通常被认为属于精英文化的范畴,是超功利化的,专为人们提供纯粹的精神指引和内心观照。然而消费时代的文化逻辑消弭了精英文化与大众文化之间的界限,审美活动逐渐从昔日庄严的神坛走向世俗世界,它更加关注普通大众的对美的需求,关注满足人们日常的欲望释放及情感愉悦,从根本上说体现出对人性的尊重和关怀。受此影响,传统博物馆中精英化的美学特征也开始趋于淡化、消解,与此同时,真正的大众文化和世俗情趣却开始逐渐显现出来。轻松、悦目、生动、活泼的基调占据了当今博物馆建筑审美演化的主流趋向,常态生活中的真实趣味与丰富情感超越了纯粹的精神象征成为博物馆所着力表现的题材。也正因如此,博物馆建筑原本单一化的审美标准被彻底颠覆和瓦解,日常生活和世俗审美所具有的无穷活力赋予博物馆千变万化的审美情趣,并为博物馆的发展演变创造了更加广阔的空间和机遇。对于今天的建筑师而言,我们不必再像过去那样惧怕博物馆与日常生活和世俗文化产生关联,相反,还应主动、积极地在博物馆建筑中表现世俗文化的美和它的独特魅力。

1.世俗文化的美感表现

今天的博物馆建筑在其形象塑造中更多地体现出大众的审美偏好,即表现为一种世俗化倾向(图5-3)。这种世俗化的倾向不仅体现在新建的博物馆中,甚至连一些传统博物馆或是以旧建筑改造而成的博物馆也争先恐后地通过其他方式来在原本庄重、严谨的建筑中加入些许世俗化的情趣,以此来彰显其时代性和大众性。但在过去,博物馆这样的精英文化机构是很难与"俗"字扯上关系的。传统观念总是将雅与俗设置在相互对立的两面,认为"俗"即等同于庸俗、低俗甚至粗俗、恶俗,是一种降低品格的低级文

a) 澳大利亚国家博物馆　　　　　　b) 维特拉家具博物馆

图5-3　当代博物馆的审美世俗化倾向

(图片来源:
a) 支文军,秦蕾.隐喻的表现——澳大利亚国家博物馆的双重话语[J].时代建筑,2002(03):62.
b) 王路,吴耀东.协作与个性——维特拉家具公司建筑评述[J].世界建筑,2000(07):58.)

化，与博物馆所应展现的姿态截然相反。但实际上，这里所说的"世俗"是与"庸俗""低俗"有着本质区别的。审美的"世俗化"是指以人们的日常生活为摹本来提炼和创造美的形式和美的思想，相对于传统审美的"形而上"和"抽象"而言，世俗化的审美因为与当下人们所处的真实世界更为贴近，因此也具有更加亲和、更加生动的特点。也有学者将这种世俗化的审美称之"生活美学"，认为生活美学是以人类的"此在"生活为动力、为本源、为内容的美学，是将"美本身"还给"生活本身"的美学，是消解生活与艺术之"人为"边界的美学。当然，美也不等同于世俗生活本身[①]。也就是说，世俗化的审美并不是将现实生活"不加修饰"地直接摆上台面，它是源于生活、高于生活的一种审美形式，是将生活中原本人们容易忽略或者认为不具美感的普通事物经过"艺术化"的处理使之具有了美的属性和特质。

需要特别需要说明的是，博物馆建筑在其审美表现中渗透世俗情趣的本意是为了突破传统美学所必须遵从的僵化的构图法则、审美定律等，转而以一种较为自由、轻松的审美表述方式让博物馆变得更加鲜活生动并贴近普通人的生活。世俗情趣和生活美学虽然有别于经典美学，但其自身仍应遵守一般性的美学准则和审美评判标准，绝不等同于建筑师毫无章法、肆意随机地进行创作。因为一旦世俗与美之间不能调适成一种平衡状态，世俗就很容易沦为低俗或者恶俗。建筑师必须建立清晰的观念，明确博物馆通过世俗情趣所要表达的意义和主题，而后再依据设计背景和设计条件的不同采取行之有效的方式将世俗文化转化为可被人感知的"美"。

卢塞恩交通博物馆位于卢塞恩市老城区，是欧洲最大的以展示交通运输工具为主题的博物馆。它临街而建，瞥一眼街道一侧的建筑立面，即能知道这座建筑的用途。因为立面的槽形玻璃内部镶嵌着各种交通工具所使用的机械部件，包括各种尺寸的车轮、推进器、涡轮机、齿轮等（图5-4）。这些有趣的机械部件被建筑师锚固在保温板前面的金属网上，参观者爬上博物馆顶层可以俯瞰湖

[①] 仪平策.生活美学：21世纪的新美学形态[J].文史哲，2003（02）：123.

岸的敞廊，可以从内侧近距离地观察到它们。由于槽形博物馆的透明性相对较低，使得人们在外部观看时能体会到不同的视觉感受。这面精致的展示窗时而展现自身内容，时而反射着对面的停车场，显得朦胧、生动且富于变化。

盖里也是善于在建筑中表达世俗情趣的代表之一，他曾明确表示自己对通俗的事物颇感兴趣。西雅图"体验音乐"博物馆（EMP）独特的色彩和形式来自于盖里对一种叫作Stratocasters电吉他的研究。对实物的形式借鉴并没有直接地体现在建筑中，盖里通过一种抽象化的方式隐喻了与之相关的主题。EMP最后所展现的吉他是扭曲的吉他，如同亨德里克曾在他的音乐会上为了表现某种反叛欲望把自己的琴摔得粉碎一样，EMP要表达的是一种属于摇滚音乐的叛逆精神（图5-5）。"在EMP波浪起伏的表面漂浮着的便是这断裂扭曲的琴弦和琴颈，它们是由彩色玻璃条带和金属肋构成的。屋顶平滑地弯下，触及地面，模糊了屋顶与墙的界限。断裂扭曲的'琴弦和琴颈'也随着流动的屋顶起伏，一直延伸到第五街人行道的上空。'天针塔'为欣赏EMP的第五立面提供了一个绝佳的视点。从这里看去，扭曲吉他的意象则更为明显。建筑外观的浅蓝色来自爵士吉他，金色来自另一种叫Les Paul的吉他，紫色来自吉米·亨德里克著名的歌'紫雾'，银色来自吉他琴弦和附件。"①

2.日常经验的诗意营造

传统观念认为，艺术与生活不能混为一谈。传统博物馆为了让观众感受纯粹的

图5-4 卢塞恩交通博物馆
（图片来源：卢塞恩交通博物馆[J].建筑细部，2009（12）：860.）

① 于水山.建构高技术的荒蛮——盖里新作,体验音乐工程中的艺术与技术[J].世界建筑,2001（07）:74.

艺术魅力，主张将他们带离日常生活经验，建筑的审美倾向多表现为一种与普通生活基调毫不相关的"阳春白雪"和"超凡脱俗"。人们在此接受艺术的熏陶，同时接受精神的洗礼和人性的升华，博物馆建筑则必须协助他们进入这样一种情境。消费时代却将普通生活与日常经验的地位提升至与艺术平等的位置，认为生活才是艺术生发的丰厚土壤。与纯粹的艺术相比，生活本身虽然平实、琐碎，但却也丰富多彩、生动鲜活，它与人之间的亲密关系使得它能超越表面的形式真正地触动人内心深处的情感。博物馆若想让人们更好地感悟艺术和文化，就不能让自身脱离真实的日常经验。因此，今天的建筑师不应忘记美是与生活紧密相连的，应该学会从日常生活中汲取灵感，通过对真实生活的理解和感悟为博物馆注入更加生动、丰富的能量和信息，将人们从单纯的敬畏与朝圣引向亲密无间的沟通与交谈。

如果说世俗文化的美感表现是将生活中具体可见的形式经过提炼和演绎以物化的方式体现在博物馆建筑的审美特征中，以唤起人们对生活的联想和热爱；那么日常经验的诗意营造则是将一种无形的，但却存在于当下的、真实鲜活的生活气息渗入到博物馆中，它并不一定要以具象的方式来表现，重要的是营造一种意境和氛围，这种氛围能够让身处其中的人们感受到博物馆与此世界的关联，并在他们感悟久远历史的同时也能体会到此刻生活的美好与恬淡。

由日本建筑师谷口吉生设计的纽约现代艺术博物馆（MOMA）第四次扩建工程是一座将日常经验与艺术主题完美融合的佳例。博物馆位于纽约市中心的闹市区，入口紧邻第53大街，连接着博物馆南北两侧的空间（图5-6）。基地现状的局促使得建筑师在处理博物馆形象时面临着一定的挑战和压力，不够突出，则会被四周鳞次栉比的高楼大厦所淹没，太突出，又会与环境形成一种紧张的对抗关系。谷

图5-5 西雅图"体验音乐"博物馆
(图片来源：作者自摄)

图5-6 城市中的博物馆
(图片来源：亨特，穆英凯.美国现代艺术博物馆改扩建[J].时代建筑，2005（04）：122.)

第 5 章 基于审美营销的形象塑造 175

口吉生在处理这样一个棘手问题时,既借鉴了日本文化中特有的含蓄、内敛,又兼顾到对纽约特有商业文化特色的表现。最后呈现出来的建筑形象看似简单质朴、平淡无奇,却在"不露声色"之间将曼哈顿的公共街区和城市生活自然地纳入到博物馆中,使博物馆的能量和气场从有限的实体空间蔓延至更大的城市空间,与人们的生活融为一体。

乍看起来,博物馆简洁现代的沿街立面与两旁矗立的商业、办公建筑并无太大差异,唯一能标识身份的只有入口上方黑色的"MOMA"标志。挨近入口的地方被建筑师布置成博物馆的书店和礼品店,通透的玻璃窗向街道上来往的人群传递着一种兼具商业和艺术氛围的双重信息(图5-7)。按照建筑师的设想,具有日常经验的信息可以强化博物馆的亲和感,使由此经过的行人自然而然地进入其中。平易近人的建筑与周边环境形成融洽的对话关系,这与那些过于强势或故作神秘的建筑相比,显然更容易博取人们的好感,因为它真正照顾到了日常经验和个人情感,同时揭示出艺术与生活之间的微妙关联。

由UN Studio设计的海特·沃克霍夫博物馆位于荷兰东部小镇奈梅亨,博物馆的外形简洁规整,呈线性布局,占据着公共广场上一处相当重要的位置。从外部看,建筑给人的第一印象是一面完整连续的玻璃墙,更像是一块被精心雕琢过的水晶体(图5-8)。与周边风格繁复、颜色鲜明的老建筑相比,博物馆显得格外安静、低调,甚至有些不太显眼,但仔细观察便会发现,建筑师通过一些细腻的处理手法赋予建筑形象微妙的变化。博物馆面向广场的二层立面被三条喷砂的玻璃条带分割成更小的尺度,三条玻璃顺延长向立面发生一定的扭曲,使建筑形象产生更加丰富和生动的光影效果。靠近公园的另外两侧的建筑立面采用更加通透的玻璃界面实现内外景致的相互交融。从外部看,玻璃界面可

图5-7 博物馆沿街形象
(图片来源:亨特,穆英凯.美国现代艺术博物馆改扩建[J].时代建筑,2005(04):123,125.)

以轻易地将周围的自然景观和城市景观映衬其中,随着季节交替和天气变换,博物馆也会呈现出不同的色彩倾向,时而是秋日正午的湛蓝清澈、时而是初冬雪后的阴郁朦胧,丰富的表情变化带给人们不同的体验和感受。从内部看,建筑师通过大面积的落地窗将室外优美的自然景色引入到展厅中,为展品注入了些许生动的气息。日常经验在这里被建筑师当作是联结艺术与生活、历史与现实的有效途径:从实体的层面看,它能使人们感受到欧洲密集的街景与自然景观之间的那种生动有趣的张力关系;从无形的层面看,它又将博物馆与整个历史和社会文脉深深地嵌合在一起。

5.1.3 与大众的审美认知力相适应

当代博物馆建筑的整体审美趣味从抽象、精深、宏大的叙事风格转变为更加具体、生动、细腻的生活摹写,审美取向的日常性与通俗性使那些具有基本审美认知能力的普通大众即能轻松地参与到审美活动中,而不必像从前那样必须经过专门的审美培训才能

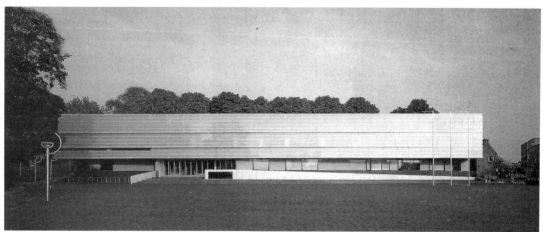

图5-8 海特·沃克霍夫博物馆

(图片来源:范·贝克尔,博斯,盈盈.奈梅亨市海特·瓦尔克霍夫博物馆,荷兰[J].世界建筑,2001(07):43,44.)

领略所谓的美的"真谛"。因此，从根本上说，消费时代的审美体验具有更广泛的延伸性和参与性，是一种真正以大众审美需求为出发点来进行创作的审美活动。既然要满足大众的审美需求，博物馆建筑的审美特征就必须被潜在的消费主体所理解，换言之，建筑形式所表现出来的审美趣味应与大众的审美认知力相适应，应以为公众提供良好的体验和感受为前提和基础。

按照心理学层面的解释，要想让人们理解审美其实并不困难。因为审美理解不是通过概念的判断、推理去进行抽象的理解，而是同感知、想象、情感交织在一起，融合着感性的理解。审美理解是一种直觉、领悟，是在各种心理机能自由协调的运动中得到的一种对本质的把握[1]。诸如我们看到跳跃的色彩和活泼的线条就会由衷地感到愉悦，看到灰暗的色彩和尖锐的线条则会感到压抑，这些基本的审美感知力虽不是与生俱来的，但却源自于我们生活经验的累积和叠加。这些经验片断构成了大众理解审美形式的基础，只要对大众的审美感知能力具有一定的判断和了解，建筑师所进行的审美创作就能够被大多数人接受并理解。

1.信息表达适度统一

消费时代的多元审美价值观从根本上瓦解了单一的建筑美学标准，也进一步促成了建筑审美形式的解放。与此同时，建筑在材料、结构、建造技术等方面的革新与发展也促使建筑师在形象创作上较之以往有了更大的发挥空间。从积极的层面来看，不再束缚于"清规戒律"的博物馆建筑呈现出前所未有的多彩景象；但从消极的层面看，过分频繁的审美创新造成了大量美学信息的堆积和冗余。如果我们留意一下当代的博物馆建筑，不难发现一个现象即建筑形象所涉及的表现手法、形式语汇、材料、技术等要素明显呈泛滥之势。面对着纷繁芜杂、瞬息万变的审美景象，大众的心理感受从最初的兴奋、激动逐渐变成麻木、迟钝甚至抵触和厌烦。哲学家菲利普·诺瓦克曾指出："我们一直以为信息丰富是一件美妙的事情，直到后

---

[1] 周妍. 论当代中国大众审美[D]. 南京：南京农业大学硕士论文，2009: 2.

来才明白，它可能会夺走我们与生俱来的精神权利——安宁。"[①]表面看起来炫目耀眼的形式中到底有多少信息是有效的，能够向人们展现统一的审美内涵，使他们在获得美好体验的同时又能很好地理解建筑所预传达的情感和意义，是建筑师应该认真考虑的问题。

在蓝天组设计的荷兰格罗宁根博物馆中，我们看到的是一个无法用清晰的语言和逻辑来阐明其审美特质的建筑外观。倾斜扭转的体量、破碎散乱的围护结构、外挂的楼梯、鲜艳的色彩和奇怪的图案……这些完全不遵从美学定律的形式要素被建筑师随意地拼合在一起（图5-9）。如果我们想从中解读出些许的深刻思想或艺术韵味，恐怕不与建筑师进行面对面的交谈是很难实现的。但事实上，建筑师在创作这座博物馆时，采用的竟然是蒙住眼睛画草图之类"自发性"的设计方式。"原先的图纸是一些含糊不清的抽象线条，被叠加了三次然后做出一个体块模型，在此基础上又将图纸叠加了一次。最后直接把图纸和模型一起扫描到计算机里并通过一个进一步提炼的过程生成平面图。图纸生成过程中发现的各种实践性错误都被有意保留下来，并最后建成，包括一个不可达的庭院。"[②]建筑师在满足于个人"自娱自乐"的创作自由时，似乎没有预料到建成后的博物馆会给观众造成极大的困惑和厌烦。究其原因，建筑形象所携带的信息已经超出了一般大众能接受和理解的范围，这些信息杂乱无章，根本无法指向特定的情感和意义，从而难以与大众达成审美共鸣，自然也就无法带给他们美的享受和体验。

图5-9　格罗宁根博物馆
（图片来源：格罗宁根博物馆，格罗宁根，荷兰[J].世界建筑，2016（07）：61.）

① 姚亚红.文化消费的伦理精神[D].苏州：苏州大学硕士学位论文，2006：2.
② 克里斯·亚伯.建筑与个性——对文化和技术变化的回应[M].北京：中国建筑工业出版社，2003：64.

因此，在当今时代，我们提倡博物馆建筑形象创作中信息表达的适度统一。这就好比一则优秀的广告通常会用简洁的语言和清晰的画面感来讲述一则完整的故事，恰当的博物馆形象也应做到既保持鲜明独立的风格特征，又要警惕纷繁的信息消解了人们对其整体印象的识别和判断。图5-10中所显示的博物馆尽管形态各异，审美趣味也截然不同，但每一座博物馆都注重维护其整体美学特征的完整和谐；审美要素的组织方式也遵从了基本的准则与秩序，从而确保博物馆最终呈现的姿态具有鲜明的特异性和清晰的可识别性。相比那些信息庞杂的建筑而言，这样的博物馆显然更容易得到审美受众的接受与认同。

2.主题特征恰当贴切

众所周知，一座好的博物馆应自观众还未进入之前就通过建筑形象向他们传递一定的信息，这些信息应大致包含博物馆的类型、主题以及其他相关的内容，信息传递得越充分，越有力，博物馆推销自身的目标就越容易实现。良好的建筑形象应在观众头脑中留下清晰明确的画面感，而画面中讲述的故事也应与博物馆的性格、气质相吻合，否则就会词不达意，造成信息传递的偏差与无效。

然而当代博物馆在盲目追求审美风格多元趣味的同时，却往往忽略形象本身对主题特征的恰当表达。许多观众在令人瞠目结舌、眼花缭乱的建筑形象面前，经常抱怨说他们不理解也搞不清博物馆的形象在言说什么内容。造成观众困惑与混沌的主要原因，是因为建筑师仅仅着眼于形式新

a）罗马国立21世纪美术馆

b）巴塞罗那当代美术馆

c）美国犹他州立大学博物馆

图5-10 审美信息的完整统一

（图片来源：作者自摄）

颖性与美感的表现，忘记了形式还应被用来诉说一定的内容与思想。这就如同一首好的乐曲除了让人觉得旋律动听之外，还应表达出一定的主题情绪，这种情绪能够将听者从表面的听觉享受引领至深层的情感共鸣。对博物馆建筑的主题特征必须提出恰当贴切的要求，也是基于同样的考虑。

玻璃博物馆位于美国华盛顿州的第三大城市塔科马，是一座展示玻璃制作工艺及玻璃艺术品的博物馆。博物馆临水而立，一座长约152米的"契胡利玻璃之桥"将其与市区连通。"玻璃之桥"的设计者是美国知名的玻璃艺术家戴尔·契胡利，它作为人们通往博物馆的必经之路，引导着人们进入奇幻迤逦的玻璃世界。无论是桥中央矗立的蓝色"宝石树"，头顶飘浮的绚烂景象，还是两侧墙上展示的各类玻璃艺术品，都在向人们传达有关博物馆的主题信息。博物馆最突出的部分，是一座90英尺（27.432米）高，倾斜17°的圆锥形塔，表皮覆盖着菱形的如鳞片般的钢饰板，能让人们联想到传统玻璃作坊的烟囱。博物馆的屋顶平台安放着一座由巴斯特·辛普森创作的名为《投射》的巨大玻璃装置艺术。由38片4英尺（1.219米）长、8英尺（2.438米）高的玻璃板两两成角度地安放在120英尺（36.576米）长的反射水池中，旨在表现玻璃所能带来的迷幻、变形以及非物质化的效果。玻璃之间以及玻璃与水面之间的角度，产生出光的多重投射、折射和反射，将周围环境以一种全新的视角融合在一起[①]。参观者由此被深深地吸引，更专注地去体会和感受玻璃的无穷魅力（图5-11）。

a）契胡利玻璃之桥

b）圆锥形塔和《投射》装置艺术

图5-11 塔科马玻璃博物馆

（图片来源：a）夏明媚.玻璃狂想曲[J].现代装饰，2011（02）：130.

b）李苏萍.热玻璃，酷艺术.塔科马玻璃博物馆[J].缤纷家居，2008（11）：148.）

---

① 李苏萍.热玻璃，酷艺术.塔科马玻璃博物馆[J].缤纷家居，2008（11）：148.

5.2 开放语义的构建

面对当代的艺术作品,我们的视觉经验有时候与艺术家的诠释是有落差的,观赏者必须在多重、混淆的意义间来回思索。虽然不能断然说"意义已经消失了",但是不可讳言,今日艺术中,通常作品和意义之间只有着松散的关系[①]。文化消费背景中的博物馆建筑面临着同样的境遇。

可以说,在对博物馆建筑进行审美消费的过程中,今天的大众逐渐成为主动意义的建构者,他们会将自己的价值观、生活方式和审美经验融入对建筑形象的理解中,而不再听从于设计者单方面赋予建筑形式的内涵与意义。这样一来,建筑师不必再去刻意追求建筑形象中信息传达的精准性和语义指涉的唯一性,博物馆建筑的审美意义趋向于开放、模糊、平和。建筑与人处于一种开放的对话关系之中,同一座建筑往往会因为审美主体的差异而呈现不同的意义,信息自身的多义性与解读能力的多样性相互交织,使博物馆拥有了更加丰富、充盈的内涵,而不再像传统建筑那样纯粹和单一。简言之,即博物馆建筑成为拥有开放语义的物质实体。

拥有开放语义的博物馆其审美价值获得了全新的拓展。因为它真正实现了人与建筑之间自由平等的对话关系,强化了观众主观能动性与创造性的发挥,使传统时代的单向性、被动性审美消费转变成一种双向互动的沟通和交流。观众在积极的消费行为中体会到了自身的价值所在,同时建筑意义也被导向开放、无终结的广阔空间。

5.2.1 弱化符号与象征的表层关联

博物馆建筑形象的象征意义来源已久。早期博物馆追求的是一种宏观且抽象的象征意义,通常以古典主义建筑风格来象征博物馆永恒、神圣的文化殿堂身份。之后,博物馆建筑的象征意义逐渐由抽象转为具象,善用一些具体

[①] 刘惠媛. 博物馆的美学经济[M]. 北京:生活·读书·新知三联书店, 2007: 91.

的形式符号来表征博物馆的主题。因博物馆是以历史、地域文化或特定主题物品为展示对象，建筑形式的象征性表达似乎是一种合理的需求。博物馆开始逐渐演变成各种象征符号的载体，以期观众能够从中解读出特定的文化背景和主题含义（图5-12）。

在我国，这种现象尤为明显。中国人是很讲究象的，象即似，似即契，契即符，符即合，若物不象则性不类①。建筑师尤其偏爱以符号与象征之物间纯粹的形态相似来建立表层关联，博物馆人对此却并不领情，他们认为对文化的追求不应仅仅体现在对所展示的文化的简单模拟上。中国博物馆协会理事长吕济民说："我曾参加上海烟草博物馆建筑方案的论证，十个方案，没有一个离开烟及烟具（烟草、烟缸、烟斗等）的造型。"为多家博物馆做过陈列设计的樊一先生说："建筑界对博物馆的定位不准确，博物馆建筑绝不是某种器物的放大。"陕西秦始皇兵马俑博物馆馆长吴永琪说："建筑像个文物才像个博物馆？有创造性才是最可取的。"②

面对这样的尴尬情形，作为建筑师，我们应该深刻反思的问题有两个：其一，博物馆是否只能通过象征主义才能清晰表达其主题内涵？对于当今时代的公众而言，他们愿意接受符号指示的欲望究竟有多强？其二，博物馆表达象征性的策略是否仅仅局限于对具体物体的形态模仿和符号提取，能否建立起超越"物"与"象"之间表层关联的其他途径？

意大利著名符号学家安贝托艾柯曾对目前意义诠释的泛滥现象提出批评，斥责为"过度诠释"。他认为："形态上的相似不可

图5-12　荷兰新大都国家科技中心
（图片来源：作者自摄）

① 余健.良渚文化博物馆兴事二则 良渚文化博物馆新馆建筑设计[J].室内设计与装修，2007(09):14.
② 王莉.中国博物馆建设的黄金时代[N].中华读书报，2002-10-23.

能成为因果关系的证据。"[①]将广博无形的文化以某种具象的方式呈现出来，这本身就具有一定的局限性和狭隘性，更何况，将特定符号及意义强加给观众的做法也是对观众主动诠释和理解能力的轻视与抵制。单一化的解释方式一旦深入人心，就抵消了建筑形象所能引发的无限联想，也弱化了人们对其进行深入探究的欲望。

1. 大象无形

"立象达意"是中国传统文化中有关审美营造的一个重要理念。在这里，"象"是手段，"意"是目的，即当主体意图传达某种主题或情感时，须借助能被感官直接感受、知觉到的具体表象来完成。"象"与"意"必须相互依存才能生成具有内涵和深度的"意象"，"意象"的感知则需建立在主体与客体、思想与形象、文本与意义相互碰撞、渗透、交融的基础之上。换言之，"象"并不是通过形式特征直接导向"意"，而是通过"想象"将表象与审美主体的记忆、情感、思想等融会贯通，经过主体创造性地自我解读赋予形式多重内涵与意义。如此看来，符号与象征的表层关联实际上是将审美形式所包含的"意蕴"导向确定和唯一，它阻断了审美主体自由驰骋的想象空间，更没有照顾到消费语境下观众主观能动性的发挥。

对于博物馆建筑来说，以符号象征来表意的建筑创作必将走向形式主义，建筑师只有摆脱"表层象征"的束缚，才能将博物馆带出"以物说话"的狭隘层面，以"无"来容纳"万有"，以开阔的姿态来表现丰富的审美内涵。概括而言，此种设计观念便是老子所言的"大象无形""大音希声"，即创作者不能仅从形出发，就形式论形式，而应基于博物馆博大精深的历史文化努力挖掘其内涵的深刻意蕴，有感于中，赋形于外，以有限的形式激发无限的遐想。

王澍自称自己是业余建筑师和文人，他对建筑审美的理解与创作观念常常受到传统文化的启发，偏爱以浪漫的情怀及诗性的思维赋予建筑超越形式之外的深邃情感。笔者在参观宁波美术馆时，曾被其中浓厚的东方文化

---

① [意]艾柯等著. [英]柯里尼编. 诠释与过度诠释[M]. 王宇根译. 北京：生活•读书•新知三联书店, 2005: 53.

意境所深深打动，然而在这座建筑中，却鲜见与中国古典文化直接相关的形式要素或符号象征。简洁有力的体量处理、明确直接的形式构成语法、钢木材质的混合搭配以及青砖砌筑而成的巨大基座共同塑造出一幅相当有现代"意味"的建筑图画，但这图画却因为建筑师在入口一侧开辟的颇有园林感觉的室外场地、迂回曲折的行进路线以及场地中水池、廊桥、翠竹等要素的介入而被赋予了一种难以言表的传统意境。在这里，趣味大于审美，有趣比"有形"更加重要，所以才使得建筑的内在境界之美超越于外在形式之美，深深地触动了观者内心的情感（图5-13）。

位于河南安阳的殷墟博物馆是一座遗址博物馆。博物馆建设于遗址的核心区域，这对其建筑形态和体量的营造构成了主要的制约因素。遗址是区域展示的主体，博物馆作为组织参观路径的辅助要素尽量弱化和消隐了自身的建筑形象，全部嵌入到地面以下，屋顶以覆土形式栽种绿色植被，与周围的自然环境融为一体。地面以下建筑外观的处理低调朴素，没有凭借任何符号象征来建立与遗址文化的主题关联，只是营造出一种兼具粗犷与厚重的质感（图5-14）。

图5-13　宁波美术馆：现代形式，传统意境
（图片来源：作者自摄）

图5-14　河南殷墟博物馆，低调朴素的建筑形象
（图片来源：张男.再谈殷墟博物馆[J].室内装饰与设计，2008(02): 65.）

设计者称:"殷之为墟的历史在提醒着我们,什么形态也不足以表现时间的久远,也许唯有天空、明月和微风这些永不衰老的主题才会给我们所希望的时空错觉,并依赖这种错觉构建预设的空间氛围。所以在这座地下建筑的里里外外,下沉天井的一方云影、狭长舒缓的坡道里一线天空和掠过浅浅的龟池中的风,都变成了设计的基本元素,与大片朴实的、沉着的和粗犷的水刷豆石墙面一样,并没有具体的形和物的指向,只是在暗示一段远古的故事,是在这里发生。"[1]

2.言不尽意

广告设计特别强调其内容的创造性和对公众的启发能力。与那些喋喋不休地强调其产品或服务特色、功能优势的广告相比,一则优秀的广告其高明之处在于,它对自身产品特性的描述不会太过直接、面面俱到,相反却总是点到为止、欲语还休。这样可以使消费者通过有限的内容展开广泛的自我联想,无形之中将产品的内涵与价值拓展到无限的空间。

沙里宁认为,艺术的价值并不在于它自身的表现力有多么丰富,而在于它通过形式来驾驭观者想象力的能力。同样,一座耐人寻味的博物馆也不应该向人们传递"它就是什么"的信息,而应该传递"它可能是什么"的信息。许多杰出的博物馆如毕尔巴鄂古根海姆博物馆、罗森塔尔当代艺术中心等,皆因建筑师在其极富表现力的形象背后并未施以明确的意义暗示,而是为观众自由驰骋的想象力预留了空间,才使得关于博物馆审美意象的热烈探讨至今仍在继续。建筑形象中这种开放式、无终结的意义营造正如我国传统审美所提倡的"意无穷",它具有任何确定性概念所不能涵盖的多义性和体匿性,使我们只能领悟却难以言喻。正因为有这种"领悟"的妙处,才使审美理解比确定的概念认识要丰富广阔,可以使人反复捉摸,玩赏不已[2]。

在浙江美术馆预建之初,不同的人即对其表达了不同的理解和想象。有人说它应该像一团雾,有人说它应

---

[1] 张男.再谈殷墟博物馆[J].室内装饰与设计,2008(02):65.
[2] http://www.0086art.com/art/News/200572203613.html

该是一片粉墙黛瓦……最终建成的美术馆不能以任何明确的物象来描绘，却犹如从西湖边"生长"起来的江南水墨，梦幻朦胧，恬淡自然。西子湖畔，背倚群山的浙江美术馆以一组灵动活跃的群落意象来协调3万平方米的庞大建筑规模，抽象的玻璃体块于屋面之上自由地穿插错落，时而好似延绵起伏的群山，时而又似湖边几块晶莹剔透的顽石。建筑在钢、玻璃与石材的映衬之中透露出一种干净利落的气质，灰白色调则呼应了清淡雅致的江南韵味。设计者程泰宁的手绘图稿表明了他对美术馆审美意象的独特理解——一种宁静致远的山水意境，这种意境正是江南园林所推崇的"以有限之空间拓无限之情怀"的境界（图5-15）。无限开阔的审美意境也促成了开放式的解读和想象，或许同样的形象在不同人的眼中有着不同的轮廓，指向不同的意义，但正因如此，美术馆的内涵才得以被不断地充实与深化。

5.2.2 消解形式与内容的二元对立

在博物馆建筑设计层面探讨形式与内容之间的辩证关系，这似乎是个老生常谈的话题。一直以来，如何在"容器"与"内容"之间取得平衡是被广泛关注的核心问题之一。尤其是在消费时代的背景之下，博物馆建筑日益成为"震惊眼球"的雕塑，其外观塑造逐渐从功能与形式的因果关联中独立出来，成为纯粹的艺术表现手段和工具，由此引发的争议与讨论也愈加热烈起来。

"形式中心论"一方认为，博物馆建筑

图5-15 浙江美术馆

（图片来源：程泰宁,王大鹏.通感·意象·建构——浙江美术馆建筑创作后记[J].建筑学报，2010(06): 66,67.）

本身就是一件艺术品，它拥有表达自身情感和性格特征的权利，一味地屈从于功能容易导致建筑形式的创新趋于缓慢和停滞，建筑自身特色趋同，平淡乏味，无法满足人们对博物馆艺术性和审美性的较高需求。"功能中心论"一方却认为，博物馆的形式应是内部功能和使用空间的真实体现，能指与所指之间必须具有明确的对应和关联，建筑形象不能成为纯粹的炫耀符号，更不能与其中容纳的艺术品构成敌对关系。

事实上，引起争执的主要原因在于双方总是将形式与内容看作是非此即彼的二元对立关系。换言之，在二者对垒的过程中，要么形式占上风，要么内容占上风，忽略了建筑的形式与功能本应是一个不可分割的整体，二者总是互有重合与交叠，形式和功能未必一定对抗，形式也不一定非服从功能，形式有时就是功能，而有些功能就是形式[1]。以毕尔巴鄂古根海姆博物馆为例，我们不妨这样来理解，在这座博物馆中，存在于形式和功能之间的僵化的能指、所指已经被软化消解。很显然，建筑形象的震撼力绝非来自于对博物馆传统功能的表现，但外在形式又的确为博物馆创造出了耳目一新的室内氛围与空间体验。因此，无论是早先的"形式追随功能"还是之后的"形式唤起功能"似乎都无法针对当今时代形式与功能之间若即若离又藕断丝连的复杂关系理出头绪。唯一可能的是将传统观念中存在于形式与内容之间的二元对立关系解除，不以内外分离的标准将博物馆定义为"雕塑品"或者"容器"。博物馆作为一个将形式创新与功能创新合二为一的有机整体，应将重心放置于如何为观众提供一种愉悦的、充满启发与想象的审美体验。良好的体验能够引导人们通过进一步探索，自行解开建筑内外之间的关联。

1.协同共生

在博物馆设计中，为了功能牺牲形式或者为了形式牺牲功能的做法都不可取，理想的建筑应该是在形式与内容的相互依托和彼此关照下所生发的一个有机整体，

---

[1] 王小东.非功能非形式非建筑[J].建筑学报，2003(09): 41.

建筑的形式美体现了它在功能上的合理性与建构性,功能也能从好的形式中汲取灵感丰富其内涵。在这一点上,梅赛德斯-奔驰博物馆就是最好的例证。它独特的外部形象是其内部双螺旋流线与动态空间的直接体现,而这一参观流线及展陈空间的创新性设置又恰恰来自于对拓扑环形式的借鉴和思考。设计者UN Studio的主创Ben van Berkel认为,奔驰博物馆最终产生出的这一独特形式,一部分理念是基于博物馆功能需要的考虑,另一理念是来自于其周围环境的回应,还有部分理念则来自于对建筑理论本身的思考(图5-16)。在这座博物馆中,形式与内容不再是对立的双方,而是和谐地融为一体,参观者美好的体验正是来自于对博物馆空间与形象的整体认知,二者缺一不可。

在英国建筑师扎哈·哈迪德设计的建筑中,前卫、新异的形式表现力一直是人们关注的焦点,这些形式不仅开拓了建筑美学研究的新的视域,也成功地为人们制造了不同凡响的审美体验。特别是由她设计并建造实施的一系列博物馆作品均以令人过目不忘的建筑形象被人们津津乐道。然而,人们大多沉醉于其外在形式的新奇与震撼,很少去思考这些具有创新意味的形式由何而来?

建筑的视觉艺术性一直是哈迪德关注的重点。在她的作品中,我们几乎看不到任何传统美学的踪影,取而代之的是具有超现实性与未来感的形式语汇、句法以及带有鲜明个人色彩的审美特征。但哈迪德的建筑作品又绝不仅仅着眼于单纯的美学革新,几乎每一种独特的建筑形式都见证了一种崭新空间类型的诞生。形式与内容是在设计理念的引导下共同生发的,很难以"形式先于内容"抑或"内容先于形式"的传统思维来加以评

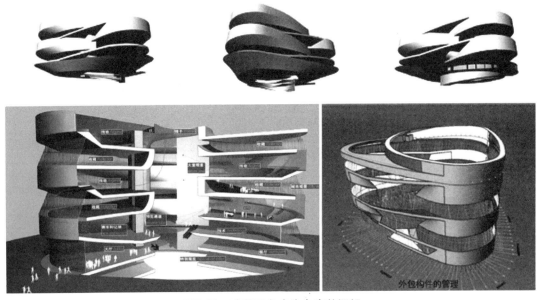

图5-16 建筑形象产生自完整逻辑

(图片来源:梅赛德斯-奔驰博物馆,斯图加特,德国[J].建筑创作,2006(08):52,53.)

判,二者是不可分割的整体,且在相互依存、相互配合的过程中共同完成对建筑艺术表现力的塑造。

香奈儿流动艺术展览馆是一座可以在世界各国城市之间进行巡展的小型展馆,用于展示艺术家以香奈儿手袋为灵感专门创作的现代艺术。展馆的整体形态与螺旋贝壳十分相像,哈迪德从生命体的自然生长规律中获取灵感,将展馆设计成内外空间有机连通的流畅形体。流动形体和流动空间一直是哈迪德建筑的主题元素,"流动性"不仅能赋予建筑外观一定的动势和飘逸感,同时也实现了空间的连续贯通,由此带来的体验是完整统一的,功能体验即形式体验。

舒缓延展的建筑界面包裹着入口,围合成128平方米的线性空间,并将参观人群顺畅地导向展馆内部。展览馆外部形体的自然演变创造了一个环绕周边持续变化的多样型展览空间,在这里,内与外、明与暗、自然与人工、展品与空间统统交融在一起,共同营造出一种引人入胜的氛围。展览馆中央是一个65平方米的中庭,阳光通过顶部自然形态的天窗倾泻下来,为空间注入了生机与活力。无论置身馆内馆外,观众所能感受到的是建筑自始至终贯穿着统一的形式逻辑——流动感以及由此带来的整体感(图5-17)。

费诺科学中心选址于沃尔夫斯堡南北两区之间的城市中心地带。基地北侧紧邻城市高铁,与"大众汽车城"遥相呼应,南侧是"里城区",集中了行政、文化、居住等功能。科学中心的特殊位置以及重要角色决定了它必然成为连接"大众汽车城"和"里城区"的重要一环。基于此,哈迪德将建筑抬高,底层架空为面向城市开放的公共空间。公共空间不仅使人们获得视线上的通透感,还将基地周边的多条动线引入其中,在这里交汇融合后成为环境中的能量源和活力源。十个大小不一的倒圆锥筒体作为主要结构支撑着顶部悬浮的庞大建筑体量,内部则安排了科学中心所需的各种辅助用房。由于圆锥

图5-17 香奈儿流动艺术展览馆室内空间

(图片来源:扎哈·哈迪德建筑师事务所,包志禹.香奈儿流动艺术展览馆[J].建筑学报,2008(09):76~77.)

体的存在，建筑内部开放的展区也形成高低错落的立体化三维景象，并带来丰富的空间层次和生动的空间体验（图5-18）。

2. 诗性转译

博物馆建筑形式与功能之间的关系是极为复杂的。一方面，形式不能是太过直白的功能表意，那会使博物馆丧失基本的趣味和意蕴；另一方面，形式也不能脱离功能成为纯粹意象的呈现，那会使博物馆降格为只能为大众提供感官享乐的空洞躯壳。要在二者之间把握好平衡，建立关联的同时又要使形象具有一种消解固定标准和唯一指涉的模糊性与开放性。唯有如此，才能将博物馆审美意象下所蕴藏的深邃内涵引向超越形式与功能之外的更为广阔的疆域。

赖特曾提出"形式与功能合一"的口号。他指出，形式追随功能是一个被用滥了的口号。这只是在一个较低的层次，而且只适用那种简单地架在平地上的建筑形式。形式

a）整体形象

b）底层空间　　　　　　　　　　　　c）室内空间

图5-18　德国沃尔夫斯堡费诺科学中心

（图片来源：a）郭振江. 德国沃尔夫斯堡费诺科学中心[J]. 时代建筑，2006（05）：114.
b）、c）沃尔夫斯堡费诺科学中心，沃尔夫斯堡，德国[J]. 世界建筑，2006（04）:74.）

第 5 章 基于审美营销的形象塑造 191

的诗意对于伟大的建筑像绿叶与树木、花朵与植物、肌肉与骨骼一样不可或缺[①]。赖特这里所说的"诗意"实际上是指在形式与功能相互调适的过程中，建筑通过柔和、间接的方式将内容转译为一种不但具有美感，且引人深思、耐人寻味的整体意象。人们对于形式和内容的理解虽需经历慢慢体会的过程，然而一旦洞悉其中奥秘，则会为其体验增添豁达通畅之感。

纽约新当代艺术博物馆位于纽约下城区Bowery街的一处狭窄基地。基地沿街方向宽22米，深34米，四周被老建筑紧紧包围，这样的条件对于建设一座博物馆而言是十分不利的。正常情况下，出于对展览空间尺度、采光的需求，博物馆多半呈水平延展态势，但在此基地中，唯一的可能性是使建筑在竖向空间上有所作为。SANAA将博物馆设计成6个矩形体积的"白盒子"，盒子之间相互堆叠错落以构成建筑的整体轮廓。每一个盒子的水平尺度和纵向高度都不尽相同，为的是使建筑形象更加活泼灵动，盒子在水平方向错开的位置恰好布置天窗为下层展厅提供自然采光。为了避免博物馆庞大的建筑体量对周边的城市空间和既有建筑产生不利影响，建筑师在建筑外层包裹了一层铝合金网格表皮。表皮与外墙之间若即若离的关系营造出一种轻盈模糊、神秘梦幻的视觉效果，这种视觉效果足以抵消建筑在城市空间中过于突出的形体和轮廓，同时赋予博物馆一种与生俱来的文化气质。建筑沿街外立面上鲜艳的"HELL，YES！"标志在纯净之中加入了些许世俗意味，也使博物馆放下了高贵姿态，与下城区市井化的街景和氛围更自然地融为一体（图5-19）。

图5-19 纽约新当代艺术博物馆
（图片来源：李苏萍.非常白盒子 纽约新当代艺术博物馆[J].室内设计与装修，2009（08）16.）

① 项秉任.赖特[M].北京：中国建筑工业出版社，1992：54,55.

5.2.3 弥合传统与现代的时空距离

如何协调处理历史与当下、传统与现代之间的关系一直是博物馆所要面对的重要问题，也是博物馆建筑形象创作中备受关注的焦点。一般观念认为，在建筑形象中加以历史意蕴的描绘可以更好地指涉博物馆作为历史文化载体的身份，并向外传递一种过往岁月的悠远气息，将观众的情绪带回到历史情境中，以便他们对展示主题有更加真实与深刻的体会。但事实上，无论是历史抑或传统都是一段既存的过往，我们所能还原的"历史"只不过是一种经过人为加工和想象的历史"片段"，并不具有真实性。而且大多观者在触及历史真相之前，心中都怀有对历史的无尽遐想，期待在体验中自己寻找答案、验证想象。博物馆应该为他们提供思考的起点而非终点，应该以一种中立、平和、开放的姿态向他们展示一种深远的记忆，而不是将建筑师或者博物馆人自己心目中的历史强加给观众。

然而就我国博物馆的创作现状而言，许多建筑在其形象构建中仍然受制于对历史和传统的绝对尊重与谦让，审美意象中刻意显露的"传统"痕迹使博物馆始终无法摆脱历史"重负"，在现代与传统的尴尬对抗中艰难前行。反观西方国家，多数博物馆并不拘泥于历史的捆绑与束缚，而是基于此时此地的建造背景来探讨更具现代意味的形式表现，以丰富而独特的视角向人们展现历史文化与时代精神之间的对话和交流，并为观众以自己的方式解读历史预留足够的空间。这种洒脱恰是精神独立及文化自信的表现，相比一味地跟随于传统之后，不敢迈开大步前进的保守观念来说，更值得借鉴和推崇。

1. 异质同构

传统与现代之所以有异质性，是因为传统与现代之间漫长的时空差异造成了两种文化体系之间的相对独立，虽在脉络上有一定的流传与延续，但仍具有各自的特质。"异质同构"借鉴自格式塔心理学，是指不同性质的文化在同一结构中由二元对抗走向多元一体的全面融合。具体来说，在博物馆建筑的形象构筑中，传统文化与现代精神之间的相互对立应该通过一种恰当的方式转化为和谐共存。建筑师既要实现对传统文化的延续，又不应拘泥于纯粹历史情境的还原，既要关注对时代精神的表现，又不能与宏观的历史脉络完全脱离。在彰显自我的同时仍能与传统保持对话并作出巧妙回应，这才是最为恰当的做法。

墨尔本博物馆所处位置恰与当地著名的地标建筑——墨尔本皇家展览馆直接相对。物理空间上的临近使得新建博物馆与传统建筑之间形成一种微妙的张力关系。新建筑如何在塑造自身特性的同时对既有文脉做出回应，是设计中应重点考虑的问题。建筑师放弃了对传统建筑审美风格上的沿袭和趋同，采用极为现代的形式语汇来演绎博物馆的时代精神。与此同时，在博物馆面向传统建筑展开的主立面上以大片镜面玻璃幕墙将展览馆巧妙地映射其中（图5-20）。视觉图像的重叠交汇不仅为人们制造出丰富的感官体验，也促成了传统与现代之间有趣的并置与交融。观众可以借由不同的视角来看待文脉延续与时代精神之间的辩证关系，博物馆只作为一个参照物而存在，以其开放的姿态容纳多元化的意见和理解。

2007年，笔者参与了宁安市渤海国上京龙泉府遗址博物馆的投标方案设计。渤海国曾经创造了历史上"海东盛国"的灿烂文化，拥有自己的地方文字、语言、民俗风情等。时至今日，这些"有形"的文化已失去准确考证，造成文脉断层。从这一角度出发，以任何方式"重现"历史都是缺乏科学依据的。与此同时，博物馆与遗址不仅在物理空间上存在一定的距离，在社会、文化背景上也存在着差异。诠释历史的最佳途径应是尊重历史的真实价值，公正客观地将历史信息传达给观者，在传统与现代之间架起沟通的桥梁。

基于此，新建博物馆将自身还原为观众认知历史的窗口和途径，在空间秩序和参观路径的组织上均以"遗址"为参照，外部形态则尽量保持平和、低调，同时兼顾自身特色的塑造。建筑整体形象抽象简练，不含有任何异于时代性的传统要素出现。平整素雅的墙面上容纳着干净利落的窗，窗随内部功能不同在大小尺度间自由转换，并构成各个方向富有变化的立面形式语言。为了打破形体的沉闷，建筑在屋顶形态上稍作调整，朝向中央院落倾斜的态势本是不同功能空间高度差异的逻辑体

a）新老建筑的呼应

b）外观

c）镜面映射

图5-20 墨尔本博物馆

（图片来源：聂建鑫,陈向清.澳大利亚墨尔本博物馆[J].世界建筑，2001（07）：77，81.）

现，整体出现时却意外提升了中央庭院的空间凝聚力，并流露出传统建筑的些许韵味（图5-21）。在质感表达上，建筑选取涂料、原木、玄武岩等来刻画博物馆的文化气质。素净整洁的白色外墙强调了界面的连续性和匀质性，淡化了建筑于自然环境中表露出的人工痕迹。原木被用于展厅和一些重要空间的内墙面及天花板，它所富有的温暖质感传达出空间的人情味，并为建筑注入了一些生命气息。玄武岩则取材于当地，在建筑室内空间和中央院落加以点缀，还原出一些真实的历史信息（城墙遗址由玄武岩建造而成）（图5-22）。

建筑中地域材料的出现并非仅仅为了争取与遗址的视觉协同，而是源于对遗址所处"大环境"文脉价值的延续和认同。即新建博物馆与遗址实际上是在"共享"它们赖以生存的整体环境以及环境中的地质、自然、气候等。整体环境赋予它们的共性和特质通过材质表现出来，相比那些"形式符号"而言，具有更为长久的生命力。

2.同质异构

"同质异构"是指同一种文化形态在不同的时代背景和语境之下应采取具有差异化的表现方式，通过对传统要素的巧妙变形来突破原有的形式表达，并将传统要素解构、重组成多种新的表现符号，用以展现更为丰富且具有时代特征的新的文化。对于博物馆而言，强调对历史和传统的延传继承就意味着博物馆要借鉴已有的文化价值来创建属于时代的新的文化价值。在借鉴传统文化的过程中，要注意不能陷入到对历史的简单复原和重现之中，而应是对传统精神意蕴的提炼

图5-21　整体鸟瞰

（图片来源：作者参与设计）

a）主入口形象

b）内庭院　　　　　　　　　c）室外廊道　　　　　　　d）入口门厅

图5-22　宁安市渤海国龙泉府遗址博物馆

（图片来源：作者参与设计）

和升华。毕竟博物馆是当下时代的产物，从时代发展的眼光来看，博物馆描述和阐释地方历史的职能发挥并不在于替代历史发言，而在于为观众提供一个看待历史的新的视角。要实现这一目标，建筑师不仅需要对历史文化背景有充分的认知和了解，更需要掌握能将传统文化转译为现代文化的具体策略和设计手段。

吉巴欧文化中心位于南太平洋中心的努美亚岛，以群落的形式嵌入到自然环境之中。十个特征鲜明的独立体量被低矮的廊道水平串联在一起，既保持了整体态势的舒展，又避免被周围的景观完全隐没。对于一座现代化的文化中心应如何表征出与传统文化的关联，伦佐·皮亚诺有着自己独到的见解。在设计之初，他针对当地的自然、人文背景进行了深入研究，具有鲜明土著文化特色的传统棚屋成为给予他设计灵感的源泉，而炎热的气候则成为影响文化中心形态构成的另一个主要因素。经过构思，皮亚诺以极富创意的大胆构想运用先进的建造技术将文化中心"编织"成若干大尺度的竹篓。竹篓在形态上既与传统棚屋有神似之处，又能凭借其造型的优势使建筑内部获取自然通风，应对气候带来的不利影响（图5-23）。

在这组建筑中，皮亚诺成功地将生态观、乡土观与创新意识融入对地域文化的二次创造中，通过高技策略将传统形式演变更新为更具时代特征的现代审美样式，但又不忘保留原始美学的"神韵",使新建筑与根深蒂固的传统文化完美和谐地共存一处。在吉巴欧文化中心建成后,一群卡纳克人在设计者的引导下走过"卡纳克之路",来到高耸的"棚屋"面前。设计者介绍说:"这就是你们的棚屋。"卡纳克人先是一阵迷惑,接着说:"它像是用茅草覆盖着我们的棚屋……它已经不再是我们的了,但它仍然是我们的。"(图5-24)一位设计参与者感慨地说:"这是我所听到关于这个建筑最美妙的评价。"①

2009年落成开放的宁波博物馆也是以新观念、新风貌来演绎时代背景下地域文化新精神的创作实践之一。设计者王澍善于挖掘各种传统材料以及传统建造技术在当今时代的再生价值。材料和技术通常只作为建筑表达怀旧情结的有效手段,但建筑最终的审美样式却与传统风格大相径庭,更多地体现出极具现代意味的美学特征。

在宁波博物馆中,外墙材料全部来自于城市改造过程中拆迁老建筑剩下来的旧砖旧瓦,工匠采用建造"瓦爿墙"的形式来建造新的博物馆。"瓦爿墙"是宁波古县城慈城民居最典型的特色风貌,不仅是当时成熟砌筑技术的集中体现,也凝聚着地域审美文化、伦理文化的精髓。"瓦爿墙"的运用,绝不仅仅是对传统建筑形式的简单模仿。建筑师认为,由旧砖瓦砌筑而成的墙体既是对地方文脉记忆的延续,也是对传统建造方式的继承和发扬,它将记忆保存和资源节约合二为一,体现了传统文化所倡导的自然之道、和谐之道。

与此同时,建筑师在组织形体时却没有刻意参照传统建筑的审美样式,而是以抽

图5-23 整体外观
(图片来源:彼得·布坎南.伦佐·皮亚诺建筑工作室作品集[M].第4卷.蒋昌芸译.北京:机械工业出版社,2003,1:90,92.)

图5-24 传统棚屋与现代建筑之比较
(图片来源:彼得·布坎南.伦佐·皮亚诺建筑工作室作品集[M].第4卷.蒋昌芸译.北京:机械工业出版社,2003:89,94,98.)

① 单军.记忆与忘却之间——奇芭欧文化中心前的随想[J].世界建筑,2000(09):74.

象、简练、硬朗的线条勾勒出一种与"人工形态"旨趣迥异的"自然形态"（图5-25）。庞大的建筑体量因为材料本身所具有的自然属性显现出动人的传统情趣和厚重的历史韵味，但这种历史韵味却与真实的历史有所差异。在这种微妙的对比中，古与新的时空距离被缓缓拉开，连接二者的是存在于观者头脑中的无尽想象。

两个不同的博物馆，一个在建筑形式上借鉴传统形式，材料和建造技术上却大胆创新；一个在建筑形式上启用现代手法，材料和建造技术上却向历史看齐。二者均在关照传统文化的同时展现出时代精神的独特魅力。无论何种方式，其最终目标既不是表现单一的传统文化，也不是表现单一的时代文化，而应是传统与现代双方在相互牵制与妥协之中所形成的"和"而不同的状态。

5.3 人文情感的重塑

在过去，审美被认为是一种纯粹的精神活动。审美体验诉诸于审美主体意识层面的哲思与体悟，是一种从浅层次的感官愉悦上升为深层次精神通达与升华的高级感受。在消费时代，审美逐渐向日常生活渗透，与大众需求和世俗趣味不断贴合，致使审美活动更多地从精神层面转向身体层面，目的是为了满足人们的快适欲望和感性享受。然而相比传统审美对精神内涵的重视而言，在当今时代，审美的消遣性和娱乐性压倒了它对深层意义的挖掘与展现，大众在消费审美的过程中普遍缺乏精神共鸣和情感交流，对美的感悟也大都停

图5-25 宁波博物馆整体外观

（图片来源：虞刚，陈宇.当空间与记忆相遇.宁波博物馆[J].室内设计与装修，2009（01）：49，55.）

留在"悦目"的低级层面,难以上升到"悦心""悦神"的更高层面。

特别是在当前博物馆建筑创作中,我们可以明显地感受到由于消费时代审美体验方式的改变,建筑在自身形象构建中更多地关注了对视觉刺激与快感消费的满足,却忽略了对精神意蕴的刻画与营造。换言之,人文情感的缺失是当代博物馆审美创作中普遍存在的问题,但博物馆又恰恰应该通过深邃的情感表现对观众施以精神层面的影响和指引。因此,对于消费时代的博物馆而言,当务之急是对其审美意象中人文情感的重塑与构建,通过促成人与建筑之间的情感交流来传递表层形式中所蕴藏的更为深刻的意义和内涵。

5.3.1 影像消费转向身体知觉

平面图像的大规模消费促使今天的博物馆建筑正在逐渐变成一种纯粹的视觉艺术,建筑师不再关注博物馆是否能为人们提供身体其他感官与机能所需要的综合体验,观众也以平面化的影像消费取代了对建筑立体化的"真实感知"。帕拉斯马曾在《建筑七感》一书中批判了将建筑作为一种纯视象作品来设计的观念。他认为现在的建筑已经成为一种视网膜艺术,仅仅重视视觉,不但使人们没有在世界中经历体验人生的"存在",反倒使人与世隔绝、分离。站在事物的外部作为一个旁观者,建筑的形象被动地投射到视网上,它被孤零零地隔绝在冰冷、遥远的视觉王国中了。[①]

为了对抗当前审美营造中的视觉霸权主义,我们主张从身体入手,超越对纯粹的视觉美感的关注,将人身体层面的感知与体验作为博物馆建筑形象构建的重点,去探求一种能与使用者"身体相遇"的、厚重的、有生命力的建筑形态。以身体体验作为标准来衡量建筑审美的厚度和取向,顺应消费时代人们偏好直接感知与感性经验的需求,但同时又比单纯的视觉体验更具深度和内涵。

1. 从体到场

传统经验认为,对于建筑形象的感知属于一种静态行

---

① 张星彦. 感知现象学及其在建筑设计上的发展与应用[J]. 山西建筑,2008(02): 32.

为，人们在审美过程中是以一种澄心静观的方式来观察、体会和评测建筑所演绎出来的美感。然而身体不满足于静止的观摩。如今，面对博物馆所呈现出来的日益生动、活跃的姿态，更多人内心涌动着蠢蠢欲动的参与欲望，他们想接近建筑，通过相互之间的能动反应将身体融入其中。具有参与性的建筑从本质上来说超越了基本的"体"的概念，成为"场"。虽然二者均占据一定的空间，拥有一定的能量，但"体"的抵御性、自我维护性更强，它将内外空间隔离开来，并将自身的能量向外释放；而"场"的包容性和吸纳性更强，它将内外空间的界限柔化，向外释放能量的同时也在向内吸收新的能量。

当代博物馆所普遍呈现的发展态势是建筑的"雕塑化"倾向，即博物馆被作为一个放大的艺术品来塑造，"体"的特征愈加显著。其优势是强化了博物馆在视觉感官上的震撼性，缺点是在自我表现上过于强势，以至于压制了人们意图与之亲密交流的欲望。究其原因，真正的建筑并非是单纯的视觉图像，它是建立在以人的尺度、体验和情感为基础之上的"经验世界"，它与人的身体之间存在着能量与信息的传递与往来，并且在与人的身体真实相遇之后才能被赋予生命和价值。但视觉只是最浅层次的感知方式，它将可视的映像传输至人脑，如同我们在杂志或媒体上看到精美图像一样，从根本上说不能激发其他身体机能的活力和效用，自然也就无法获得更加真切的情感体验。

将博物馆作为"场"来构思，可以强化人的全面体验。"场"既包含了建筑与环境的渗透关系，也包含了人与建筑的互动和交流。博物馆应消除围合闭塞的个体特征，尽量敞开怀抱，将其所处环境中的事物和能量吸纳进来，与外部空间、景观要素等共同构成一处具有整体氛围的"场域"，以此来扩大建筑形象的张力和影响。具有场域特征的建筑能够最大限度地调动人们参与的积极性，由于身体的介入，人们也可以通过自我体悟将建筑场景转化为个人化的"记忆"与"情感"，从而使建筑最终由眼睛所见转化为心灵所见。

日本建筑师安藤忠雄一直十分重视其建筑的身体观和参与性，信奉"用身体丈量空间、用感官认识技法"的直接经验。在他设计的一系列博物馆作品中，建筑均是以"场"的方式来组织整体形象的塑造。

位于日本姬路市一处自然保护区的儿童博物馆由主馆、中间广场和综合体三部分组成，经由一条狭长的通道连接起来。博物馆以序列式的空间体量组织而成，姿态舒展，形式灵活多变，其目的是为了更好地与山丘、湖面等自然环境融为一体（图5-26）。主馆建筑界面虚实相间，模糊了室内外空间的界线。楼梯、出挑平台和空中廊道等功能要素既强化了人的切身参与，又作为生动的形式语汇活化了博物馆的审美特征。环抱建筑设置了一个人工浅水池，水池赋予建筑灵性和生气，随地势依次跌落的趣味性处理也使之成为儿童嬉戏游玩的场所。由16根柱列组成的中间广场同样具有引导观众置身其中、体验场所氛围的特质。对于来这里参观的儿童来说，博物馆不再是一个刻板严肃的课堂，而是一个教会孩子们如何与自然亲密接触的乐园（图5-27）。

图5-26 整体鸟瞰

(图片来源:王建国,张彤.安藤忠雄[M].北京:中国建筑工业出版社,1999:174.)

图5-27 博物馆界面和空间

(图片来源:王建国,张彤.安藤忠雄[M].北京:中国建筑工业出版社,1999:175.)

京都陶版名画庭是一座不同于常规所见的博物馆,它以一系列的体量穿插来组织参观路径和游历空间。与其说它是一个建筑实体,不如说它是一座实体与空间相互交融而成的开放式景观和庭园。建筑的审美意象很难以单纯的视觉体验来评判,更加系统和完整的感受需要在不间断的行走过程中循序渐进地依次展开。在这座展览面积仅为212平方米的博物馆中,安藤凭借坡道和廊桥的设置使有限的空间演绎出丰富的层次,倾斜交错的混凝土墙体不仅形成围合场所的界面,而且营造出开放、通透的场所氛围。正是得益于博物馆场域特征的姿态构建,才使得四周开阔的景致、变换的光影、跌落的流水声连同画作一起皆成为观众眼中的鲜活生动的图景(图5-28)。有人将其形容为"一个用视觉、听觉、嗅觉来感受艺术的空间",在这样的空间中,所有的审美体验最终会与观众的身心融为一体,转化成一种更为细腻和持久的情感体验。

2.可触质感

如今,当人们沉醉于五光十色的视觉美景中无法自拔时,已经忘却了建筑并不是简单的二维平面图像,而是有着真实质感,可以通过触摸来感知的三维实体。与一定距离之外的"远观"方式有所不同,"触摸"需要人们尽量地靠近建筑,用身体跟它进行对话与交流。安藤忠雄就曾说过:"我一直认为只有通过身体的直接触摸,才能本质地感知建筑。因此在我的建筑里,凡是人的手脚能够直接触及到的建筑部位,尽量运用具有生命感的自然素材,橡木、石和混凝土之类具有表面的素材。"[①]

适宜的材料与质感能让博物馆随同内部展品一起呼吸、生长,从冰冷的"雕塑"变成鲜活的有机体,不同的材料还能够通过肌理和色彩来传递不同内涵的信息。重视建筑质感的塑造,将有效地拉近人与博物馆之间的距离。正如尤哈尼·帕拉斯马所说,视觉是关于距离和分隔的,触摸则表达亲近、私密和情感[①],博物馆不应只带给人们"一次性消费"的视觉震撼,而应具有缓慢释放的持久魅力,使人们在与之接触的过程中体会到一种平等、自由、亲密的情感交流,由此与博物馆内蕴的精神融为

图5-28 京都陶版名画庭

(图片来源:王建国,张彤.安藤忠雄[M].北京:中国建筑工业出版社,1999:12.)

① 马卫东,曹文君.安藤忠雄访谈录[J].时代建筑,2002(03):90.

一体。

在旧金山德扬艺术馆新馆中,建筑师受到公园中风车的启发,采用铜制表皮作为外围合界面材料,以期能获得与红杉木和谐的色调搭配。因材料本身具有自然属性,它随时间流逝会不断地氧化变质,最终促使建筑的整体面貌发生微妙的变化,这种变化真实地体现出建筑作为一个有机体自然生长的动态过程。"最初暗红色的铜制表皮将逐渐氧化成绿色,颜色上的变化以及在表面上产生出的斑驳质感将使建筑与周围环境的绿、棕色调更为融合。公园中树冠的照片通过计算机被转换成表皮上或镂空或凹凸的抽象图案,使建筑物产生与环境中的树林类似的质感和光影。如今,可以看到铜板的某些部位已经开始生锈,表皮的整体质感让判断建筑是新是旧的提法显得毫无意义。时间的印迹所增添的只是更加丰富的细节,而不是让它变得陈旧和过时[①]。"(图5-29)

克努特汉姆生中心是为纪念挪威著名作家克努特汉姆生而建的博物馆。博物馆地处哈马洛伊——临近作家出生地的一个村庄,环境优美秀丽。建筑的黑色形象在环境中格外引人注目,霍尔采用经过柏油处理的木质表皮来呼应挪威别具一格的自然风光(图5-30)。虽为新建筑,博物馆却如同那些已在村庄中存在许久的传统建筑一样,散发着令人倍感熟悉和亲切的气息,引导人们走近它,与它沟通、交谈。穿破墙体的楼梯作为形象中的活跃要素采用了黄色的穿孔板,在阳光的照射下制造出生动的光影变化;而金属质感与木材质感的对比则显现出现代与传统之间微妙的对抗关系。

3.细部构建

正如前文所述,从视觉消费过渡到身体知觉需要经历一个"由远及近"的感知过程,身体的接触是在近距离发生的,而距离的拉近除了能够让人们触摸到建筑本身,还能让人们觉察到隐匿于建筑整体外观之下更加细微、具体的建筑表情。然而消费时代对视觉震撼力的极致追求使得建筑师大都只关注宏大尺度的美感营造,却

图5-29 德扬艺术馆新馆的表皮肌理

(图片来源:李苏萍.艺术、自然与时间的感知机器,旧金山德扬艺术馆新馆[J].室内设计与装修,2007(06):15)

① 李苏萍.艺术、自然与时间的感知机器,旧金山德扬艺术馆新馆[J].室内设计与装修,2007(06):14.

极易忽略对细部的雕琢和表现。从根本上说，细部是建筑中与人的感知尺度最为接近的部分，关注细部就是对人的关怀，这在倡导"以人为本"的今天尤为重要。日裔美籍建筑师雅马萨奇曾经说过："把建筑同人联系起来的是人对建筑尺度和细部的感受"，每一处精心处理的细部不仅会产生赏心悦目的视觉效果，更重要的是，它能够透露出建筑内蕴的情感。

阅读卡洛·斯卡帕的博物馆作品，首先被打动的是他对于建筑细部的"诗意建造"。这种"诗意"来自于建筑师对细部构造逻辑、形式、材质及色彩的运用，在这些细部中，视觉、触觉、听觉等众多感觉被考虑进去，由此使建筑充满了生动的表现力与丰富的情感。

在维罗纳古堡博物馆改建项目中，斯卡帕着重塑造的是新建部分与传统部分如何在和谐共存的基础上显现出各自的特性和差异，并通过这种差异让观众对博物馆的演进生长有更加深刻的感受。斯卡帕对老建筑的主要结构和墙体加以保留，以最大限度地延续传统博物馆形态的历史风貌和文化意蕴，但在许多细部处理上加以巧妙构思，通过新旧要素的离析并置来显现传统与现代之间独特微妙的文脉关联和时空延续（图5-31）。

图5-30 克努特汉姆生中心

（图片来源：鲁雯泮.直面真实人生，克努特汉姆生中心[J].室内设计与装修，2009（10）：111，112，115.）

图5-31 维罗纳古堡博物馆改建

（图片来源：作者自摄）

对斯卡帕来说，精致的细部建构只是他赋予建筑情感内涵的途径。因为不同的材料、部件、构造在经由建筑师之手被赋予优美比例、和谐美感的同时，更通过其背后所蕴藏的深邃含义向人们讲述这关于历史、艺术和文化的动人故事。这些细部看似微不足道，却恰恰是人在体验建筑时所能感受到的与其尺度最为接近的关键部分，完善的细部处理能够体现出浓厚的人文关怀，能够一下子拉近人与建筑之间的身体距离和心灵距离，并借此向外传递博物馆中所蕴藏的丰富且细腻的情感和信息。

5.3.2 理性分析复归感性经验

当我们驻足于毕尔巴鄂古根海姆博物馆、奔驰博物馆面前时，总会被建筑所表现出来的震撼人心的力量和美感所深深打动。这是一种无以言表的感觉，你很难说清自己究竟被什么所打动，但至少可以肯定的是，这种发自内心的感动几乎是在我们看到建筑的瞬间同时发生的，而并不是建立在对建筑形式美感循序渐进的认知基础上。针对这种现象，我国著名美学家叶朗有过精辟的论述。他用"审美感兴"这一概念来描述人们的审美心理，这是"一种感性的直接性（直觉），是人的精神在总体上所起的一种感发、兴发，是人的生命力和创造力的升腾洋溢，是人的感性的充实和完满，是人的精神的自由和解放"，同时，审美感兴又是一个过程，"由心与物的相遇（人与世界相遇）那一刹那不知缘起的感动，继而达到一种感性的兴奋，以至于主体在对象的感性外观上流连不已，似乎直观到一个整体（象），它在感性光芒的闪烁中显现出某种意蕴，兴发起主体的知觉、想象、领悟的协调运动，达到一种振奋的人格状态并伴随着强烈的情感反应。"①

其实早在古希腊时期，美学创立者鲍姆加通在最先使用"审美"这一词汇时，指代的就是一种对客体形式的感性的把握和认知能力。然而在传统美学漫长的发展过程中，感性经验不仅没有得到相应的发展和解放，相反却一直被理性经验所束缚、压制。建筑师在塑造形象时必须

---

① 叶朗. 现代美学体系[M]. 北京：北京大学出版社，1999:60-61.

严格遵从美学定律中关于比例、尺度、韵律、对比等方面的设计原则，大众在接受审美信息时也多半受到约定俗成的美学价值观影响。而所谓的情感"共鸣"，其实来自于设计者与受众所共同遵守的一套科学化、模式化的审美标准，一旦有一方不符合标准，就会导致审美信息传输链条的断裂，美便不能再被正确地理解和感知。

今日流行的"日常生活审美化"却在一定程度上解放了我们被压抑许久的感性审美能力，承认感官对于形式美感的直接反应是促使人们产生身心愉悦之感的主要原因，而并非来自于对美进行的逻辑分析和理性评判。受此影响，当今建筑界普遍呈现出一股新的感性美学发展趋势，集中表现为以感性表象压倒理性本质，以突出的个性表现压倒普遍性的整体原则，以感官的直接性压倒抽象的概念性[1]。

1. 还原自在体验

建筑现象学是一种从哲学领域的现象学理论中引申出来的建筑思想。现象学声称自己是一种研究方法，它要把预先的理性分析"括出去"，只感受事物的"直观本质"，是要我们感受事物之存在，而避免去分析它[2]。从事现象学研究的著名哲学家胡塞尔提出"回到事物（实）本身"，借鉴到建筑设计中，即无论是创作还是体验都应回归到建筑本身，不应受到任何理论或先见的束缚或影响，而应将意识集中于人们面对建筑时所能直接感受和经验的事物，由此才能更好地把握建筑的本质所在。

从这个层面来说，建筑现象学所秉承的价值观恰恰与消费时代鼓励人们通过直接感悟和感性经验来体验建筑的发展趋势相吻合。现象学主张超越对纯粹形式美学塑造的关注，而是回归到建筑所处的真实情境中，以环境、场所、空间的特性以及人性化的体验作为建筑形式"自然生发"的土壤，以不同的形式来回应不同的文脉和建筑中的具体问题。此外，由于建筑形式不再停留于"形而上"的抽象层面，而是与物质世界建立起了紧密关联，也促使大众在感知建筑时有了新的参照标准。新的标准不再是那些

[1] 刘松茯，李静薇. 扎哈哈·迪德[M]. 北京：中国建筑工业出版社，2008:34.
[2] 卜骁骏. 视觉文化介入当代建筑的阐述——视觉技术、大众与消费[D]. 北京：清华大学硕士论文，2005:45.

僵化的美学原则和模式语言，而是凭借真实鲜活的生活经验去努力发掘建筑中无处不在却又极易被所谓的"美学标准"掩盖的细腻动人的情感。

斯蒂文·霍尔是一位将现象学理论与建筑设计方法成功结合的建筑师。他认为设计思想应从感受到场所即开始孕育，建筑须对环境做出良好回应，同时应重视建筑实体和建筑空间带给人们的具体知觉和体验。他设计的众多博物馆作品大都超越了人们对该建筑类型审美特征的惯有认知，但又确实充斥着一种与博物馆建筑文化属性相匹配的独特韵味，这种韵味无法用某种理论或概念来描述清楚，只能通过切身的体验和感受来获得。

霍尔设计的纳尔逊·阿特金斯艺术馆新馆毗邻老馆而建。老馆是厚重、坚实、庄严的古典主义风格，新馆却呈现出与之截然相反的通透、简约和轻盈的姿态。霍尔以"旧馆如石，新馆如羽"来形容二者之间的鲜明对比，这样一种诗意化的建筑形象正是源自于设计者所坚信的身体以及各种感官在空间中的体验应该超越视觉上的形式追求。

新馆位于老馆一侧狭长的地段中，顺延雕塑公园向东延展256米。为了实现与环境的和谐共融，新馆没有被设计成集中的庞大体量，而是被霍尔拆解成五个纯净的玻璃盒子插入到缓缓升起的坡地中，在新旧建筑以及建筑与景观之间构筑起一个连续的空间序列（图5-32）。突出的玻璃盒子由低矮的部分连通，周围的环境则透过盒子之间的"孔隙"渗透到建筑之中，博物馆成为可以"呼吸"的有机生命体，与自然景致展开更为亲密的对话与交流。此外，一向精通于运用各种材质的鲜明特性赋予建筑独特美感的霍尔在新馆的外围护结构中使用了由中间带有空腔的双层玻璃幕墙，玻璃幕墙的槽道和夹层结构可以对不同的光线做出敏感的反应，使建筑在一天之中的各个时段呈现出截然不同的特色与质感。白天强化了对自然光线的反射，建筑如同在阳光照射下灼灼发光的水晶体；夜晚从室内渗透出来的柔和光线则使博物馆更显神秘、梦幻和朦胧（图5-33）。

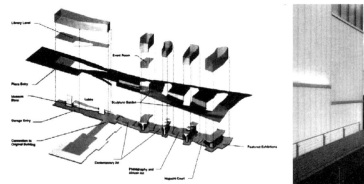 

图5-32 连续的空间序列

（图片来源：Steven Holl Architects.纳尔逊-阿特金斯艺术博物馆新馆[J].城市建筑，2008（04）：47,50.）

图5-33 玻璃幕墙营造出柔和的室内外效果

（图片来源：Steven Holl Architects.纳尔逊-阿特金斯艺术博物馆新馆[J].城市建筑，2008(04):48,50.）

安静地矗立于公园之中的新馆，虽然在审美风格上与老馆大异其趣，但却显露出一份别样的精致、优雅与从容。它以其独特的气质营造出一种动人且愉悦的美感，这种美感正是源自于建筑对场所和环境所做出的良好回应以及建筑自身个性的恰当表达。正如霍尔所言："当今所急需的是在思维与感觉之间的桥梁……充满数据、因果关系和时间空间的科学世界，是和情感与意志世界相隔离的。思维和感觉应该合而为一，为想象力提供一种新的结晶。"① 对于如何在审美创作中还原到对人的最直接的感知经验的尊重，霍尔的建筑为我们提供了一个恰当的视角。在他所塑造的建筑中，我们体验到的不再是物质性的视觉呈现，而是一种生发于内心的自在体验与情感共鸣。

2.打破抽象概念

英国著名建筑理论家乔弗莱·司谷特在《人文主义建筑学——情趣史的研究》一书中指出："我们在建筑中感受到的'美'不是一项逻辑说明的问题。它被人体验，自觉地作为一种直接而简单的直觉，其基础扎根于我们形体记忆储存着的无意识领域。"这句话道明了人们对建筑形式美进行认知的方式其实源自于一种本能的、简单直接的信息接受和意识反馈。不同的形式之所以能带给人或细腻或粗犷、或深邃或激进的美感，是公众凭借其审美认知能力对形式作出的即刻反应，这种"直觉式"的认知体验不需要依靠文字解释或概念说明来完成。

但在博物馆的创作中，我们却常常见到

① 李苏萍.移置的意境 纳尔逊·阿特金斯艺术馆扩建[J].室内设计与装修, 2008(10): 54.

这样的现象：为了凸显建筑形象所蕴藏的深刻内涵，许多建筑师热衷于在其形式美感之上附加一个抽象的概念立意，诸如里伯斯金在曼彻斯特战争博物馆中关于地壳碎片的解释（图5-34）以及他在柏林犹太人博物馆中将记录受害者信息的文字肌理转译成建筑立面的开窗形式等。从审美受众的理解层面来看，如果不去事先阅读相关的设计说明，恐怕没有几个人能够从建筑形式中解读出设计者的"特别用意"。之所以产生这样的尴尬局面，是因为建筑师在创作中忽视了审美大众具有通过感性经验来理解"美"的本能和天性，总是意图用"概念"来控制人们的知觉系统，将他们从基本的感官体验带离到抽象的思维世界中。一旦概念建立得过于深刻和晦涩，超出了审美大众的理解范畴，建筑师苦心经营的审美信息便无法被有效接收，而建筑形象所欲表达的内涵和意义也成为建筑师一厢情愿的美好假想，无法在观众中引起共鸣，甚至成为观众阅读建筑的障碍。

　　这样看来，放弃抽象的概念表达，回归以直觉体验为基础的审美创作，才能更好地顺应消费时代的大众需求。建筑师应从博物馆的建造环境、主题特性等因素出发，在其外部形象中着力表现与人们感性经验相关的美与情感，而不必一定要诉诸形象某些特定的"主题"或"思想"。建筑毕竟不同于文学或电影，可以借助语言来描述其中蕴含的深刻内涵，建筑是一种依靠图式语言诉说情感的事物，它的意义终究要表现在可见可感的层面上才能被大众所理解。

　　法国维特拉家居展馆是一座用来展示家用家具和器物的专题博物馆。博物馆的创作灵感来自于原型房子和堆积体量，为了营

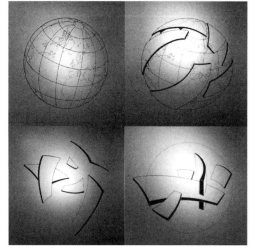

图5-34　曼彻斯特战争博物馆

（图片来源：作者自摄）

造出亲切、舒适的家庭氛围，建筑师根据展品的特性将室内空间的尺度确定为"家居尺度"，并由此将整座博物馆拆解成为若干独立的小体量模块。每个独立的模块在形式上大体相同，均为简洁的双坡顶条形体。山墙上覆盖整面玻璃，既为室内提供采光，也将室内景象映射出来，向人们传递丰富的信息。所有模块被建筑师像堆积木一样堆叠起来，共有5层，某些局部加以悬挑，旨在创造一种具有动势的姿态，这些堆叠的体量同时也在室内营造出独特的三维空间体验（图5-35）。从外观上看，这座规模不大的博物馆以其简单随意的面貌创造出一种轻快、愉悦的氛围，这种氛围与博物馆自身的主题十分贴切，而且建筑所表现出来的非常直观的审美特征也很容易被观众"读懂"。建筑师很好地把握住了博物馆自身审美风格的表述与大众感性体验之间的平衡，放弃抽象的理念陈述，展现亲切动人的人文情感。

5.3.3 意境营造超越形式表现

人们面对不同的建筑时，之所以能够从中体会到喜怒哀乐等不同的感受，其本源在于人和建筑之间存在着一种情感交流。因为人是具有感情的有机体，在审视物质实体的过程中，他们不仅能够阅读到物质表层的形式信息，而且还会不自觉地将自身的情感投射其中，在形式之中寻找一种与个人内心经验相互观照的气韵和感觉，一旦对接成功，便可获得一种深层情感的共鸣。从这个层面来说，人们对建筑形象的消费并非只是简单的美感消费，而是一

图5-35 维特拉家居展馆
（图片来源：文静.欢迎回到"维特拉之家"[J].中国对外贸易，2013（09）:98.）

种由表及里的情感消费。

因此，要从"情感"这一角度去研究博物馆建筑，就不能仅仅停留于对其外在形式、风格的简单关注，而应深入到人的内心感知系统，将建筑还原到与人平等、自由的对话关系中，再去寻找其形式生发的灵感与动力。庄子的《象罔》一书中曾提出"天地与我并生，万物与我为一"的哲学思想，即是在阐述"物我与共""情景交融""主客为一"的意境和内涵。建筑师应该认识到，表层形式只是协助建筑表达情感的工具，对于当代博物馆而言，更重要的是超越具象形式的束缚，通过对"意境"的营造来表现建筑所具有的某种情感、意蕴以及格调，使审美主体因其与审美对象在心灵上产生共鸣而进入到某种特定的精神世界中，对表层形象背后的深层内涵有所体悟。

1.无言之美

朱光潜先生曾提出著名的"无言之美"，即一种无法用语言来描述的，"只可意会，不可言传"的境界和韵味，它完全融化于审美感知、审美想象和审美情感之中，能使人们在感知建筑时超越了基本的生理快感，到达动情的层面。这种"无言之美"，恰如罗兰巴特所称的"第三意义"或钝义，是深藏于审美对象之最深层的东西。我们通常所说的一座建筑所特有的气质和味道即可理解为是由其最深层散发出来的无形的信息。它不等同于简单的形式美表现，就如同我们评价一位女士很有气质，通常并非仅指她美丽的面容或妖娆的体态，而是对其内在品格、气韵、风范所表现出来的一种综合感觉的评价。

纵观当前我国博物馆创作现状，普遍存在的问题即是建筑中"无言之美"的匮乏，从而导致博物馆建筑审美繁荣的表面之下，仍然泛着一种文化的粗鄙化和情感的浅薄化。博物馆毕竟不是仅供展品藏身的库房，而应是传递文化讯息、诉说情感故事的使者；建筑师也毕竟不是盖房子的工匠，而应是赋予建筑生气与灵性的诗人。因此，在博物馆建筑形象的创作中，我们必须超越对形式的玩弄和对技巧的炫耀，而是努力挖掘更深层面的美与感动，使人们透过建筑的表象感受到一种内心的悸动，无论这份悸动是令人心潮澎湃抑或平静安宁。

柯伦巴艺术博物馆建于圣柯伦巴教堂旧址之上，由瑞士建筑师彼得·卒姆托设计。博物馆的外观形态方整简明，似堡垒一般厚重坚实，静默地伫立在那里，虽不张扬，却散发着一种浑然天成的魅力（图5-36）。围护结构采用灰白色的砖石材质，砖石由炭火烧制而成，纹理细腻且具有一种拙朴感和历史感，恰与嵌入其中的古教堂的残存墙壁柔和地交织在一起，仿佛两位故知在默契地攀谈着那些令人难忘的往事。博物馆在残存墙壁之上的高度采用了漏明砖砌的方法，这是卒姆托有意在向老教堂的设计者伯姆致敬，外部的光线、空气以及街道的声音透过镂空的孔隙进入建筑内部，为沉睡百年的遗址注入了些许生动的气息。室内高耸的空间和朦胧的光感使博物馆呈现出一种类似于教堂般神秘、沉静的氛围，游客在曲折的廊道上穿行，被一种强大的精神力场牵引着，与脚下那段沧桑、旷远的历史达成情感的共鸣。在"二战"中毁于炮火的老教堂公墓现被改造成一处安静的内庭园，地面铺洒着白色的沙粒，几棵树木挺拔而立，生与死的主题在此被诠释得内敛而深刻，引起人们的无限遐思（图5-37）。

柯伦巴艺术博物馆中所体现出的"无言之美"为我们树立了一个典范。建筑师经过巧妙的构思和精心的设计将历史遗产中所蕴藏的精神成功地融入这座新的建筑中，使其仿佛是从环境中自然生长出来的一般，新建筑由此体现出的含蓄、隽永和充满诗意的美感也深深地打动着每一位参观者，使他们超越表层感官从心灵深处体悟到历史的深厚悠远。

2.形式弱化

在当今时代，许多博物馆建筑呈现出来的是一种"强势化"的美学特征，即强调其自身清晰有力的结构轮廓，鲜明独特的形式表现力，并给人留下极为强烈的整体印象。与之相对，还有一类博物馆被我们称之为具有"弱质化"的形式特征。与前者希望通过明显的单一意象和形式的一贯清晰性来使人产生强烈印象不同，具有弱质意象的建筑通常更注重自身与环境和文脉之间的关联。弱化的姿态常常暗示着聆听与对话。越过几何化的、拒绝接受时间作用的、英雄主义和乌托邦式的建筑，我们体验到的是由物质性和弱化的形式唤起的一种谦逊和持续的感受[1]。当柔和的、非物质化的语言取代了咄咄逼人的视觉效果，建筑物获得了更多的

图5-36 柯伦巴艺术博物馆外观
（图片来源：陈彦.德国科隆柯伦巴艺术博物馆[J].时代建筑，2008(03):107.）

图5-37 内庭院
（图片来源：陈彦.德国科隆柯伦巴艺术博物馆[J].时代建筑，2008（03）:109.）

[1] 张宇.建筑形态中的身体观研究[D].天津：天津大学博士学位论文，2007:140.

亲和力与人情味，由此诱发人与建筑之间更加频繁的交流与对话，伴随着对话的进行，情感得以传输，意蕴开始显现。

在彼得·卒姆托、戴卫·普菲尔德、SANAA（妹岛和世+西泽立卫）等建筑师设计的博物馆中，我们看不到过多的鲜明美学特征的言说，也感觉不到太过强烈的情绪铺陈。然而，就是这样一种对于形式极为简化、低调的处理方式使得建筑自身退居到人们的视野之外，深厚的文化气息和日常情感却冲破实体界面的束缚扑面而来（图5-38）。

良渚文化博物馆新馆位于杭州市余杭区良渚镇西南良渚遗址南部，与老馆相距约2公里。博物馆所在之地不仅有着悠久的历史文明，而且自然风光十分优美，被称为"美丽的水中小洲"。新馆所处基地集中了良渚文化时期最为典型的地貌特征——山坡、土墩、湖沼和绿洲。出于尊重既有环境和景观的考虑，奇普菲尔德在构思博物馆的整体意象时抛弃了对建筑审美特征的强势化表达，采取了一种低调、谦和的姿态与地形地貌形成呼应，将1万平方米的博物馆拆解成几列平行并置的条形体量，并以内向庭院穿插其中，强化了建筑内外的联系，同时消除了建筑的集中感和厚重感。黄洞石砌筑而成的墙体赋予建筑一种由自环境而生的天然气质，简约现代的姿态在绿树、蓝天、水面的映衬之下则显得格外静谧和雅致（图5-39）。

3.情境渲染

我们常说"触景生情"，即人们受到眼前景物的触动，引起联想，产生某种情

图5-38 柏林博物馆岛新博物馆
（图片来源：作者自摄）

图5-39 良渚文化博物馆
（图片来源：余健.良渚文化博物馆兴事二则[J].室内设计与装修，2007（09）：15，16.）

感[①]。这里的"景"相对于明确的建筑实体来说是一个趋于模糊的概念,它应包括建筑所在区域内我们能够用身体和意识感觉到的整体内容,实际上就是我们所熟悉的"气氛",或者也称作一种"情境"。建筑的形式表达虽然是构成特殊"情境"必不可少的条件,但却不是充分条件,真正能够触动人内心情感的原因往往不是冰冷的物质实体和形式要素的堆叠,而是建筑之中所包含的,对鲜活的、充满生命气息的自然要素、生活场景以及人的体验的诗意描写。借用学者赵巍岩的观点来阐述,即形式表现意味着对整体情境的把握,在形成场所的精神特质的各种要素中,形式并不总是占有绝对的地位,它可以是整个空间的主角,也可能仅是人们活动的背景。公众的体验是设计师最应重视的问题,切实地建造,才是对人类的真正的人文关怀。

安藤曾提出建筑的"情感本位空间",称他所追求的是物质功能以外的生活经营和形象以外的情感。我们也总能从他的设计中体味到一种真实、鲜活的生命能量,不追求夸张、奇特的形式表达,更不被纯粹的形式语汇束缚手脚。虽然他的作品通常具有鲜明的几何韵律美感,但安藤自己却宣称几何形式很少是他第一关心的问题,自然与生活本身才是他透过形式所意图表现的本质属性。

由安藤设计的直岛当代艺术博物馆位于直岛南端一处自然风光优美的山体之上(图5-40)。为了最大限度地维护既有环境的原始风貌,建筑组群的大部分体量嵌入山体之中,被自然景观所包覆。建筑中央设有一池宁静的水面,与周围环绕的柱廊共同

图5-40 直岛当代艺术博物馆
(图片来源:Suzanne Greub, Thierry Greub. 21世纪博物馆——概念 项目 建筑.大连理工大学出版社,2008:22,23.)

[①] http://baike.baidu.com/view/83398.htm?fr=ala0_1

构成一幅极富张力的视觉美景；入口处一条瀑布顺延跌落的平台缓缓流下，看起来仿佛直接流入了宽广的大海。博物馆自身形态简约质朴，建筑师刻意低调处理，目的是将建筑与自然的关系作为重点来着意刻画。建筑面向周遭环境敞开怀抱，仿佛要将整个山体和大海都容括进来，将其打造为博物馆所着力展现的最富感染力的艺术作品。海面上来往的船只、郁郁葱葱的花草、夕阳洒下的余晖……所有这些美景都可以因借到建筑内部，与博物馆一同营造出鲜活、生动的场景画面，并为人们带来恬淡、自然、惬意之感。

与此类似，由贝聿铭设计的美秀美术馆也坐落于日本甲贺郡的自然保护公园内，园内风光秀丽，景色优美。贝先生巧借自然地势，将一处规模近2万平方米的建筑完美和谐地融于环境之中（图5-41）。贝先生最初的设计灵感，来自中国东晋田园诗人陶渊明的散文《桃花源记》，而"桃花源"洁净空灵的意境，正是这样一座深居山林的美术馆所应努力营造的氛围。从远处眺望，露出地面的玻璃屋顶如钻石般晶莹剔透，与层叠的山峦交相辉映。站在连接两座山峰的吊桥上遥望远山的枫林，聆听风吹满山黑松的涛声，令人心旷神怡。美术馆的创立者小山美秀子认为，有了美的环境，可以造就美的人心。美秀美术馆正是以其优美的意境传达了艺术的崇高精神（图5-42）。

图5-41 和谐融于环境的美秀美术馆

（图片来源：沈三陵.优美的建筑抒情诗——记贝聿铭的美秀美术馆[J].建筑学报，2002（06）：6.）

图5-42　美术馆的优美意境

(图片来源：沈三陵.优美的建筑抒情诗——记贝聿铭的美秀美术馆[J].建筑学报，2002（06）：6，7.)

5.4　本章小结

将建筑形象视为营销途径用以创建独具特色的品牌标志是博物馆应对消费需求的必然趋势。但应将审美自律与社会他律二者综合考虑，建立符合社会与大众需求的多维审美标准，营销一种有深度、有内涵的建筑形象，才能使艺术有更大的升腾空间，才能让博物馆在艺术与功利的博弈中实现良好的均衡。

首先是对多元趣味的呈现。新的审美范式应该与博物馆的文化立场相契合，以独特的审美意象体现每座博物馆所秉承的不同的文化价值观；应该与消费时代的审美旨趣相协调，弘扬对世俗文化的表现和日常经验的摹写；还应该与大众的审美认知力相适应，注意审美信息的适度性与统一性表达，同时以恰当贴切的美学特征传达易于理解的主题。

其次是对开放语义的构建。消解形式与内容的二元对立，以协同共生和诗性转译的方式将二者融为一体；主张弱化符号与象征之间的表层关联，不以唯一的符号指向来约束观众的自我探究欲望；弥合传统与现代的时空距离，以平和、开放的姿态为观众提供感悟历史的平台。

最后是对人文情感的重塑。情感塑造主张建筑不应仅仅为观众提供简单的、表面化的视觉影像消费，而应转向关注人的真实可靠的身体知觉；反对过于理性、抽象生涩的理论诠释，鼓励建筑审美创作中的感性经验以及审美感知中的摒弃先见的自在体验；主张以恰当的意境塑造取代纯粹的形式表现。

结　语

　　在文化消费的推动之下，当代博物馆建筑经历了自诞生以来最为激烈的一次变革。一方面，日益高涨的文化需求促进了博物馆事业的繁荣发展，世界范围内持续升温的建设热潮无形之中驱动着建筑专业对于博物馆类型的深入研究，社会需要高水平的专业设计者为建设高质量的博物馆献计献策。另一方面，博物馆的发展是一个动态过程，是博物馆内部因素与外部条件共同参与作用的结果。我们不能仅仅关注内部因素的制约，还应积极寻求来自博物馆外部因素的影响和促动。本书正是从文化消费这一特殊背景着眼，深入挖掘此背景对博物馆建筑生存法则和营销策略的深层影响，同时理清文化消费对博物馆建筑各个层面的作用机制，客观评价其影响的积极性和消极性。进而提出适应文化消费的当代博物馆建筑设计理念的更新与拓展，为当前我国方兴未艾的博物馆建设提供一种有效借鉴。

　　纵观全文，本书的研究具有如下特点。首先，选取文化消费作为研究视角探讨当代博物馆建筑的设计问题，突破了单纯从建筑本体视角研究建筑创作的局限，拓宽了研究视野；其次，通过深入解析文化消费背景下当代博物馆内在价值的更新，获得对博物馆发展演变深层动因的具体认知，将博物馆建筑研究纳入一个整体、动态的过程，从中窥视博物馆建筑未来的发展趋势；最后，针对博物馆的发展趋向及创作现状中存在的问题，提出三点应对文化消费的设计策略，以此来指导具体的设计工作，使研究更具针对性与现实意义。

　　本书的一些价值性研究主要体现在以下几点：

　　（1）首次将"文化消费"引入博物馆建筑设计研究领域；将传统层面的类型建筑学研究扩展到社会学研究范畴；提出了文化消费与博物馆建筑设计关联研究的崭新课题。针对文化消费背景下因博物馆发展更新而引发的博物馆建筑领域的深刻变革进行了系统、深入的研究，搭建完整的研究框架，并重点探讨当代博物馆建筑在设计中如何应对文化消费带来的机遇和挑战。本书在视角选取和内容涵盖上打破了学科之间的僵化界限，对传统博物馆建筑的本体研究进行了有益的补充与完善。

　　（2）从"资本运作"视角探讨文化消费背景下当代博物馆建筑更具社会价值的策划

定位。将博物馆置于市场体制和经济规律的操控之中，以激发它的资本属性为前提，探讨如何通过恰当的建筑策划与具体的设计方法协助博物馆在资本运作的过程中实现自身的价值增值或者生产出其他的附加效益。

（3）以"真实体验"和"具体感知"为设计依据，对传统博物馆唯功能化、唯物质化的空间设计理念进行适当的修正与完善，构建以人为本、以体验为核心的当代博物馆空间模式语言。即以文化消费背景下参观者心理需求、行为动机发生的更新与转变为基础，探讨一种与新的体验需求相适应的，更能激发参观者求知欲望和参与热情的博物馆空间。

（4）基于审美自律和消费他律的协同作用提出文化消费背景下当代博物馆建筑形象塑造的适宜策略。将建筑形象视为营销途径，赋予其视觉美感的同时亦注重对其深刻内涵的挖掘和提炼，使其既能符合社会与大众的审美消费需求，又能向外传递积极的信息，在艺术与功利的博弈中维护博物馆建筑审美价值的厚度感。

总体而言，文化消费与博物馆建筑设计的关联研究是一个较为崭新的课题，它所涉及的内容极其庞杂，而文化消费作为一种正在发生的社会现象又处于不断的变动之中，这就决定了针对这一课题的研究势必保持与时俱进的特征和未完待续的状态。本书仅立足于当前阶段进行了探索性的研究，并尝试构建一个理论层面的研究框架，其目的是以此引发社会和公众的进一步关注，并在此基础之上，对这一课题展开更全面、深入的研究和探索。

参考文献

[1] 安来顺. 让今天的人们不断走进博物馆[J].小康, 2015 (19): 59-61.
[2] 肯尼斯·赫德森, 王今.博物馆拒绝停止不前[J].中国博物馆, 1998 (02): 33-37.
[3] 尼尔·科特勒, 菲利普·科特勒. 博物馆战略与市场营销[M].潘守勇等, 译.北京: 北京燕山出版社, 2006.
[4] Suzanne Greub, Thierry Greub. 21世纪博物馆——概念 项目 建筑[M]. 大连: 大连理工大学出版社, 2008.
[5] 甄朔南. 什么是新博物馆学[J].中国博物馆, 2001 (01): 25-28.
[6] 鲍德里亚. 消费社会[M]. 刘成富, 全志钢, 译. 南京: 南京大学出版社, 2000.
[7] Wolfgang Welsch. Undoing Aesthetics[M].New York: Sage Publications Ltd, 1998.
[8] 严建强, 梁晓艳. 博物馆（MUSEUM）的定义及其理解[J]. 中国博物馆, 2001 (01):18-24.
[9] 雷蒙德·阿古斯特, 周秀琴. 博物馆的法定定义[J].中国博物馆, 1987 (01): 86-92.
[10] Janet Marstine. New Museum Theory and Practice: An Introduction[M]. New Jersey: Wiley-Blackwell, 2005.
[11] 张誉腾. 博物馆大势观察[M]. 台北: 五观艺术管理有限公司, 2003.
[12] 李浩. 现代博物馆设计研究——大众化走向下的当代博物馆建筑设计观及设计方法[D]. 武汉: 武汉理工大学, 2002.
[13] 傅雷.世界美术名作二十讲[M].北京: 生活·读书·新知三联书店.1997.
[14] 雅尼·赫瑞曼, 宋向光. 博物馆与旅游: 文化和消费[J].中国博物馆, 2001 (02): 44-48.
[15] 曹兵武.记忆现场与文化殿堂: 我们时代的博物馆[M].北京: 学苑出版社, 2005.
[16] 迈克·费瑟斯通. 消费文化与后现代主义[M]. 刘精明, 译.南京: 译林出版社, 2000.
[17] 洪樱纯. 博物馆与休闲规划: 闲暇时间与自由感[J].博物馆学季刊, 2006 (07): 54-57.
[18] 刘惠媛. 博物馆的美学经济[M]. 北京: 生活·读书·新知三联书店, 2008.
[19] 杜彦. 以中国少数民族文学馆展示设计为例谈体验式设计[D]. 呼和浩特: 内蒙古师范大学, 2009.
[20] 段勇. 当代美国博物馆[M]. 北京: 科学出版社, 2005.
[21] 袁姗姗.建筑形态"软化"特征研究[D].天津: 天津大学, 2005.
[22] 万书元.当代西方建筑美学[M].南京: 东南大学出版社, 2001.
[23] 赵巍岩.当代建筑美学意义[M].南京: 东南大学出版社, 2001.
[24] 庄惟敏. 建筑策划导论[M].北京: 中国水利水电出版社. 2001.
[25] 金广君.城市设计的"触媒效应"[J].规划师, 2006 (10): 22.
[26] 陈昭义. 台湾文化创意产业发展年报2004年[M]. 台北: 台湾"经济部"文创办公室出版, 2005.
[27] 都市实践.大芬美术馆, 深圳, 中国[J]. 世界建筑, 2007 (08): 38-47.
[28] 英国国家博物馆董事会访问精选[J]. 建筑与文化, 2010 (01): 28-35.
[29] 科林·傅里捏、诸晨炜、孙田译."解剖怪兽"——格拉茨新艺术馆之挑战[J]. 时代建筑, 2005 (01): 115-

119.
- [30] 周城雄.博物馆与创意城市下[J].世界发明，2007（03）：66-67.
- [31] Susanne Schindler.新迪扬博物馆，旧金山[J].建筑世界，2006（19）：16-27.
- [32] 付蓉，陈开宇.博物馆与共生建筑[J].城市环境设计.2009（12）：12-13.
- [33] 陈国宁.博物馆与社区的对话——台湾"地方文化馆计划"实施的研究分析[J].中国博物馆，2008（03）：46-52.
- [34] 博物馆能否成为旅游经济新坐标[N].光明日报.2009-05-18.
- [35] 翁佳玲.以毕尔包分馆案例与台中分馆筹建案例解析古根海姆美术馆的国际分馆扩张模式[D].北京：中央美术学院，2007.
- [36] 于平.新形势下博物馆事业与旅游产业的发展与创新[J].中国博物馆，2009（04）：65-67.
- [37] 刁炜.向卡洛·斯卡帕致敬-解读CPP事务所的Castello di Montebello博物馆改造[J].室内装饰与设计，2008（06）：108-111.
- [38] 罗萍嘉，钱丽竹，井渌.后工业时代的风景——德国杜伊斯堡北部风景公园[J].装饰，2008（09）：67-69.
- [39] 渊上正幸.世界建筑师的思想和作品[M].覃力，黄衍顺，徐慧，吴再兴，译.北京：中国建筑工业出版社，2000.
- [40] 赵榕.当代西方建筑形式设计策略研究[D].南京：东南大学，2005.
- [41] 段祥贵，陈建.本雅明"闲逛者"在当代消费文化语境中的意义[J].广州大学学报（社会科学版），2009（05）：93-96.
- [42] 郭振江.德国沃尔夫斯堡费诺科学中心[J].时代建筑，2006（05）：112-119.
- [43] 李苏萍.移置的意境 纳尔逊·阿特金斯艺术馆扩建[J].室内设计与装修，2008（10）:54-60.
- [44] WGRS，张云龙.古根海姆博物馆，设计师的神来之笔[J].工业设计，2011（03）：48-51.
- [45] 谢文和.博物馆成人学习之研究：建构主义观点——以国立台湾史前文化博物馆为例[D].台北：台湾师范大学，2003.
- [46] 刘婉珍.博物馆就是剧场[M].台北：艺术家杂志社，2007.
- [47] 李静芳.跨越传统认知的界面——从博物馆的整体性探究其教育的新面向[J].博物馆学季刊，2005（10）：54-57.
- [48] 李俊明.我不在家，就在去博物馆的路上[M].北京：生活 读书 新知三联书店，2005.
- [49] 李苏萍，田阳.艺术、自然与时间的感知机器，旧金山德扬艺术馆新馆[J].室内设计与装修，2007（06）:12-17.
- [50] 大卫·卡里尔.博物馆怀疑论——公共美术馆中的艺术展览史[M].丁宁，译.南京：江苏美术出版社，2009.
- [51] 何春寰.古根汉全球化经营营销策略发酵：扩张主义与认同危机[J].博物馆学季刊，2004（04）：10-11.
- [52] 孟云.浅论当今多元化建筑文化的发展[J].知识经济，2009（10）：127-128.
- [53] Karsten Harries. The Ethical Function of Architecture[M]. Cambridge : The MIT Press, 1998.
- [54] Kenneth Hudson.Museums for the 1980's: A Survey of World Trends[M]. New York :Holmes & Meier Pub, 1978.
- [55] 仪平策.生活美学：21世纪的新美学形态[J].文史哲，2003（02）：123-128.
- [56] 于水山.建构高技术的荒蛮——盖里新作，体验音乐工程中的艺术与技术[J].世界建筑，2001（07）：72-76.
- [57] 周妍.论当代中国大众审美[D].南京：南京农业大学，2009.
- [58] 姚亚红.文化消费的伦理精神[D].苏州：苏州大学艺术学院，2006.
- [59] 克里斯·亚伯.建筑与个性——对文化和技术变化的回应[M].张磊等，译.北京：中国建筑工业出版社，2003:64.

[60] 李苏萍. 热玻璃，酷艺术.塔科马玻璃博物馆[J]. 缤纷家居，2008（11）：148-149.
[61] 余健.良渚文化博物馆兴事二则 良渚文化博物馆新馆建筑设计[J].室内设计与装修，2007（09）：14-21.
[62] 王莉. 中国博物馆建设的黄金时代[J]. 中华读书报，2002（10）：23.
[63] 艾柯等著.柯里尼编. 诠释与过度诠释 [M]. 王宇根，译. 北京：生活•读书•新知三联书店，2005.
[64] 崔恺，张男. 再谈殷墟博物馆[J]. 室内装饰与设计，2008（02）：64-67.
[65] 王小东. 非功能非形式非建筑 .建筑学报，2003（09）：40-42.
[66] 项秉任.赖特[M].北京：中国建筑工业出版社，1992.
[67] 单军.记忆与忘却之间——奇芭欧文化中心前的随想[J].世界建筑，2000（09）：73-76.
[68] 张星彦. 感知现象学及其在建筑设计上的发展与应用[J]. 山西建筑，2008（05）：32-33.
[69] 马卫东，曹文君.安藤忠雄访谈录[J].时代建筑，2002（03）:88-97.
[70] 叶朗. 现代美学体系[M]. 北京：北京大学出版社，1999.
[71] 刘松茯，李静薇. 扎哈哈•迪德[M]. 北京：中国建筑工业出版社，2008.
[72] 卜骁骏.视觉文化介入当代建筑的阐述——视觉技术、大众与消费[D]. 北京：清华大学建筑学院，2005.
[73] 李苏萍.移置的意境 纳尔逊•阿特金斯艺术馆扩建[J].室内设计与装修，2008（10）：54-60.
[74] 张宇. 建筑形态中的身体观研究[D]. 天津：天津大学，2007.

后 记

于我而言,博物馆是一个极具魅力的场所。无论是旅游休闲,亦或调研开会,每当有机会去到国内外各个城市,探访几座当地有名的博物馆几乎成为我必做的功课。受自身专业影响,当我参观一座博物馆时,除了关注其中的精彩展品,对于每栋博物馆的建筑特色、内部空间、展陈氛围、流线设计,甚至空间中时刻发生的各种行为都会颇感兴趣。看的博物馆越多,越发感觉到那些成功的博物馆之所以能够人潮涌动,热闹非凡,皆因其在满足博物馆传统属性之外的某些方面做出了积极的尝试和探索。比如,有些博物馆着力营造闲适轻松的空间氛围以拉近人们和艺术之间的距离;有些博物馆借助鲜活生动的场景设计来充实和丰富人们的参观体验;有些博物馆依托独具创意的外部造型打造名片效应,建立企业新形象;还有些博物馆则通过成熟的资本运营实现其社会职能的全面拓展,盘活历史文化价值,带动区域经济复兴……

毋庸置疑,博物馆这一最初仅作为保存与传承人类历史文明发展印记的文化机构,如今的整体面貌已发生了剧烈而深刻的变化。这些变化也促使我开始不断思考,在当今时代,究竟是什么原因在影响和推动着博物馆以及博物馆建筑不断挑战自身的传统样态,更新观念,大胆创新?带着这样的疑问,我开始了本课题的研究与写作。

随着研究的陆续展开,我慢慢发现当今博物馆纷繁变化的表象在很大程度上都与日益兴起的"文化消费"这一宏观时代背景的影响有所关联。伴随着文化消费时代的到来,蓬勃的文化需求促进了全球博物馆事业的繁荣发展,也对博物馆的生存模式、机构属性、经营策略和社会角色等方面提出了全新的期待和挑战。为了应对挑战,博物馆逐渐从往昔的"文化圣殿"蜕变为一处贴近日常生活的"文化消费场所",而消费逻辑的渗入也赋予博物馆更为丰富宽广的内涵与外延。如今,当我们以"文化消费"之视角重新审视和评析当今时代博物馆领域所发生的种种变化时,那些博物馆建筑所呈现出的精彩景象也得以被更好地接受和理解。

当然,博物馆本身就如同它所收藏的奇珍异宝一样,蕴含着无穷的价值和无限的可开发空间。本书的研究视角虽然聚焦于"文化消费"这一时代背景,但也不能涵盖博物馆领域发生深刻变革的所有原因。更何况囿于学识、眼界,本书研究内容尚有许多问题与不足。之所以鼓足勇气交付出版，皆因希望书中研究的点滴成果能对从事博物馆建筑方面研究和设计工作的同行有所启发，更希望能为我国博物馆建筑设计工作贡献绵薄之力。

  书稿修订完成之时，首先要感谢的人是我的导师梅洪元先生。在本书的写作过程中，恩师倾注了大量心血，并为课题研究的关键进展提供了许多真知灼见。正是恩师的悉心指导与无私帮助，才使得本书的写作得以顺利完成。除此之外，先生在学业和生活上也给予我许多宝贵的建议与鼓励。先生睿智高远的思想洞见、严谨求实的治学态度和精益求精、永不放弃的拼搏精神，是我一生学习的榜样。

  其次，还要感谢我最亲爱的家人——我的母亲、爱人和女儿。他们在我的生命中扮演着无比重要的角色。他们的陪伴、关怀与爱护是我可以无后顾之忧而得以专心研究、潜心治学的最强保障，更是我未来人生道路上不断前行的最大动力。

  最后，将此书献给所有对博物馆和博物馆建筑感兴趣的人。

鞠叶辛
二零二一年元月初于沈阳